한국 경제의 미필적 고의

잘사는
나라에서
당신은
왜
가난한가

정대영 지음

이 도서의 국립중앙도서관 출판시도서목록(CIP)은 e-CIP홈페이지(http://www.nl.go.kr/ecip)와 국가자료공동목록시스템(http://www.nl.go.kr/kolisnet)에서 이용하실 수 있습니다. (CIP제어번호: CIP2011002095)

책을 내며

이 책은 필자를 비롯해 많은 사람이 품고 있는 한국 경제에 관한 의문에 답을 찾아보려는 시도로 쓴 것이다. 이른바 성장론자라고 불리는 이들의 주장대로 금리를 인하하고 환율을 인상하면, 한국 경제가 지속적으로 성장해 선진국의 반열에 오를 수 있을까? 수출이 잘되고 기업의 수익성도 좋다는데, 괜찮은 일자리를 찾기는 왜 이리 어려운가? 한국의 금융기관은 겉으로 대단해 보이는데, 무엇 때문에 금융산업이 낙후되었다는 말이 나올까? 한국은 두 번의 금융위기를 성공적으로 극복했다고 하는데, 국민 대다수 삶이 더 어려워진 이유는 무엇일까? 집값, 전셋값 등 부동산 문제는 그 누구도 해결할 수 없는 것일까? 이러한 문제를 이념적 주장이나 이론보다는 상식과 국내외 사례, 간단한 통계를 들어 되도록 쉽게 설명해보려고 노력했다. 그리고 감정에 치우친 구호나 말의 잔치는 배제하고 객관적 분석과 현실성 있는 대안을 제시하는 데 주력했다.

한국 경제에 관한 책을 내는 것은 경제를 업으로 하는 사람이라면 누구나 꿈꾸는 일일 것이다. 필자도 30년 이상 한국은행에서 통화금융정책, 경제동향 분석, 금융 안정 등 여러 분야의 업무를 담당하면서 그러한 꿈을 꾸곤 했다. 그러나 지식과 통찰력의 부족, 게으름 등으로 그것은 지금껏 꿈으로만 남아 있었다. 그러다가 2007년 9월부터 한국은행 프랑크푸르트 사무소에 근무하게 되면서 꿈을 실현할 좋은 기회를 얻었다.

우선 해외 근무는 국내에서 일할 때와는 달리 한국 경제를 한 발 떨어져 다른 나라 경제와 비교하면서 다양한 시각으로 볼 수 있는 기회가 되었다. 그리고 근무지였던 프랑크푸르트는 독일연방은행과 유럽중앙은행의 소재지일 뿐 아니라 국제결제은행(BIS)이 위치한 스위스 바젤과 멀지 않아 다양한 국제금융계 인사와 접촉할 기회가 많았고, 이를 통해 세계경제에 관한 값진 정보와 경험을 얻을 수 있었다. 또한 2008년 세계 금융위기를 겪으며 시장의 평가가 극적으로 바뀐 독일 경제를 좀 더 많이 알 수 있는 기회이기도 했다. 독일은 라인 강의 기적을 이룬 국가지만, 1990년대 중반부터 유럽의 병자로 취급받다가, 2010년부터는 다시금 선진국 중 가장 뛰어난 경제성과를 보이며 세계의 주목을 받고 있기 때문이다. 필자가 독일에서 보낸 네 번의 겨울은 이 책을 집필하는 데 귀중한 시간이었다. 독일의 겨울은 밤이 길고 비와 눈이 많아 음울한 계절이나, 어떤 면에서는 무엇인가 생각하고 글을 쓰기에 좋은 시기였다.

이 책은 성장과 안정, 일자리, 금융산업, 금융위기, 부동산의 다섯 가지 주제로 구성된다. 처음에는 2008년 세계 금융위기를 겪으면서 금융산업과 금융위기에 관한 제한된 범위로 시작했으나, 한국의 일자리 부족 문제와 부동산 시장의 위험성이 너무 심각한 데다 2010년부터는 그간 어렵게 이루어놓은 물가 안정 기조마저 흔들리고 있어, 과욕인 줄 알면서 세 가지 주제를 추가하게 되었다.

제1장에서는 국민 경제의 3대 축인 성장, 분배, 안정 중에서 성장과 안정의 문제를 다루었다. 먼저 성장의 결정 요인과 함께 누가 진정한 성장론자인지를 따져보고, 금리·환율·재정 정책 등 거시경제정책의 일차 목표가 경기 진폭의 축소라는 점을 설명했다. 이에 더해 한국, 독일, 일본의 국민소득과 환율, 물가의 장기 추이, 그리고 그 시사점을 정리해보았다. 마지막으로 중소기업자를 위한 최소한의 안전장치 마련, 노동시장 불균형 해소, 성장 잠재력 확충을 위한 자금 흐름 개선을 한국 경제의 지속적인 성장을 위한 정책 대안으로서 제시했다.

제2장에서는 이른바 '88만 원 세대'로 부르는 20대의 절망과 '사오정', '오류도'로 대표되는 40~50대 불안의 근본 원인인 일자리 부족 문제를 다루었다. 먼저 실업 통계가 현실을 제대로 설명하지 못하는 이유를 찾아보고, 일자리 부족이 투자 부진 때문인지를 따져보았다. 한국의 취업난은 높은 성장세에도 일자리가 별로 늘어나지 않는 경제구조 때문이라는 것을 밝혔다. 그리고 정책 대안으로 경제정책 목표의 전환, 일자리 창출을 저해하는 법·제도의 개선, 사회안전망 확충과 노동시장 구조 개선을 제시했다.

제3장에서는, 겉으로 그럴듯해 보이지만 실제로는 살만 찐 어린이나 다름없는 한국 금융산업이 발전할 수 있는 방안이 무엇인지 알아보았다. 먼저 대형화, 주인 만들기, 동북아 금융허브전략, 국제적인 투자은행 육성 등 기존 발전 방안을 평가해보고, 한국 금융산업이 낙후한 진짜 이유를 찾아보았다. 다음으로 금융기관 신규 설립의 단계적 자유화, 업

무 규제 완화와 건전성 규제 강화, 서민금융기관 육성 모델 구축 등 금융산업 발전을 위한 세 가지 대안과 함께, 어렵고 위험한 과제인 한국 금융기관의 해외 진출 방안에 관해서도 살펴보았다.

제4장에서는 1997년과 2008년에 발생한 금융위기를 다루었다. 먼저 외환위기, 은행위기 등 금융위기에 관한 이해를 넓히고, 금융위기가 왜 계속 발생하는지 알아보았다. 다음으로 1997년 IMF 금융위기 이후 한국 경제의 변화를 긍정적인 면과 부정적인 면으로 나누어 따져보았다. 그 부정적인 면인 양극화 중에서도 기업 부문과 가계 부문 간의 성장 및 소득 격차가 구조적이고 심각한 상태라는 것을 설명했다. 그리고 2008년 세계 금융위기의 영향과 향후 과제를 살펴보고, 재정과 가계의 건전성 회복, 금융시스템의 다양성 제고, 금융위기 관리 조직 정비, 금융시장의 과도한 개방 완화 등 금융위기에 강한 금융시스템을 구축하기 위한 방안을 제시했다.

제5장에서는 오늘날 우리 국민의 가장 큰 관심사라고 해도 과언이 아닌 부동산 문제를 다루었다. 먼저 부동산이 한국 경제에 미친 해악과 부동산 정책이 실패한 원인을 짚어보았다. 그리고 위험한 상태에 있는 부동산 시장을 정상화하기 위한 방안으로 부동산 정책의 근본적 전환, 보유세와 양도소득세의 합리화, 세입자 보호와 임대 소득에 대한 과세 강화, 부동산 관련 통계 확충과 신뢰성 제고의 네 가지를 제시했다.

이처럼 한국 경제의 여러 주제를 한꺼번에 다루다 보니 해당 분야의 전문가가 보기에 내용이 다소 피상적일 수 있다. 또한 제시한 정책 대안도 구체성이 부족하고 방향만 제시한 경우가 많다. 그럼에도 이 책을 집필하게 된 것은 현재 한국 경제가 이러한 현안에 대해 활발하게 토론하고 최선의 대안을 찾아야 할 상황에 처해 있다고 판단했기 때문이다. 이 책의 내용과 같은 생각을 하는 사람도 있겠지만, 다른 생각을 하는 사람도 많을 것이다. 다양한 질책과 비판이 한국 경제를 위한 건설적 토론으로 이어지기를 기대한다.

여러 면에서 부족함이 많은 책이지만, 이 정도의 내용을 갖추는 데도 많은 이의 도움이 있었다. 먼저 한국은행 프랑크푸르트 사무소에서 같이 근무한 동료들의 도움이 컸다. 그들과 세계 금융위기, 독일과 유럽 경제, 한국 경제 등에 관해 토론하는 과정에서 좋은 아이디어를 얻을 수 있었고, 자료를 찾는 데도 그들에게 많은 도움을 받았다. 특히 최규권 차장은 여러 가지 자료를 제공해주었을 뿐 아니라 초고를 읽고 유익한 조언도 아끼지 않았다. 한국은행의 정준 부국장, 이민규 차장, 김기원 박사, 이승환 박사, 윤재호 박사는 원고의 전부 또는 일부를 읽고 잘못된 부분을 바로잡아주었으며, 이와 더불어 좋은 코멘트도 해주었다. 윤옥자 과장은 휴직 중에도 구하기 어려운 외국 통계를 잘 찾아주었고, 전영실 과장은 원고 정리 작업과 통계표 작성 등 책을 집필하는 전 과정에서 큰 도움을 주었다. 항상 깊은 고마움을 느낀다. 그리고 프랑크푸르트에서 같이 지내면서 유용한 정보를 교환할 수 있었던 독일연방은행과 유럽중앙은행의 동료, 한국 기업과 금융기관의 현지 법인장에게서도 직간접적으로 많은 도움을 받았다. 특히 베이(Bay) 자산운용사의 윤영준 박사는 바쁜 와중에도 원고 전부를 읽고 유용한 조언을 해주었다. 또한 필자의 책을 흔쾌히 내주신 도서출판 한울의 김종수 사장님을 비롯해,

편집 등 출판 과정에서 끝까지 수고해주신 최규선 씨에게도 깊은 사의를 표한다.

많은 분의 도움이 없었다면 이 책은 빛을 보기 어려웠을 것이다. 이러한 도움에도 이 책에 부족한 부분이 있다면, 그것은 전적으로 필자의 책임이다. 끝으로, 독일에서 생활하는 동안 제대로 여행도 하지 못하면서 불평 없이 글 쓰는 것을 성원해준 아내, 그리고 묵묵히 자신의 길을 잘 헤쳐가고 있는 딸, 아들과 함께 이 책을 완성한 기쁨을 나누고 싶다.

2011년 5월
정대영

차례

책을 내며 3

제1장 | 누가 진정한 성장론자인가   13
1 _ 성장의 요인과 성장론자 15
성장론자, 안정론자, 분배론자 15 | 성장은 자본, 노동, 기술에 따라 결정 18 | 잘못된 정책의 교훈은 무엇이며, 진정한 성장론자는 누구인가 21 | 참고 1-1 키코와 1997년 다이아몬드펀드 사건 26

2 _ 거시경제정책과 경제성장 30
거시경제정책은 경기 진폭의 축소가 기본 목표 30 | 장기적으로는 안정론자가 진정한 성장론자가 된다 32 | 성장의 척도: 국민소득, 그리고 환율과 물가 34 | 참고 1-2 위험의 본질 40

3 _ 성장 잠재력 강화를 위한 몇 가지 과제 42
중소기업자를 위한 최소한의 안전장치 마련 43 | 노동시장 불균형 해소 47 | 성장 잠재력 확충을 위한 자금 흐름 개선 52 | 참고 1-3 경제정책의 선택 기준 58

제2장 | 일자리 부족은 투자 부진 때문인가   61
1 _ 실업: 통계는 현실과 괴리, 대책은 무용지물 63
실업 문제의 심각성 63 | 실업 통계와 현실의 괴리는 한국 경제의 구조적 문제 67 | 수많은 대책에도 계속되는 일자리 부족 70 | 참고 2-1 한국의 실업률 산출 방식 73

2 _ 일자리가 부족한 진짜 원인은 무엇인가 75

한국의 투자 현황 75 | 투자는 좋고 소비는 나쁜가 82 | 실업 문제는 한국 경제의 일자리 창출력 약화 때문 86 | 참고 2-2 소비와 투자 등 국민소득의 구성 90

3 _ 일자리 창출을 위한 대안 모색 92

경제정책의 목표를 일자리 창출로 전환 93 | 일자리 창출을 저해하는 법과 제도 개선 97 | 사회안전망 확충과 노동시장 구조 개선 99

제3장 | 대형화와 주인 만들기로 금융산업은 발전할 것인가 103

1 _ 금융에 대한 이해 105

금융의 특별한 역할과 기능 106 | 금융은 매우 위험한 산업이다 109 | 한국 금융산업의 현주소 113

2 _ 기존 발전 방안의 평가 119

대형화를 통한 경쟁력 강화 119 | 주인 만들기와 금산분리 완화 123 | 동북아 금융허브전략 125 | 국제적인 투자은행 육성전략 127

3 _ 한국 금융산업이 낙후한 진짜 이유 129

금융산업에 대한 과보호 129 | 잘못된 규제와 검사 132 | 서민금융기관의 위축과 금융 소외계층의 증가 134

4 _ 금융산업 발전을 위한 대안 모색 138

금융기관 신규 설립의 단계적 자유화 139 | 업무 규제는 완화, 건전성 규제는 강화 142 | 서민금융기관 육성 모델 구축 145 | 금융기관의 해외 진출 방안 149 | 참고 3-1 독일 신용협동조합은행 153

제4장 | 두 번의 금융위기는 우리에게 무엇을 남겼나 155

1 _ 금융위기의 이해 157

두 번의 금융위기 157 | 외환위기, 은행위기 그리고 금융위기 161 | 금융위기는 왜 계속 발생하는가 165

2 _ **1997년 IMF 금융위기 이후의 변화** 171

    금융위기 극복 정책에 대한 평가 171 | 긍정적인 변화 176 | 부정적 변화 181 | 참고 4-1 BIS와 자기자본 규제에 대한 이해 187

3 _ **2008년 세계 금융위기의 영향과 향후 과제** 190

    세계 금융위기가 준 충격과 변화 190 | 한국의 대응 정책에 대한 평가 198 | 앞으로의 과제 201 | 참고 4-2 재정위기와 정부 부채 210

제5장 | 부동산 시장을 정상화할 방안은 없는가   213

1 _ **부동산과 한국 경제** 215

    부동산은 우리 국민의 최대 관심사 215 | 부동산이 한국 경제에 미친 해악 219 | 참고 5-1 부동산 시장의 불안정성 224

2 _ **부동산 정책의 실패 원인** 226

    부동산을 통한 경기 부양에 집착 226 | 부동산의 수요·공급 조절 메커니즘에 대한 오해 229 | 1주택자에 대한 우대와 세입자 보호 장치 미흡 232 | 부동산 통계의 미비와 신뢰성 부족 235

3 _ **부동산 시장 정상화를 위한 정책 방향** 238

    부동산 정책의 틀을 근본적으로 전환 239 | 보유세 및 양도소득세의 합리화 242 | 세입자 보호와 임대 소득에 대한 과세 강화 245 | 부동산 관련 통계 확충과 신뢰성 제고 249

참고문헌 253

찾아보기 256

제1장

누가 진정한
성장론자인가

성장의 요인과 성장론자
거시경제정책과 경제성장
성장 잠재력 강화를 위한 몇 가지 과제

"
진정한 성장론자는 금리, 환율, 재정 등 거시정책에만 매달리지 않고 성장의 결정 요인인 자본 총량과 가용 노동량 확대, 기술혁신을 위한 법과 제도, 관행 개선에 심혈을 기울이는 사람이다. 그리고 금리, 환율, 재정 정책이 흔히 말하는 안정론자의 시각에서 운영될 때 성장 정책의 역할도 할 수 있다. 결국 거시경제정책의 운영과 관련해서 진정한 성장론자는 일반적으로 성장론자라고 부르는 사람이 아니라 안정론자인 셈이다.
"

1
성장의 요인과 성장론자

성장론자, 안정론자, 분배론자

경제정책 담당자나 경제학자, 경제전문가를 언론 등에서 개인의 성향이나 정책 운용 방향에 따라 성장론자나 안정론자, 분배론자 등으로 구분하는 경우를 많이 본다.

   이때 성장론자란 통상 경제성장률을 높이는 것을 최우선 정책 목표로 하고, 이를 위해 금리 인하나 유동성 확대, 재정지출 확대나 감세, 수출 증대를 위한 환율 인상(원화 가치 절하) 등의 정책을 적극 지지하는 이를 가리킨다.

   한편 안정론자는 장기적이고 지속적인 성장을 위해서는 물가 안정이 전제되어야 한다고 보고, 물가 안정을 우선적인 정책 목표로 하는 사람을 말한다. 안정론자는 대개 금리 인상이나 유동성 억제, 재정 건전성 유지, 환율 안정 등의 정책을 선호한다.

분배론자는 예컨대 GDP(국내총생산) 5% 성장, 10% 성장과 같은 단순한 양적 성장만으로는 빈곤 문제를 근본적으로 해결할 수 없다고 보고, 분배구조를 개선하기 위한 정책을 우선시한다. 분배론자들은 주로 사회보험이나 공적 부조와 같은 사회보장제도를 확충하고, 누진세를 확대하며, 저소득층에 대한 재정 지원을 강화할 것 등을 주장한다.

국민경제에서 성장, 안정, 분배에는 각각 버릴 수 없는 가치와 역할이 있다. 그러므로 어떤 것이 더 중요하고 덜 중요하다는 식의 논의는 빨간색, 파란색, 노란색 중에서 어느 색이 더 좋은가 하는 논쟁과 비슷하다. 특정 시점의 경제 상황에 따라 성장, 안정, 분배 중 어느 하나를 일시적으로 좀 더 강조할 수 있지만, 장기적으로 볼 때 이 세 가지는 모두 중요하며, 서로 조화를 이루어야 한다.

성장과 안정은 단기간에는 상충될 수 있어도 장기적으로 보면 서로 정(正)의 상관관계를 맺는다. 예컨대 물가 안정 없이 선진국이 된 나라는 찾기가 어렵다. 더욱이 역사를 돌이켜볼 때 인플레이션이 심화되면 사회가 불안정해지고, 때로는 그것이 국가체제의 붕괴로 이어지는 경우도 있었다. 독일 바이마르 공화국의 몰락과 히틀러의 등장, 중국 장제스의 패배와 마오쩌둥의 승리 등이 대표적인 사례다. 그리고 2011년 들어 튀니지와 이집트 등 북아프리카 국가에서 벌어진 체제 변화의 밑바탕에도 식료품 가격 폭등과 실업 문제가 깔려 있다.

성장과 분배의 관계도 크게 다르지 않다. 과거 여러 국가의 발전 사례와 현재 선진국의 모습을 살펴보면, 둘 중 어느 한 쪽으로 치우쳐서는 선진국이 될 수 없다는 것을 알 수 있다. 오늘날 선진국은, 성장과 효율을 강조하면서 오른쪽 모서리에 있는 미국과, 분배와 형평을 강조하면서 왼쪽 모서리에 있는 북유럽 국가의 사이에 있다(번스타인, 2005: 482~483). 예컨대 독일과 프랑스 등 서유럽 국가는 왼쪽에 가까운 중간에 위치한다고 볼 수 있다. 미국보다 분배구조가 더 악화되면 20세기 초 아르헨티나처럼 선진국의 문턱에서 포퓰리즘으로 경제가 주저앉게 된다.[1] 반대로 북유럽 국가를 넘어서 분배를 지나치게 강조하면 과거 사회주의 국가처럼 결국 경쟁에서 밀려나게 된다.

이처럼 성장, 안정, 분배는 모두 경제정책의 핵심 과제이고, 오늘날 한국의 경제 상황에서는 성장보다 다른 것이 더 중요할 수도 있다. 하지만 여기서는 성장과 성장정책 등을 중심으로 논의해보고자 한다. 특히 통상 성장론자라고 부르는 사람이 주장하는 대로 정책을 추진했을 때 과연 지속적인 성장이 가능한지, 그렇지 않다면 대안으로 어떤 정책을 추구해야 할 것인지를 살펴보겠다. 성장은 1960년대 이후 한국 경제에서 가장 중요한 정책 목표가 되어왔다. 그리고 그것은 한국을 세계 최빈국에서 벗어나게 하는 데 결정적 역할을 했다. 또한 지금은 많은 사람이 일자리 창출을 위해, 그리고 분배의 파이를 키우기 위해 성장이 우선 필요하다고 생각하고 있기 때문이다.

---

[1] 20세기 초에 아르헨티나는 1인당 GDP가 세계에서 여덟 번째로 높았고, 발행 채권도 세계에서 가장 안전한 것으로 분류되었다. 이에 더해 정치적 안정성도 영국만큼 높았다. 그러나 경제의 기반인 토지가 소수에게 고도로 집중되었고, 이 때문에 대공황이 왔을 때 수백만 명의 소작농이 실업자로 전락하면서 포퓰리즘의 먹잇감이 되었다(번스타인, 2005: 473~474).

성장은 자본, 노동, 기술에 따라 결정

경제성장은 물질적인 생활수준의 향상을 위해 필수적이다. 생활수준의 향상은 경제성장의 결과인 실질소득의 증대를 통해 이루어지기 때문이다. 그리고 경제학에서 말하는 성장이론(growth theory)을 종합해보면, 경제성장은 장기적으로 생산요소인 자본, 노동, 기술과 이에 영향을 주는 요인에 의해서만 결정된다.

이는 주류 거시경제학의 대표적 교과서의 하나인 그레고리 맨큐(N. Gregory Mankiw)의 『거시경제학(Macroeconomics)』에서도 잘 설명하고 있다. 특히 경제학의 핵심 원칙을 요약하는 마지막 부분에서 이렇게 강조한다. "한 경제의 생산수준은 자본과 노동의 양, 기술수준에 따라 결정되며, 장기적으로 볼 때 자본의 증가, 노동 사용의 개선, 기술 향상 이외에 비용 부담이 없는 다른 정책은 없다"(Mankiw, 2006: 550).

자본, 노동, 기술의 포괄 범위는 학자마다 다르지만, 넓게 봤을 때 다음과 같이 정의할 수 있다. 먼저 자본은 자본의 양과 함께 자금 조달 시장의 효율성을 포함한다. 그리고 노동은 노동인구의 규모와 함께 근로자의 교육수준과 숙련도 등을 포함하며, 기술은 생산기술과 과학기술뿐 아니라 자본과 노동을 결합하는 정치·사회 시스템까지 포괄한다.

성장론자는 국내 생산, 즉 국민소득의 증가를 정책 목표로 한다는 점에서 경제성장을 지향한다고 볼 수 있다. 그러나 통상 선호하는 정책 수단인 금리 인하, 감세, 재정지출 확대, 환율 인상 등으로 자본, 노동, 기술 수준을 바꾼다는 것은 상식적으로 생각해도 쉽지 않아 보인다. 만약 금리 인하, 재정 적자 지속, 환율 인상 등의 정책 수단으로 자본 축적이 빨라지고 노동인구가 늘어나며 근로자의 숙련도가 개선되거나 기술 향상이 촉진되어 지속적인 경제성장이 가능하다면, 아마 세계에서 저개발국으로 남아 있을 나라는 없을 것이다. 이러한 정책 수단은 약간의 거시경제학 지식만 있어도 큰 어려움 없이 사용할 수 있기 때문이다.

과거에 브라질, 아르헨티나, 멕시코 등 중남미 국가들이 물가의 높은 상승과 과다한 재정 및 경상수지 적자가 지속되면서 외채위기에 시달렸던 것은 이러한 손쉬운 정책에 너무 많이 의존한 탓도 크다. 이는 2000년대 중반부터 이른바 브릭스(BRICs: Brazil, Russia, India, China)의 하나로, 괄목할 만한 경제 성과를 내고 있는 브라질이 좋은 사례다.

브라질은 1995년까지는 통계를 내기 어려울 정도로 재정 적자가 심각한 상태였다. 이에 따라 1981~1995년에 소비자물가의 연평균[2] 상승률은 무려 780%에 달한 반면, 연평균 경제성장률은 2.1% 정도에 그쳤다. 그런데 브라질은 재정 건전화 노력을 기울이는 동시에 재정 통계를 공개한 1996년 이후부터 경제 상황이 극적으로 개선되었다. 1996~2010년에 연평균 소비자물가 상승률은 7%로 떨어지고, 경제성장률은 3.1%로 높아졌다. 특히 2004년 이후에는, 세계 금융위기 여파로 2009년 마이너스 성장을 했는데도, 경제성장과 소비자물가, 경상수지, 재정지출 등이 균형을 잡고 있다. 즉, 2004~2010년에 브라질은 연평균 경제

---

[2] 브라질의 물가, 성장률 등의 연평균 통계는 IMF(2010)의 연도별 수치를 산술평균한 것이다.

표 1-1 **브라질의 주요 경제지표 추이(%)**

기간	1981~1995	1981~1988	1989~1995	1996~2010	1996~2003	2004~2010
경제성장률	2.1	2.2	2.1	3.1	1.9	4.5
소비자물가 상승률	780.5	220.0	1,421.1	7.0	8.5	5.3
GDP 대비 경상수지 적자 비율	-1.5	-2.5	-0.3	-1.6	-2.9	-0.2
GDP 대비 재정 적자 비율	-	-	-	-3.9	-5.0	-2.7

주: 수치는 연평균, 단순 산술평균한 것임.
자료: IMF(2010).

성장률 4.5%, 소비자물가 상승률 5.3%, GDP 대비 경상수지 적자 비율 마이너스 0.2%, GDP 대비 재정 적자 비율 마이너스 2.7%를 기록하여 세계가 주목하는 국가가 된 것이다(표 1-1 참조).

금리 인하, 재정 확대, 환율 인상 등은 일시적으로 성장을 촉진할 수 있으나 공짜 점심이 없듯이 반드시 부작용이 있고 장기적으로는 경제성장의 효과마저 사라지고 부작용만 남는 것이 일반적이다. 더욱이 시장의 흐름이나 경제 여건에 맞지 않는 금리 인하나 환율 인상은 단기적인 경기 부양 효과마저 내지 못한 채 시장을 왜곡하는 반시장적 정책이 되거나 물가 상승, 부동산 거품 등의 부작용만 초래할 수 있다. 최근 한국에서도 시장과 경제 여건에 맞지 않는 금리정책과 환율정책으로 여러 가지 나쁜 결과만 초래한 사례가 몇 번 있었다.

잘못된 정책의 교훈은 무엇이며, 진정한 성장론자는 누구인가

시장의 흐름이나 경제 여건에 맞지 않았던 정책의 하나가 2004년 하반기에 두 차례에 걸쳐 시행된 금리 인하다. 한국은행은 2004년 8월에 콜금리 목표를 3.75%에서 3.5%로, 다시 11월에는 3.25%로 인하했다.

2004년 두 번의 금리 인하는 물가가 안정된 상황에서 투자 부진 등에 따른 성장 둔화를 막기 위한 것이었다. 그러나 당시 기업 투자가 부진했던 것은 높은 금리나 자금 부족 때문이 아니라, 국내 소비 침체 등에 따라 사업성이 있는 투자 기회를 찾기 어려워서였다. 기업의 자금 수요는 크지 않고 대기업을 중심으로 유동성의 여유가 충분했기 때문에, 2004년에는 금리를 인하했는데도 불구하고 대기업 대출 규모가 오히려 3조 원 이상 줄었다.

은행은 당시 수익성 개선으로 대출 여력이 확대되면서, 자금 수요가 줄어든 기업 대출 대신에 인하된 금리를 바탕으로 주택 담보 대출 등 가계 대출을 대폭 확대했다. 이는 상승세를 타고 있던 부동산 시장에 유동성을 추가 공급함으로써 부동산 거품을 키우는 역할을 했다.

그리고 통화정책의 시차가 짧게는 6개월, 길게는 1년 이상이라는 점(한국은행, 2005b: 150)을 고려할 때, 정책금리 인하에 따른 경제성장세의 확대 효과는 거의 없었던 것으로 보인다. 금리 인하는 2004년 8월과 11월에 이루어졌는데, 경제성장률이 2003년 2.8%에서 2004년에 이미 4.6%로 회복한 상태에서, 2005년에 4.0%로 오히려 성장세가 둔화되었기 때문이다. 결국 2004년 하반기의 두 차례 정책금리 인하는 성장이나

표 1-2 2003~2006년 한국의 주요 경제지표 추이

연도		2003	2004	2005	2006
은행 대출 증감액 (10억 원)	대기업	-4,260	-3,094	3,929	-1,321
	중소기업	34,790	6,900	11,036	43,543
	가계	30,602	22,511	29,390	40,892
어음 부도율(%)		0.08	0.06	0.04	0.02
GDP 성장률(%)		2.8	4.6	4.0	5.2
서울 아파트 가격 상승률(%)		10.2	-1.0	9.1	24.1

자료: 한국은행(2003, 2004, 2005a, 2006a)을 바탕으로 재구성.

투자의 확대 효과보다는 부동산 가격 상승과 가계 부채 증가라는 부작용이 훨씬 컸던 정책이었다(표 1-2 참조).

경제 흐름에 역행한 정책의 또 다른 대표적 사례는 2008년 초 환율의 급격한 상승을 유도한 정책이다. 2008년 초 새로운 정부의 출범을 전후하여 새로운 정부의 경제정책 최고책임자들이 환율주권론 등을 주장하며 환율 상승을 유도했다.

주지하다시피 환율이 상승하면 수출대금의 원화 표시 금액이 커져 수출기업의 수익이 증가한다. 그러나 그렇게 증가한 수익은 수출기업 자신의 노력으로 생기는 것이 아니다. 그것은 내수기업의 원자재 수입 비용, 운전자의 기름값, 이른바 기러기 아빠의 해외 송금 비용 등 국내의 다른 부분에서 발생한 추가 부담이 수출기업의 수익으로 이전된 것에 지나지 않는다.

한편 2008년 당시 대다수 수출기업은 채산성이 양호했고, 2007년 10월 말까지 원화 절상 기조가 지속되면서 상당수 수출기업이 선물환매도 등을 통해 환율 하락에 대비하고 있었다. 따라서 환율 하락에 대비하지

않은 업체만 환율 상승에 따른 이익을 보았다. 오히려 키코(KIKO: knock-in, knock-out) 계약 등으로 비정상적인 헤지(hedge)를 한 업체는 큰 손해를 보고, 도산하는 경우도 발생했다. 또한 국내 은행은 선물환 매입이나 키코 계약 후 외환 포지션 관리와 같은 위험관리를 위해 관련 거래의 상당 부분을 국제적인 대형 투자은행(investment bank: IB)에 파는 경우가 많다. 이렇게 되면 환율 상승에 따른 이익의 많은 부분을 해외 투자은행이 가져가게 되는 것이다(참고 1-1 참조).

더욱이 2008년 중반에 수입물가 상승 등으로 소비자물가가 5% 이상 상승하고 여기에 경기 침체에 따른 실업 증가까지 맞물려, 가계는 이중의 고통을 겪었다. 기업 부문에서도 키코 관련 기업뿐 아니라 내수 침체, 처분 가능 소득 감소 등으로 영세 자영업자와 내수 중소기업이 줄지어 도산하는 일이 벌어졌다.

결국 2008년 초의 환율 상승 유도 정책은 일부 수출기업의 수익을 크게 늘렸지만, 실제 수출 증대 효과는 크지 않은 상태에서[3] 물가 상승과 내수 침체, 기업 도산, 국부 유출 등의 부작용을 양산한 실패작이다.

그리고 2008년 초에 이루어진 정부의 환율 상승 유도는 앞의 여러 가지 부작용 이외에 2008년 세계 금융위기의 충격을 더욱 키운, 한 치

---

[3] 골드만삭스에서 발표한 바에 따르면, 한국의 수출과 환율은 상관관계가 낮고 오히려 환율 하락 시 수출과 설비투자가 늘어난 사례가 많은 것으로 나타나, 환율 상승이 없었더라도 수출은 늘어났을 것으로 예상되었다(Goldman Sachs, 2010). 또한 한국 경제는, 빠르게 성장하고 있는 중국 경제에서 많은 혜택을 받는 구조이기 때문에, 중국의 경제성장세가 지속되면 한국의 수출도 늘어나게 되어 있다.

그림 1-1 2007~2009년 대미 달러 환율과 자본수지 추이

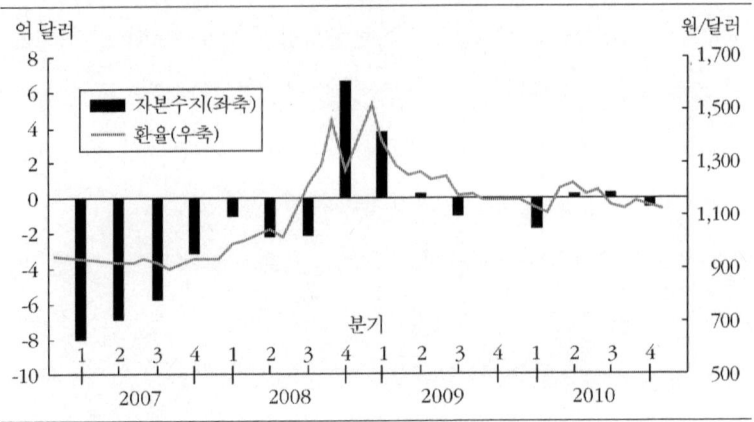

자료: 한국은행에서 발표한 수치를 바탕으로 재구성.

앞을 내다보지 못한 정책이었다. 즉, 위기의 불씨가 번지고 있는 곳에 기름을 부은 정책이었던 것이다. 2008년 초는 미국의 중소형 은행은 물론 세계 5위의 투자은행이던 베어스턴스까지 도산하던 시기로, 2007년부터 불거진 미국의 서브프라임 모기지 사태가 세계 금융위기로 확산되기 시작하던 때였다. 여기에다 한국은 자본수지가 2007년부터 큰 폭의 적자를 보여 가만있어도 원화 환율이 오를 가능성이 큰 시기였다.

세계 금융위기는 세계 3대 투자은행 중 하나로 꼽히던 리먼브러더스가 2008년 9월에 파산하면서 본격화되어, 한국도 국내 은행의 신규 차입 불가능, 급격한 원화 환율 상승 등으로 큰 어려움을 겪었다. 아마도 2008년 초의 잘못된 환율정책이 없었다면, 2008년 하반기 이후의 환율 상승 폭은 훨씬 작고 국민경제의 피해도 줄일 수 있었을 것이다(그림 1-1 참조).

종합해보면, 일반적으로 성장론자라 부르는 이들이 주장하는 금리 인하, 환율 인상 등의 정책으로는 경제성장이 이루어지지 않을 수 있고, 잘못하면 오히려 국민경제에 부작용만을 남길 수 있다. 그러므로 '진정한' 성장론자라면 금리, 환율, 재정 등의 거시정책에만 매달리지 않고, 성장의 결정 요인인 자본 총량과 가용 노동량 확대, 기술혁신을 위한 법과 제도, 관행 개선에 심혈을 기울여야 한다. 즉, 성장론자는 생산적인 투자를 촉진하기 위해 세제를 개혁하고, 국내 저축률을 높이고 외자를 유치하기 위한 제도를 개선하며, 여성 인력의 활용도를 높여 전체 가용 노동 인력을 확대하고, 과학기술을 육성하기 위해 교육개혁을 시행하며, 농업과 금융산업 등의 경쟁력을 높이기 위한 정책 등을 적극적으로 추진하는 사람이어야 하는 것이다.

참고 1-1 키코와 1997년 다이아몬드펀드 사건

키코는 '녹인(knock-in)' 옵션과 '녹아웃(knock-out)' 옵션이 합성된 복잡한 파생금융상품이다. '녹인' 옵션은 기초자산의 가격(환율 등)이 특정 수준에 도달하면 권리가 생기고, '녹아웃' 옵션은 기초자산의 가격이 특정 수준에 도달하면 권리가 소멸한다. 2006~2008년 당시 한국의 여러 수출기업에서 많이 체결한 키코 계약은 '녹인' 조건의 콜옵션 매도와 '녹아웃' 조건의 풋옵션 매입이 2대 1의 비율로 결합되어 있었다.

만약 이러한 키코 계약이 계약 환율 미화 1달러당 930원, '녹인' 환율 960원, '녹아웃' 환율 900원으로 이루어졌다고 할 경우, 환율 변동에 따른 수출기업의 손익을 계산해보면 다음과 같다.

환율이 930원과 960원 사이에 있으면 계약은 손익에 영향을 주지 않는다. 그리고 환율이 930원과 900원 사이에 있으면 수출기업은 계약 금액만큼(예컨대 1,000만 달러)을 930원에 팔 수 있어 이익이다. 그러나 환율이 900원 밑으로 떨어지면 권리가 소멸(knock-out)되어 이익이 없다. 즉, 환율 하락에 대한 헤지 기능이 사라지는 것이다. 환율이 960원을 넘으면 '녹인' 조건에 따라 계약 금액의 2배(예컨대 2,000만 달러)를 계약 환율(930원)로 은행에 팔아야 하므로, 수출기업은 큰 손실을 입는다. 단, 수출대금이 계약 금액의 두 배 이상이면 수출대금의 환차익으로 키코 계약의 손실을 상쇄할 수도 있다.

종합해보면, 키코 계약은 환율이 900~930원 사이에서 하향 안정세를 유지할 때에만 수출기업에 이익이 되고, 환율이 960원 이상 오르면 오를수록 수출기업의 손실 규모가 눈덩이처럼 커지는 손익 구조로 되어 있다. 즉, 키코는 수출기업의 이익(= 은행의 손실)은 일정 범위 내로 제한되며 수출기업의 손실(= 은행의 이익)은 끝없이 커질 수 있는 비대칭적이고 기형적인 파생금융상품이다.

2006~2007년 당시 수출기업이 이러한 키코 계약을 한 이유는, 첫째로 환율 추세가 키코 계약으로 이익을 보는 하향 안정세를 유지했다는 점, 둘째로 키코는 선물환 매도 등과는 달리 외형적으로는 수수료가 없었다는 점, 셋째로 각 기업이 파생금융상품에 관한 지식이 부족하여 키코의 위험성과 '녹인' 또는 '녹아웃' 환율의 적정성을 평가할 수 없었다는 점 등이다.

언론 등에 따르면, 키코는 외국계 은행이 주도했고 국내의 거의 모든 은행이 판매한 것으로 나타났다. 그렇다면 외국계 은행들이 키코를 만들어서 판 근본적 이유가 무엇일지에 대해 의문이 생긴다. 단지 수수료 수입만을 위한 것은 아닌 것으로 보인다. 통상 이러한 파생금융상품은 반대쪽의 위험(즉, 원화 환율 상승에 따른 손실 가능성)을 헤지하기 위한 수요가 있을 때 만들어진다. 사실 확인은 어렵지만 키코는 외국계 투자은행들이 자신의 원화 환율 상승 위험을 헤지하거나 다른 투자자에게 이러한 헤지 상품을 팔기 위해 만들어졌을 가능성이 있다. 예를 들어 한국의 주식시장에 투자한 외국인 투자자들은 원화 환율이 오르면 손해를 보기 때문에 이러한 헤지 상품의 수요자가 될 수 있다.

그런데 키코와 여러 가지 조건 및 결과가 무서울 정도로 똑같은 사건이 과거에 있었다. 그것은 1998년 보람은행, 선경증권(현 SK증권), 한남투신 등이 도산한 원인이 되었던 다이아몬드펀드 등 여러 개의 역외펀드 부실화 사건이다. 다이아몬드펀드 사건은 1997년에 한국의 금융기관(다이아몬드 펀드)이 JP모건과 TRS(total return swap) 거래를 통해 외형상 아주 좋은 조건으로 외화를 차입하여 인도네시아 루피아연계채권에 투자했다가 거액의 손실을 본 사건이다.

간단히 말해서 다이아몬드펀드는 일본 엔화에 대한 태국 바트화 가치가 상승하면 이익을 보고 하락하면 손해를 보는 구조로 설계되었다. 반대로 JP모건은 바트화 가치가 상승하면 손실을 보고 하락하면 이익을 내게 되어 있었다. 다이아몬드펀드도 키코처럼 바트화의 가치가 상승할 때의 이익(JP모건의 손실)은 일정 범위 내로 제한되는 반면, 하락할 때의 손실(JP모건의 이익)은 무한정 커지는 비대칭적이고 기형적인 손익 구조로 되어 있었다.

JP모건이 이러한 금융상품을 만들어 판매한 이유는 1996~1997년 당시 JP모건과 그 밖의 투자은행이 저금리인 일본 엔화를 차입해 태국이나 인도네시아에 대규모로 투자(엔캐리투자)하고 있었기 때문이다. 태국 바트화나 인도네시아 루피아화 자산에 대한 투자는 수익성이 좋았으나, 바트화와 루피아화의 통화가치가 엔화에 대해 평가절하가 이루어지면 손실이 발생하기 때문에 헤지가 필요했다.

한국의 금융기관이 다이아몬드펀드 등에 투자한 이유는 우선 태국 바트화의 가치가 1997년 중반까지는 엔화에 대해 안정세를 유지했다는 점, 둘째로 JP모건으로부터의 외화 차입 금리가 마이너스 3%(원금의 97%만 상환)로서 외형적으로 매우 유리했다는 점, 셋째로 파생금융상품에 대한 지식이 부족해 다이아몬드펀드의 위험성과 차입 금리의 적정성 등을 평가할 수 없었다는 점 등을 들 수 있다. 결국 키코와 다이아몬드펀드는 해당 금융상품이 만들어질 당시의 금융경제 여건, 판매 유인, 한국

투자자의 거액 손실 발생이라는 측면에서 매우 유사한 형태를 보인다.

이처럼 서로 매우 흡사한 성격을 띠는 두 사건은 한국 금융산업의 실상과 감독 당국의 무능력을 그대로 보여주는 좋은 예다. 물론 한국의 금융기관이 수출기업에 어려움을 주려는 의도로 키코를 팔지는 않았을 것이다. 파생금융상품에 관한 지식이 부족했고, 국제금융시장과 금융경제 상황을 분석하는 능력이 부족했던 것이 주된 이유일 것이다. 이와 비슷한 이유로 감독 당국도 다이아몬드펀드와 키코 사건에서 아무런 도움이 되지 못했다.

'한 번 일어난 일은 다시 일어나지 않을 수 있지만, 두 번 일어난 일은 반드시 또 일어난다'라는 말이 있다. 금융기관의 영업 행태, 감독 당국의 규제와 검사 방식 등이 근본적으로 개선되지 않는다면, 다이아몬드펀드 사건이나 키코 사건과 같은 일은 언제든 또다시 일어날 것이다. 세상에 공짜 점심이 없듯이 수출기업도 수수료 없이 환율 하락 위험을 헤지할 수 없다는 것을 알아야 했다. 눈에 보이는 수수료 대신 어딘가에 숨어 있는 더 큰 위험을 부담하는 것이었기 때문이다.

2
거시경제정책과 경제성장

거시경제정책은 경기 진폭의 축소가 기본 목표

금리, 환율, 재정 등의 거시경제정책이 장기적 관점에서 성장을 위한 정책 수단이 아니라면, 그러한 정책은 무엇을 위해 어떻게 사용되어야 하는 것일까 하는 의문이 든다. 정상적으로 발전해가는 국민경제는 장기적으로 성장 추세를 보이면서 경제활동이 활발한 시기와 저조한 시기가 모두 있기 마련이다. 그렇다면 활발한 시기와 저조한 시기의 차이, 즉 경기 진폭은 어떤 것이 바람직할까?

물가와 경상수지 등 다른 지표를 무시하고 경제성장률만으로 간단한 예를 들어보자. 2년 전 4.8%, 1년 전 5.2%, 올해 5%의 경제성장률을 나타낸 A국과, 2년 전 1.5%, 1년 전에 9.5%, 올해 5%의 경제성장률을 보인 B국이 있다. 그렇다면 A국과 B국 중 어느 국가의 경제가 더 나은 평가를 받을까? 먼저 A국은 경제성장률이 5% 내외에서 큰 변동이 없어 기업이나 투자자가 상대적으로 쉽게 사업 계획이나 투자 계획을 세울 수 있고, 계획대로 실적을 달성하기도 쉬웠을 것이다. 반대로 B국은 평균 성장률이 B국보다 다소 앞서지만, 경제성장의 진폭이 커 사업 계획이나 투자 계획을 세우기 쉽지 않고, 실적도 계획대로 달성되지 않았을 가능성이 크다. 또한 사업이나 투자가 계획대로 되지 않았을 때를 대비해야 하므로 새로운 사업이나 투자가 조심스러워질 수밖에 없다.

현대 위험관리론에서는 위험의 본질을 불확실성으로 보고, 손실 가능성이 큰 것보다는 손실 규모가 얼마일지 모르는 불확실성이 큰 것을 더 위험한 것으로 보고 있다. 즉, B국 경제가 A국 경제보다 불확실성이 훨씬 크기(더 위험하기) 때문에, B국에 투자하는 투자자는 일반적으로 더 많은 리스크 프리미엄을 요구하게 되어 B국의 차입 비용이 A국보다 높아지게 된다. B국은 사업이나 투자 계획을 세우기도 어려울뿐더러 차입 비용도 높아지게 되어, 장기적으로 성장동력이 약화될 수밖에 없다(참고 1-2 참조).

금리, 환율, 재정 등 거시경제정책의 목표는 앞서 말한 B국 상태를 피하고 A국 상태를 유지하는 것이다. 즉, 거시경제정책은 나라 경제가 성장 잠재력에 비추어 너무 빠르게 성장할 때(과열 시)에는 상승세를 조금 늦추고, 반대로 급격하게 나빠질 때는 하락세를 줄임으로써 경기 변동의 진폭을 줄이는 것을 일차적 목표로 한다. 또한 안정적 경제성장과 함께 일정한 범위(2~3%의 물가 상승률) 내에서 물가를 안정시키고, 과도하지 않은 범위 내에서 경상수지 흑자를 유지하며, 물가 상승을 유발하지 않는 범위 내에서 고용을 안정시키는 것도 거시경제정책의 목표다.

장기적으로는 안정론자가 진정한 성장론자가 된다

금리나 환율은 정책 수단이기도 하지만, 한편으로 기업과 가계의 차입 비용, 예금의 이자 수입, 수출입 대금, 해외 송금 시 필요한 금액 등의 변동을 통해 기업 경영이나 가계 살림살이에 직접 영향을 미치는 주요 가격 변수이기도 하다. 기업이나 가계 등 경제주체는 금융 의존도가 커지고 국제화될수록 금리나 환율의 움직임에 점점 더 민감해질 수밖에 없다. 따라서 경기 변동의 진폭이 커지는 것 이상으로 금리나 환율의 변동성이 커지는 것도 국민경제 전체의 효율성과 경쟁력을 낮추는 요인이 된다.

금리나 환율의 변동성이 커지면 투기적 거래자는 돈을 벌 수 있는 기회가 많아져 좋을지 모르지만, 일반적인 기업은 자기 사업과 무관하게 큰 손실을 입을 수 있어 본업에 전념하기 어려워진다. 기업은 환율이나 금리 변동에 대비(헤지)해야 하고 변동성이 커지면 위험도 커져 헤지 비용이 증가한다. 그리고 변동성이 커지면서 예상치 못한 손실뿐 아니라 때로는 큰 이익이 발생하는 경우도 있으므로, 정상적인 기업이나 개인도 이러한 이익을 기대하고 투기적 거래에 동참하려는 유혹이 커진다. 결국 변동성이 큰 경제는 고비용 구조와 더불어 정상적인 사업보다는 투기에 열중하는 구조로 바뀌어 성장동력이 약화된다.

한국은 변동환율제를 채택하고 있으며, 실물 및 금융 등의 경제 개방도가 매우 높다. 이 때문에 기초적 경제 여건이나 정책 당국의 의지와 관계없이 국제금융 환경의 변화에 따라 환율이 급격히 변동할 수 있다.

세계 외환시장의 하루 평균 거래량은 2010년 4월을 기준으로 4조 달러[1]에 이르고 한국 외환시장의 하루 평균 거래량은 440억 달러 수준이다. 이 중 많은 부분이 실물 거래와 관계없는 금융적 거래다. 이러한 외환시장의 일일 거래량과 한국의 외채 규모(2010년 말 기준 3,700억 달러), 주식시장의 외국인 투자 규모(2010년 말 기준 3,200억 달러), 수출입 규모(2010년 8,916억 달러) 등을 고려할 때 한국의 2010년 말 기준 외환 보유액 2,915억 달러도 시장을 완전히 지배할 만한 금액은 아니다.

따라서 기초적인 경제 여건이나 시장의 흐름에 역행하는 환율정책은 일시적으로는 효과가 있을지 모르지만, 바로 세계 외환시장의 움직임에 따라 반대쪽으로 더 큰 조정을 받을 수 있다. 따라서 잘못된 환율정책은 기대했던 수출 증대 효과보다는 환율의 변동성만 확대할 수 있다.

종합해보면, 금리나 환율, 재정 등의 거시경제정책의 목적은 경기 진폭의 축소와 함께 시장가격 변수의 움직임을 안정시키는 것이라고 볼 수 있다. 즉, 거시경제정책이 이상적으로 운용되는 국민경제는 기업, 가계 등 경제주체가 물가, 금리, 환율 등의 움직임에 관심을 가질 필요 없이 각자의 사업과 살림살이에만 충실해도 아무런 문제가 없는 상태일 것이다. 백성이 왕의 이름을 알 필요가 없었다는 요순시대가 태평성대

---

[1] 이 수치는 국제결제은행(Bank for International Settlements: BIS)에서 세계 53개 주요 국가(한국 포함)의 외환시장(현·선물환, 외환·통화스와프, 통화옵션 거래시장)을 대상으로 조사한 결과에 따른 것이다. 이러한 조사는 3년에 한 번씩 실시되며, 이에 따르면 2010년 4월 외환시장 하루 평균 거래량은 3조 9,810억 달러로, 2007년 4월의 3조 3,210억 달러보다 20% 증가했다.

였던 것과 일맥상통한다고 볼 수 있다.

거시경제정책이 이렇게 운영되면 경제의 불확실성과 불필요한 비용이 줄어들어 국민경제의 경쟁력이 높아지고 잠재적인 성장능력이 확충된다. 이는 역설적으로 금리·재정·환율정책이, 흔히 말하는 '안정론자'의 시각에 따라 운영될 때 '성장정책'의 역할도 할 수 있다는 것을 의미한다. 결국 거시경제정책의 운영과 관련해서 진정한 성장론자는 일반적으로 성장론자라고 부르는 사람이 아니라 안정론자인 셈이다.

성장의 척도: 국민소득, 그리고 환율과 물가

성장의 결과는 경제 외에도 문화, 교육, 의료 등 모든 분야에 복합적으로 나타난다. 그렇지만 모든 분야를 포괄할 수 없더라도 성장의 결과를 하나의 지표로 측정한다면, 그 대표적인 지표는 국민소득이다. 국민소득은 일정 기간에 한 나라의 가계, 기업, 정부 등 모든 경제주체가 새롭게 생산한 재화와 서비스의 가치를 합한 것으로, GDP(gross domestic product: 국내총생산), GNI(gross national income: 국민총소득)[2] 등의 용

---

2 GDP는 포괄 범위를 사람이 아닌 지역을 기준으로 작성하며, 내국인과 외국인의 구분 없이 국내에서 창출된 부가가치의 합을 의미한다. GNI는 사람과 기업을 기준으로 작성하며, 내국인 또는 자국 기업이 외국에서 벌어들인 돈과 외국인이 내국에서 벌어간 돈의 차이(국외순수취요소소득)를 GDP에서 가감하여 산출한다. 일반적으로 한 나라의 경제성장률은 국내총생산을 기준으로, 1인당 국민소득은

어를 사용한다. 특히 1인당 국민소득은 한 나라의 경제수준뿐 아니라 국민의 생활수준까지 어느 정도 가늠할 수 있어 대표적인 경제성장의 척도로 사용된다.

한국의 2010년 1인당 국민소득(GNI)은 2만 759달러로 1960년대 후반 200달러 내외에서 40년 만에 100배 이상 증가했다.[3] 이러한 한국의 경제성장 속도는 세계에서 유례가 없을 정도로 빠른 것이다. 그러나 아직은 미국(2009년 기준 4만 6,000달러), 독일(4만 1,000달러), 일본(4만 달러), 프랑스(4만 2,000달러) 등 선진국과는 큰 격차를 보이며, 싱가포르(3만 6,000달러), 홍콩(3만 달러)보다도 낮은 수준이다.

한편 한국의 1인당 국민소득과 환율의 장기 추세를 과거 성공적인 경제성장을 이루었던 독일, 일본과 비교해보면 성장과 안정에 관해 흥미로운 결과가 나타난다. 독일은 1960년대 말부터 2009년까지 미 달러 기준 1인당 국민소득이 16배 정도 증가했다. 독일 마르크(DM) 환율은 1960년대 말 미 달러당 4마르크 내외에서 1998년 말 유로(EURO)화 도입 시 1.8마르크로 하락하고 2009년에는 다시 1.4마르크 수준(1999년

GNI를 기준으로 산출한다. 그러나 GNI 통계는 나라에 따라 공표하지 않는 경우도 있고 과거 통계를 구하기도 어려워, 국가 간 비교나 장기 분석 등에는 1인당 GDP를 지표로 많이 사용한다.

[3] 1960년대 초반 한국의 1인당 국민소득은 변동 폭이 심해 기준으로 삼기에 적절하지 않다. 즉, 1960년 166달러에서 1962년 92달러로 감소했고, 1963년에 다시 142달러로 증가했다가, 1965년에는 106달러로 다시 감소했다. 그러나 1960년대 후반부터는 1967년 157달러, 1968년 195달러, 1969년 230달러로 꾸준히 증가했다.

유로화 도입 시 유로·마르크 환산율로 계산)[4]으로 하락했다. 즉, 약 40년간 독일 돈의 가치는 미 달러보다 3배 정도 상승한 셈이다. 일본도 같은 기간에 1인당 국민소득이 24배 정도 증가하고 엔화 환율이 미 달러당 1969년 말 359엔에서 2010년 말 85엔으로 떨어져 엔화 가치가 4배 이상 상승했다. 그런데 한국은 1인당 국민소득이 약 100배 증가한 반면, 원화 환율이 1960년대 말 미 달러당 300원(한국은행 집중기준율 기준) 수준에서 2010년 말 1,150원으로 상승해 통화가치가 거의 4분의 1로 하락했다.

독일과 일본의 통화가치가 3~4배 상승한 반면, 한국의 통화가치가 4분의 1로 하락한 것은 여러 가지 원인이 복합적으로 작용한 결과지만, 거기에 물가 상승률이 가장 큰 영향을 주었다고 볼 수 있다. 물가는 통화의 대내 가치를, 환율은 통화의 대외 가치를 나타내는 지표다. 물가가 올라 같은 돈으로 살 수 있는 재화와 서비스의 양이 줄어든다면 장기적으로 그 통화의 대외 가치도 하락할 수밖에 없다. 소비자물가지수 기준으로 1969년부터 2009년까지 40년간 물가가 독일은 3.2배, 일본은 3.3배 오른 데 비해, 한국은 무려 20.8배나 올랐다. 같은 기간에 미국 물가는 5.8배 올라 독일이나 일본보다는 높지만 한국보다는 훨씬 낮은 수준을 보였다(그림 1-2, 1-3, 1-4 참조).

---

4 1999년 1월 유로시스템(Euro system)의 단일 화폐인 유로화 도입 시 독일 마르크의 통화가치는 1유로당 1.955583마르크로 환산되었다. 유로시스템에는 전통적 약세통화국인 이탈리아, 스페인, 포르투갈, 그리스 등이 포함되어 있어, 유로화가 도입되지 않았다면 독일 마르크는 더 큰 폭의 강세를 보였을 것이다.

그림 1-2 한국, 독일, 일본의 1인당 GDP 추이

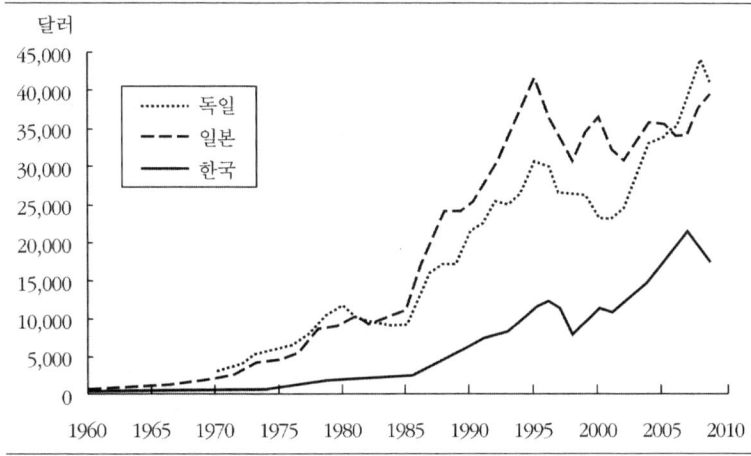

자료: World Bank에서 발표한 자료를 바탕으로 재구성.

그림 1-3 한국, 독일, 일본의 대미 환율 추이

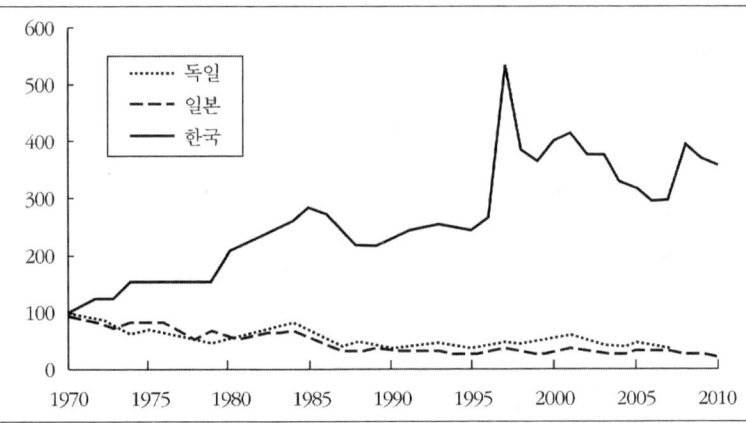

주: 1) 1999년 이후 독일마르크화는 유로화를 환산하여 계산.
    2) 1970년(=100)을 기준으로 지수화.
자료 : IMF에서 발표한 수치를 바탕으로 재구성.

그림 1-4 한국, 독일, 일본의 소비자물가지수 추이

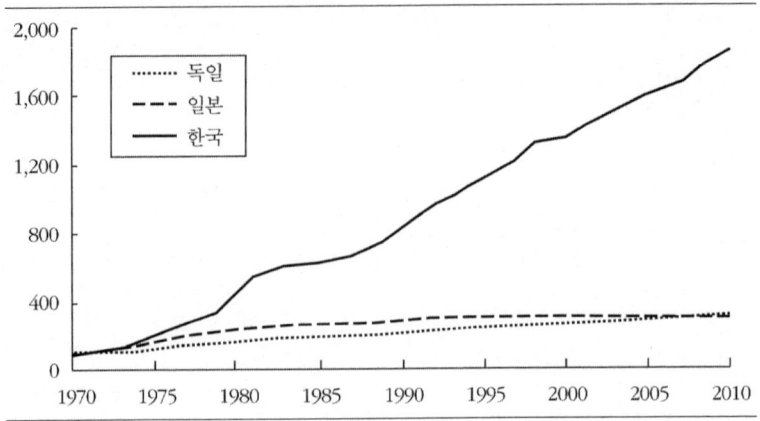

주: 1970년(=100)을 기준으로 지수화.
자료: IMF에서 발표한 수치를 바탕으로 재구성.

　이러한 사실만 미루어봤을 때 독일과 일본, 한국 중에서 어느 나라가 경쟁력이 강하고 성장 잠재력이 큰 국가라고 할 수 있을까? 경제적으로 진정 강한 국가는 자국 통화가치가 상승해도 수출 경쟁력을 유지할 수 있고, 실제로 장기간에 걸친 자국 통화의 절상을 통해 국부의 대외 가치도 증대시키는 나라일 것이다.[5] 또한 성장 잠재력이 큰 국가는 물가가

5　과도한 통화가치 절하가 나쁘듯이 단기간에 급격하게 통화가치를 절상하는 것도 경제주체가 그것에 적응할 수 있는 시간적 여유를 주지 않아 경제에 큰 부담이 된다. 2010년 일본의 경우처럼 급격한 엔화 절상과 지속적인 물가 하락은 기업의 수익성 악화, 성장세 둔화, 고용 불안 등의 또 다른 어려움을 불러온다. 그러나 엔화 가치가 20~30% 절상되었는데도 수출 경쟁력을 유지하고 있는 점을 볼 때, 일본의 국가경쟁력이 그만큼 건실하다고 볼 수 있다.

장기간 안정되어 있어 소득분배가 왜곡되지 않고 경제주체들이 투기를 통한 이익보다는 생산을 통한 이익 증대를 추구하는 모습을 나타낼 것이다.

독일과 일본은 그동안 자국 통화가치가 지속적으로 절상되었는데도 계속해서 경상수지 흑자를 내고 성장도 유지했다. 그러나 한국은 평균 성장률이 독일과 일본보다 훨씬 높았지만, 원화 가치가 장기적으로 하락세를 나타내면서 경상수지 흑자와 적자가 반복되고 금융위기도 겪었다. 지금까지 그랬듯이 한국이 앞으로도 10년 만에 물가를 몇 배씩 올리고 환율을 2,000원, 3,000원으로 인상하는 방식의 경제정책을 택한다면, 선진국으로 가는 길은 더욱더 험난할 것으로 보인다. 무엇보다 고물가와 고환율은 소득분배구조를 왜곡하고 양극화를 심화시켜 포퓰리즘이 번성할 수 있는 여건을 조성하기 때문이다.

토끼와 거북이의 경주처럼, 당장은 느려 보일지 모르나 환율과 물가 안정을 통한 성장이 장기적으로 더 빠른 성장일 수 있다. 1997~1998년과 2008~2009년 경우와 같이, 환율이 폭등하면 성장의 척도라고 볼 수 있는 달러 표시 1인당 국민소득은 몇 년씩 뒤로 물러나기 때문이다. 산술적이기는 하지만, 현재 한국의 환율이 1980년대 말~1990년 초 수준인 미 달러당 700원 정도를 유지하고 있다면, 한국의 1인당 국민소득은 이미 3만 달러를 넘어 선진국 수준이 되었을지 모른다.

참고 1-2 위험의 본질

위험(risk)이라는 말은 금융기관의 위험관리 분야뿐 아니라 개인의 일상생활에서도 자주 사용된다. 상황에 따라 조금씩 달라질 수 있겠지만, '위험하다', '위험하지 않다', '위험 지역', '화재 위험', '사고 위험'과 같은 표현에 쓰인 위험의 의미는 주로 손실이나 불리한 결과가 발생하는 경우를 말한다. 즉, 교통사고 위험이 높다는 것은 교통사고라는 불리한 결과가 발생할 가능성이 크다는 것이다. 그리고 위험 지역은 사건이나 사고 등으로 피해가 발생할 가능성이 큰 지역을 말한다.

그렇다면 손실이나 불리한 결과가 발생할 가능성이 크다면 위험이 큰 것일까? 일반적으로 그럴 수 있지만, 항상 그런 것은 아니다. 예를 들어 26세 이하의 운전자에게 교통사고가 발생할 가능성이 크다면 보험회사는 보험 가입을 제한하거나 보험료를 올림으로써 손실을 미리 막을 수 있다. 은행에서도 특정 업종에 속한 기업이 대출금을 상환하지 못할 가능성이 크다면 이 기업에 더 높은 금리를 적용함으로써 예상되는 손실을 보전할 수 있다. 이는 단순히 손실 발생 가능성이 크다고 해서 항상 더 위험하지는 않다는 것을 의미한다. 손실이나 불리한 결과가 발생할 가능성이 크다 하더라도 통계적 자료, 경험, 시장 여건 등을 감안해 이러한 가능성을 예측할 수 있고, 그것을 금리나 보험료 등과 같은 거래 비용에 포함할 수 있다면, 실질적인 면에서 위험하지 않다고 볼 수 있다.

손실 발생 가능성이 더 크다고 더 위험한 것이 아니라면 위험은 무엇이며, 어떤 경우에 위험이 더 클 것인가? 사람들이 손실 가능성을 예상해서 대비하더라도 모든 손실 가능성을 전부 대비하기는 어려우며, 실제

결과도 예상과는 다르게 나타나는 것이 일반적이다.

여기서 손실의 개념을 과거의 경험과 현재의 여러 가지 여건을 고려할 때 예상되는 부분, 즉 '예상 손실(expected loss)'과 예상하지 못한 손실, 즉 '예상외 손실(unexpected loss)'로 구분할 필요가 생긴다. 손실 발생 가능성 자체보다 손실이 앞으로 어떻게 변할지 알 수 없어 대비하기 어려운 예상외 손실이 클수록 더 위험하다고 볼 수 있다.

결국 위험의 크기는 예상외 손실의 크기에 따라 결정되며, 이러한 위험 또는 예상외 손실의 근저에는 불확실성이 자리하고 있다. 통계적으로 예상 손실에는 '기대값', 예상외 손실에는 '변동성'의 개념이 사용된다. 따라서 '불확실성이 크다' 또는 '변동성이 크다'는 말은 '위험하다'는 것의 다른 표현이다.

자료: 정대영(2005: 4~5).

3

성장 잠재력 강화를 위한 몇 가지 과제

 성장정책은 성장의 결정 요인인 자본, 노동, 기술과 관계되는 모든 정책을 포괄하므로 그 범위가 매우 넓다. 조세·금융·노동정책, 과학기술·교육정책, 사회복지정책, 각종 산업정책 등 국가정책의 거의 모두가 성장정책이 될 수 있다.

 이처럼 성장정책은 너무도 다양하고 광범위한 탓에 그것을 한 개인이 모두 다루기는 불가능하다. 더욱이 오늘날 한국의 경제 규모가 예전과는 비교할 수 없이 커져, 이른바 경제사령탑이라 부르는 한두 명이 경제정책을 일사불란하게 추진하는 것도 현실성이 없는 일이 되었다. 따라서 이제는 국민경제의 각 분야에서 전문가들이 맡은 역할을 충실히 수행할 수 있게 하는 것이야말로 여러 가지 성장정책이 제대로 추진될 수 있는 기반이 되고 있다.

 오늘날 필요한 성장정책은 많지만, 여기에서는 중소기업자를 위한 최소한의 안전장치 마련, 노동시장 불균형 해소, 성장 잠재력 확충을 위한 자금 흐름 개선 등 세 가지 과제를 우선 제안해보고자 한다.

중소기업자를 위한 최소한의 안전장치 마련

중소기업의 육성·발전은 지속 가능한 성장뿐 아니라 한국 경제의 여러 구조적 문제점을 해결하는 데 가장 중요한 정책 과제의 하나다. 이는 경제의 일자리 창출 능력 저하, 부품소재산업의 취약에 따른 대일 적자 누적, 수출과 투자의 국내 파급 효과 저조와 같은 한국 경제의 고질적인 난제가 바로 중소기업의 부진과 깊은 관계를 맺고 있기 때문이다.

중소기업 지원정책은 과거 모든 정부가 중점을 두고 추진했으나 실제 효과는 기대에 미치지 못한 것으로 보인다. 그동안 시행된 주요 정책은 금융 및 세제상 우대, 기술 개발 지원, 해외시장 개척 지원, 상생이라는 이름으로 불린 대기업과의 공정거래 관계 확립 등 다양했다. 이러한 정책은 모두 중요한 의미가 있으며 앞으로도 현실에 맞게 보완해가면서 계속 추진할 필요가 있다.

그러나 실질적으로 가장 중요한 중소기업 발전정책은 중소기업자가 사업에 실패했을 때 극빈층으로 떨어지는 것을 방지할 수 있는 제도적 장치를 마련하는 것이다. 이를 위해 우선 중소기업의 대표이사 등에 대한 연대보증제도(이하 연대보증제도)를 폐지하는 것이 필요하다. 그리고 장기적으로 미국과 같이 개인 파산 시에도 일정 규모 이하의 주택을 채권 변제 대상에서 제외하는 방안도 검토해야 한다.[1]

한국에서는 연대보증제도 등에 따라 중소기업자가 개인 소유 재산까지 회사의 채무를 변제하는 데 사용하도록 규정하고 있어, 사업이 실패하면 중소기업자는 미리 숨겨놓은 재산이 없는 한, 가정이 해체되고 노숙자로 전락할 수도 있다. 한국에서 기업이 금융기관에서 금융 지원을 받으려면 대표이사와 대주주, 때로는 그 가족까지 연대보증을 해야 한다.[2] 이러한 연대보증제도는 중소기업의 자금 차입을 용이하게 하기도 하지만, 유한책임회사라는 주식회사의 기본 정신에 위배되며, 다음과 같이 도덕적 해이와 역선택 등 부정적 효과를 불러일으키기도 한다.

첫째, 연대보증제도는 대표이사나 대주주가 주식회사인 기업을 개인 소유로 여기고 회사 돈이나 인력 등을 개인적 용도로 사용하는 도덕적 해이 현상을 불러일으킬 우려가 크다. 더 나아가 사업 실패 시 대표이사나 대주주는 개인 소유 재산까지 빼앗길 수 있어 회사 돈을 제3자나 외국으로 빼돌리려는 유혹에 빠지기도 한다. 즉, 연대보증제도는 회사 돈의 사적 사용과 외부 유출을 조장하고, 그러한 행위에 대한 도덕적 저항감을 약화시킨다.

둘째, 연대보증제도는 도덕적 해이를 불러일으키는 동시에, 법을 잘 지킨 사람이 오히려 손해를 보는 역선택이 발생한다. 사업 실패 시 회사

---

1 미국에서 일정 금액 이하의 1주택은 파산 신청 시 채권 변제 대상에서 제외되는 면책 자산에 해당한다. 주택의 면책 한도 금액은 주에 따라 다르나 연방법에서는 최고 한도를 12만 5,000달러로 제한하고 있다.
2 2002년 대법원 판례에 따라, 금융기관 직원이 대표이사의 연대보증을 받지 않는 경우 배임으로 간주되어 형사처벌 대상이 될 수 있다.

돈을 빼돌린 사람은 재기하거나 생존하기가 상대적으로 쉽지만, 회사를 법과 원칙대로 운영한 사람은 개인 재산을 지킬 수 없어 바로 극빈층으로 전락할 수 있기 때문이다. 더욱이 중소기업의 사업 영역이 해외로 확대되고 거래 관계가 복잡해지면서 회사 자산의 유출이 쉬워져 역선택의 가능성은 커질 수밖에 없다.

셋째, 연대보증제도는 도덕적 해이, 역선택 외에도 중소기업의 창업과 성장, 정리 등 전 과정에서 장애물로 작용한다. 중소기업의 창업은 사업 실패의 가능성이 전제된 상태에서 이루어진다. 그런데 사업 실패 시 자신은 물론 가족의 재산까지 잃을 수 있다면 기업가의 창업 의욕이 크게 약화될 수밖에 없다. 그리고 기업이 성장하면서 기술력이나 경영 능력을 갖춘 전문경영인을 영입해야 할 경우가 많다. 그런데 이때 연대보증제도가 유능한 외부 인력을 영입하는 과정에 장애물로 작용하기 쉽다. 한편 사업이 잘못되어 기업을 정리하려고 할 때에도 연대보증제도로 얽힌 복잡한 채무 관계가 기업의 인수합병(M&A), 매각 등에 장애 요인이 될 수 있다.

이처럼 심각한 부작용을 낳을 수 있는 연대보증제도는 조속히 폐지해야 한다. 이 제도가 폐지되면 기업가 정신의 회복과 이를 통한 일자리 창출 등의 경제적 효과와 더불어 중산층의 붕괴를 막는 효과도 있을 것으로 기대된다. 다만 모든 제도가 그렇듯이 이 제도를 폐지하는 데에도 몇 가지 부작용이 따를 수 있고, 이를 근거로 일부에서 강한 반발도 있을 것으로 예상된다. 연대보증제도 폐지 시 예상되는 부작용은 금융기관 등 채권자의 채권 확보 제약과 이에 따른 중소기업 대출 축소, 금융기관 손실 증가 가능성이다. 이러한 부작용은 일차적으로 대표이사와 대주주의 횡령과 배임에 대해 엄격하고 공정하게 법을 적용하면 상당 부분 막을 수 있다. 자본주의의 시장 질서를 지키는 방법으로 횡령과 배임에 대한 엄격한 법집행이 정도(正道)라면, 연대보증제도는 억지로 만든 샛길이다.

한편 이 제도를 금융시장이 정상적이고 금융기관의 경영 상황이 양호할 때 폐지하고, 주택 담보 대출 억제와 중소기업 보증제도 확대 등의 보완 조치를 병행하면, 중소기업 대출 축소라는 부작용도 최소화할 수 있다.[3] 그리고 금융기관 손실 증가는 금융기관의 대출 심사가 물적·인적 담보 중심에서 사업성 평가 중심으로 전환하는 과정, 즉 금융 선진화 과정의 비용으로 볼 수 있다. 또 금융기관의 대출 심사가 사업성 평가 중심으로 잘 이루어진다면 장기적으로 금융기관 손실도 줄어들고 금융 자금이 더 효율적으로 배분될 수 있다.

종합해보면, 연대보증제도는 도덕적 해이와 역선택과 같은 심각한 부작용을 불러일으키는 정책으로서, 경제정책으로서는 가장 나쁜 형태라고 볼 수 있다(참고 1-3 참조). 반면 이 제도의 폐지는 적절한 보완 대책을 병행한다면 부작용도 생각보다 크지 않고 재정적 부담도 없다. 즉,

---

3 금융시장이 정상적일 때 대기업은 필요한 자금의 많은 부분을 회사채나 주식 등으로 시장에서 직접 조달할 수 있어 대출 수요가 적고, 안정성이 높은 주택 담보 대출을 규제하면 은행은 자금을 운용하기 위해 중소기업 대출을 늘릴 수밖에 없다. 따라서 이러한 조건이 충족되면 연대보증제도 폐지에 따른 중소기업 대출 축소라는 부작용을 최소화할 수 있다.

연대보증제도의 폐지는 시행하지 않을 이유를 찾기 어려운 효과적인 중소기업 지원정책이다.

노동시장 불균형 해소

성장 잠재력을 확충하려면 양질의 노동력을 확보하는 동시에 이들이 더욱 생산적인 분야에 투입되게 해야 한다. 한국은 대학 진학률이 80% 정도로 세계 최고 수준이며, 초·중·고교 사교육비, 해외 어학연수 비용 등을 포함하면 교육 투자 규모도 세계 최고 수준일 것이다. 또한 석사·박사학위 및 각종 자격증 취득, 해외 연수·유학 등 이른바 훌륭한 스펙을 갖춘 구직자가 넘쳐나고 있다. 따라서 외견상 노동의 양과 질에는 문제가 없어 보인다.

그런데도 많은 기업에서는 쓸 만한 인재가 없다고 하소연하며, 신입 직원을 채용하고 나서도 많은 비용을 들여 교육한 후에야 현장에 투입하고 있다. 한편 구직자들이 이른바 '3D 업종'을 기피하는 것은 소득이 늘면서 나타나는 자연스러운 현상이라고도 할 수 있지만, 문제는 3D 업종이라고 보기 어려운 기능직이나 비교적 건실한 중소기업도 구인난을 겪는 경우가 많다는 사실이다. 반면 선진국에서는 대표적 3D 업종으로 사람들이 기피하는 환경미화원의 경우, 한국에서는 대학원 졸업자를 포함해 지원자가 넘쳐나는 기현상이 발생하고 있다.

한편 서울대학교 주변에는 연구단지보다 고시촌이 번창하고 있으며,

노량진 등의 학원가에서는 몇 년에 걸쳐 공무원 시험과 공기업 채용 시험 등을 준비하는 사람으로 넘쳐나고 있다. 그리고 서울대·연세대·고려대 등 이른바 명문 대학의 이공계 전공자들은 이미 세계적인 기업이 된 삼성이나 현대, LG 등의 대기업에 입사하는 것을 고시, 공기업, 유학, 의학전문대학원, 법학전문대학원과 같은 이른바 '최선책'을 선택할 수 없을 때 꺼내드는 마지막 카드로 여기고 있다.

이렇게 볼 때 한국의 노동시장은 수요와 공급 양면이 부문별로 또는 질적인 면에서 심각한 불균형 상태인 것으로 보인다. 노동시장의 불균형이 얼마나 심각하고 시급히 해결해야 할 문제인지는 2010년 여름에 당시 정부 여당의 최고 실력자의 한 사람이 제시한 정책 대안을 보면 바로 알 수 있다. 그는 중소기업이나 농촌에서 일정 기간 이상 일한 사람에 한해 대기업에 지원할 수 있는 자격을 주고, 이를 입법화해야 한다고 주장했다.

이는 1960년대 중국문화혁명 당시 하방운동을 연상시키는 것으로, 이것이 민주주의와 시장경제를 표방하는 대한민국에서 실현될 수 있다고 여기는 사람은 몇 명 되지 않을 것이다. 이 제안은 정책 대안으로서의 가치도 없을뿐더러 문제의 핵심도 잘못 짚었다고 생각된다. 구직자의 선호도 면에서 대기업과 중소기업 간 차이도 크지만, 전문직 및 공공 부문과 기업 부문 간의 차이는 그보다 훨씬 더 크기 때문이다.

수능 성적 우수자의 의학계열 편중 현상, 대학생의 고시·공시 열풍 등은 전문직과 공공 부문에 대한 우리 국민의 선호를 잘 보여준다. 개인 취향과 성별 등에 따라 조금씩 다르겠지만, 한국의 청년 구직자가 선호하는 직업 또는 직장의 순위를 매겨본다면, ① 교수, 판사, 검사, 5급 공무원, 의사, 한의사, 변호사, ② 이른바 '신이 내린 직장'이라는 대우 좋은 공기업, ③ 7급 공무원, 교사, 대형 금융기관, ④ 일반 공기업, ⑤ 삼성, 현대, LG 등 국내 유수의 대기업, ⑥ 9급 공무원, ⑦ 일반 대기업, ⑧ 중소기업의 순서로 나열해볼 수 있을 것이다.[4] 이러한 순위는 연금까지 포함된 전체 보수 수준, 직장의 안정성과 발전 가능성, 사회적 평판, 행사할 수 있는 힘 등이 종합적으로 고려되어 나타난 결과라 할 수 있다.

노동시장 불균형을 해소하기 위한 정책에서 핵심 과제는 이러한 직업 간 서열화를 완화하거나 조정하여 좀 더 생산적인 부문에 우수 인력이 많이 유입되게 하는 것이다. 이를 위해서 선호도가 과도하게 높은 공무원 등 공공 부문 및 전문직의 유인을 조금씩 낮추는 정책과 기업 부문의 유인을 높이는 정책을 동시에 추진할 필요가 있다.

첫째, 공무원 등과 전문직 종사자의 보수 등 유인을 낮추는 정책은 성장 잠재력을 확충하는 효과뿐 아니라, 부수적으로 사교육비 등 여러 사회문제를 해결하는 데 도움이 되고, 경제 효율을 높이는 효과도 기대할 수 있다.[5]

---

4 이러한 순위는 논의를 쉽게 하기 위해서 정규직과 수도권 근무직을 기준으로 한 개인의 의견이다. 여기에 비정규직과 지방 근무직을 더하면 순위는 더 복잡해질 것이다.

5 이때 기득권자는 '선호도가 높은 직업을 얻기 위해 들인 많은 노력과 시간에 대한 보상이 필요하다', '사회에서 중요한 역할을 하므로 더 많은 보상을 받아야 한다', '대우가 좋은 직업과 나쁜 직업의 차이가 클수록 경제가 빨리 발전한다' 등의 논리를 내세우면서 이러한 정책에 강하게 반발할 것이다.

독일에서는 국가가 필요로 하는 모든 직업에 충분한 가치가 있으며, 직업 간 대우에 큰 차이가 나서는 안 된다는 인식이 일반화되어 있다. 기능공이 노력해서 마이스터(Meister)가 되면 고급 공무원이나 교수, 의사, 변호사 등과 소득 면에서 차이가 없거나 오히려 더 많을 수도 있다. 이렇기 때문에 독일은 대학 진학률이 낮고 실업계 진학에 대한 거부감이 적다.[6]

그러나 한국은 특정 직업이 보수, 명예, 안정성 등 모든 면에서 앞서는 경우가 많아 직업 간 서열화와 구직자의 쏠림 현상이 심각한 상태다. 이러한 직업 간 과도한 격차와 이로 말미암은 승자 독식 현상이 사교육 열풍이나 입시 위주의 교육 등 여러 교육 문제의 근본 원인 중 하나가 된다.[7]

그리고 현재 한국 상황에서는 사람들이 가장 선호하는 직업인 고급 공무원, 판사나 검사, 교수, 의사, 공기업 직원 등은 보수를 어느 정도 낮추더라도 뛰어난 자질과 적성을 갖춘 구직 희망자들이 계속 몰릴 것으

---

6 독일은 초등학교 4학년을 마치고 다음 상급학교에 들어갈 때 인문계와 실업계로 나뉜다. 담임교사는 초등학교 졸업생의 50~60% 정도에게 실업계 진학을 권유하고, 학부모는 대부분 이를 받아들인다. 한국에서는 상상하기도 어려운 일이다.
7 한국 국민의 교육열이 지금까지 한국 경제를 발전시킨 원동력의 하나였던 것은 틀림없는 사실이다. 그러나 지나침은 부족함만 못하다는 말이 우리 교육 문제에도 그대로 적용될 듯싶다. 현재 한국의 사교육비는 노름판의 판돈 올리기처럼 상호 경쟁으로 계속 커지고 있다. 자식이 상위권에 들어 경쟁에서 살아남게 하기 위해 학부모가 가진 모든 것을 걸어야 하는 상황이다. 이는 정상적인 소비 위축, 경상수지 적자, 경제력 세습과 같은 많은 부작용을 불러일으킨다.

로 보인다.[8] 그렇다면 노동의 수요와 공급이라는 시장 원리 측면에서 볼 때 이러한 직업의 보수를 낮추는 것이 타당하다. 더욱이 이러한 직업의 소득 중 상당 부분은 채용 시험 합격이나 자격증 획득 후 저절로 보장되는 면이 있어 경제학에서의 지대(rent) 수입과 유사하다. 결국 이러한 직업의 보수 인하는 지대 축소와 마찬가지로 국민경제 전체의 후생과 효율을 높이는 방향으로 작용할 것이 분명하다.

둘째, 기업 부문에 대한 선호도를 높이는 정책은 실업급여 확충 등을 통한 민간 부문의 직업 안정성(job security)을 보완하는 방안이 핵심 과제다. 한국에서 민간 부문의 선호도가 낮은 것은 일부 중소기업의 낮은 보수나 열악한 근무 환경의 탓도 있지만, 더욱 근본적으로는 근속 가능 기간 등 직업 안정성이 공공 부문이나 전문직보다 크게 떨어지기 때문이다. 이는 보수도 많지 않고 발전 가능성도 크지 않은 9급 공무원이나 환경미화원 채용에 수많은 사람이 몰리는 것을 보면 쉽게 알 수 있다.

민간기업 스스로도 우수한 인재를 확보하기 위해서는 직업 안정성을 높이려는 노력을 해야겠지만, 경영의 불확실성이 있는 민간기업의 속성상 한계가 있다. 따라서 민간 부문의 직업 안정성은 실업급여 등의 제도로 보완되어야 하나, 한국에서 실업급여는 그 혜택이 너무 작아 제 기능을 하지 못하는 것이 현실이다.[9] 그러므로 10~20년 직장 생활을 하고

---

8 특히 공무원, 국립대 교수, 공기업의 보수나 근무 조건은 정책 당국의 의지로 조정할 수 있으며, 전문직은 인력 공급을 늘리는 간접적인 방법으로 실질적인 보수 수준을 낮출 수도 있다.

9 한국에서 실업금여는 지금 금액이 하루 최대 4만 원이며 수급 기간이 최대 240

나서 실직한 근로자가 바로 음식점이나 편의점 등을 창업하기보다는 직업훈련 등을 통해 새로운 직장을 찾는 여유를 가질 수 있도록 실업급여의 지급 기간을 늘리고 수혜 금액을 인상해야 한다.

한편으로는 젊은이들이 공무원 등의 시험 준비로 장기간 시간을 보내기보다 근무 여건이 다소 열악하더라도 직장에 취업해서 일하는 것이 조금이라도 유리해질 수 있도록 실업급여 제도를 설계해야 한다. 이렇게 하여 젊은이의 구직 활동이 늘어나면 실업급여 확충의 부작용인 근로 의욕을 떨어뜨리는 문제는 상당 부분 완화할 수 있다. 그리고 실업급여 확충에 따른 근로자와 기업의 부담 증가는 직업 안정성이 낮은 근로자의 혜택 증가, 노동시장 불균형 해소, 제2장에서 설명할 노동시장 유연성 제고 효과 등을 고려할 때 사회적으로 충분히 감내할 만한 비용이라고 판단된다.

성장 잠재력 확충을 위한 자금 흐름 개선

현실 경제에서 투자의 종류는 매우 다양하지만, 크게 세 가지로 나눠볼 수 있다. 첫째로 신규 사업체의 설립이나 공장 증설과 같은 생산적 투자, 둘째로 주식·채권·예금 등 금융자산에 대한 투자, 셋째로 토지, 아파

일에 그친다. 이 때문에 실업급여의 1년간 임금 대체율은 31%, 5년 평균 임금 대체율은 6% 정도로, OECD 국가 중 가장 낮은 수준이다.

트, 골동품 등에 대한 투기성 투자가 그것이다.[10] 이 중 첫 번째 투자는 자본 총량을 늘려 지속적 성장에 직접 도움을 주며, 두 번째 금융자산에 대한 투자는 금융산업의 발전과 함께 간접적으로 생산활동 및 투자활동을 지원한다는 점에서 긍정적이다. 그러나 세 번째인 부동산 등에 대한 투기성 투자는 성장 잠재력 확충이나 일자리 창출 효과는 거의 없고 경제구조만 왜곡한다.

따라서 ① 기업의 생산적 투자, ② 금융자산 투자, ③ 부동산 등에 대한 투자의 순서로 자금이 흘러야 성장 잠재력이 확충된다는 것은 누가 보더라도 당연하다. 그러나 한국에서는 부동산과 주식 등을 이용한 재테크가 유행한 것에서 알 수 있듯이 투자 자금이 거의 정반대의 순서로 흐르고 있다. 이는 투자 재원이 부족해서가 아니라, 세 가지 투자 대상의 수익성과 안전성이 거꾸로 되어 있기 때문이다.

한국에서 금융 및 기업 부문은 1997년 금융위기 이후 금융 및 기업 구조조정이 마무리되면서 수익성과 재무 건전성이 빠르게 개선되었다. 대기업을 중심으로 기업 부문은 현금 단기예금 등 현금성 자산 보유가 크게 늘어나 언제든지 투자 재원으로 활용할 수 있는 유동성이 충분한 상황이다.[11]

---

10 타 기업의 인수·합병·투자도 최근에 많이 나타나고 있다. 이는 인수·합병에 따른 생산성 증가 효과를 기대할 수 있지만, 자본 총량이 늘어나는 것은 아니므로, 투자 성격 면에서 볼 때 금융자산에 대한 투자와 비슷하다.
11 2010년 10월 LG경제연구원에서 발표한 「한국 기업의 현금 보유수준 평가」에 따르면, 2010년 6월 말 유가증권 시장에 상장된 626개 비금융기업은 현금성 자

은행 등 금융기관은 건전성 개선으로 대출 여력이 크게 확대된 반면, 기업의 대출 수요가 줄어들어 주택 담보 대출 등에 주력하는 상황이다. 가계 부문도, 인기 있는 아파트 청약이나 유명 기업의 주식 공모에 수조 원의 자금이 몰리는 것을 보면, 계층별 불균형은 있어도 여유 계층의 가용 자금은 풍부해 보인다.

이렇게 볼 때 이제는 외자 유치나 강제 저축 등으로 투자 재원을 조성하기보다는 기업과 개인의 여유 자금이 생산적 투자의 재원으로 더 많이 활용될 수 있게 하는 것이 성장정책의 핵심 과제가 되었다. 이와 관련해 더 많은 정책 대안이 있겠으나, 부동산 등 투기성 투자의 수익성을 낮추고, 상가 사무실 등 상업용 부동산 임대차 제도를 대폭 개선하며, 생산적 투자에 대한 경제의 수용 능력을 확충하는 것 세 가지를 우선 제시해보고자 한다.

첫째, 부동산 등의 투기성 투자에 대한 기대 수익을 낮추는 것은 투자 자금의 흐름을 정상화하는 데 가장 중요한 과제다. 법인세 인하와 각종 규제 완화와 같은 친기업적 정책도 생산적 투자를 늘리는 데 도움이 되겠지만, 부동산 등 투기성 투자의 수익을 낮추는 것이 더 중요하다. 투자자들이 수익성과 안전성을 종합하여 투자 대상을 결정할 때 법인세 인하 효과보다 종합부동산세(이하 종부세) 완화 효과가 더 크다고 평가하면 생산적 투자 확대는 기대하기 어렵기 때문이다.

또한 그동안 한국에서 부동산은 안전하고 수익성이 좋은 투자 대상

산을 약 104조 4,000만 원 보유한 것으로 나타났다(이한득, 2010. 10. 6.).

이었기 때문에, 2008년 세계 금융위기 이후 부동산 시장이 잠시 주춤하고 있다고 하지만, 언제든 다시 여유 자금이 몰릴 가능성이 크다. 그리고 1998년 1월 금융기관의 여신[12] 금지 및 담보 취득 제한에 대한 규제[13]가 폐지된 이후 자금 흐름에 대한 직접적인 규제 수단이 사라졌다. 따라서 양도소득세, 보유세 등의 부동산 세제를 강화함으로써 부동산 투자의 수익성을 낮추는 것이 투자 자금의 흐름을 개선하는 데 중요한 정책 수단이 될 수밖에 없다. 부동산 투자의 적정 수익률 수준을 포함해 부동산 투자의 기대 수익을 낮추는 문제는 제5장에서 다시 한 번 설명하고자 한다.

아울러 부동산 이외의 미술품과 골동품 등에 대한 투기성 투자의 확대 가능성에 대비한 정책도 미리 준비할 필요가 있다. 미술품이나 골동품 거래는 과세의 사각지대일 뿐 아니라, 앞으로 시장이 커지면서 투자 자금의 흐름을 왜곡하고 탈세 수단으로 활용될 수 있기 때문이다.

둘째, 투자 자금의 흐름을 정상화하기 위해서는 상가나 사무실 등 상업용 건물의 임대차 제도를 대대적으로 개선해야 한다. 사업용 부동산의 임차인은 기업, 자영업자 등 생산적 투자자이고, 임대인은 주로 부동

---

12 여신은 금융기관이 기업에 대해 자금을 이용하게 하는 것(신용 공여)을 의미한다. 여신의 대표적인 형태가 대출과 지급보증이다.
13 1998년 1월 이전까지는 한국은행의 '금융기관 여신 운용 규정'에 의거해 서민 주택과 공장 건설용 등을 제외한 토지 매입이나 중대형 주택 구매, 부동산업, 유흥업소·골프장 등 향락산업 등에 대한 여신이 금지되었다. 또한 임대용 건물, 비업무용 부동산, 제3자 명의 부동산, 여신 금지 업종이 2분의 1 이상을 차지하는 부동산 등을 담보로 취득하는 것도 원칙적으로 금지되었다.

산 투자자이므로, 이들 사이의 수익과 힘의 균형을 정상화할 필요가 있다. 또한 사무실, 상가 임대차 제도의 개선은 투자 자금의 정상화뿐 아니라 기업이나 자영업자 등 생산적 투자자가 장기간에 걸쳐 안정적인 사업을 하는 데도 필수적이다.

장사가 조금 잘된다고 임대료를 1년 만에 몇 십 퍼센트씩 올리고 임대인 마음대로 1~2년 만에 일방적으로 계약을 해지할 수 있는 나라는 제대로 된 선진국 중에 아마 없을 것이다. 물가 상승률 이내의 임대료 인상, 임대 기간의 장기화 등 임대차 제도의 구체적 개선 방안은 유럽과 미국 등 선진국의 제도를 조사해보면 쉽게 찾을 수 있다. 물론 이를 실제로 시행하기란 매우 어려울 것으로 예상된다. 부동산 투자자들이 임대료의 일시 인상, 계약 조기 해지 등을 무기로 강력히 저항할 것이기 때문이다. 그래도 정책 당국의 철저한 준비와 강력한 추진 의지가 있다면 결코 불가능한 일은 아니다.

셋째, 생산적 투자를 수용할 수 있는 한국 경제의 능력을 확충하는 것, 즉 경제구조를 생산적인 투자가 더 많이 필요한 구조로 바꾸는 것도 투자 자금의 흐름을 개선하기 위한 핵심 과제다. 한국에서 제조업 창업과 같은 생산적 투자가 부족한 것은 경제구조상 그러한 투자를 수용할 수 있는 능력이 한계에 달해 관련 투자의 수익성이 낮아지고 있는 것도 중요한 요인이다.

지금까지는 생산적 투자의 수용 능력 부족을 수출 증대를 통해 해결해왔다. 그리고 수출 증대를 위한 핵심 정책 수단의 하나가 환율 상승을 유도하는 것이었다. 그런데 환율 상승 등을 통한 수출 물량 증대는 앞서 설명했듯이 물가 상승, 내수 위축과 같은 부작용을 일으키며, 국내의 생산·투자 유발 효과도 경제구조 개선 방안보다 크게 적다. 예를 들어 수출에 따른 국내 부가가치 유발 비율이 40%라면, 100억 달러 수출 시 국내에 남는 부가가치(소득 증가)는 40억 달러다. 이때 수출을 50% 늘려 국내 부가가치를 60억 달러(= 150 × 0.4)로 만드는 방법과 부가가치 유발 비율을 40%에서 60%로 늘려 국내 부가가치를 60억 달러(= 100 × 0.6)로 하는 방법 중 어느 것이 더 바람직할까?

단순한 수출 증가의 경우 기업은 공장을 증설하기보다는 우선 근로자의 연장 근무를 확대해 공장의 가동률을 높이는 방식으로 대처할 가능성이 크다. 기업으로서는 그것이 시장 상황 변화에 탄력적으로 대처하는 데 더욱 합리적이기 때문이다. 따라서 수출 증대에 따른 투자 확대나 고용 확대 효과는 크게 기대하기 어렵다.

반면 국내 부가가치 유발 비율을 늘리기 위해서는 새로운 기술이나 공정의 개발 또는 새로운 부품소재기업의 출현이 필요하다. 이는 다시 생산적 투자와 고용 확대, 기술 개발 등으로 이어져 수출 증가가 국내 산업에 미치는 파급 효과가 커지게 된다. 이러한 경제구조를 만드는 정책은 시간이 걸리고 시행 과정에서 많은 어려움도 따를 것이다. 그러나 이것이야말로 투자, 고용, 기술 개발 등 성장의 기본 요소가 함께 커가는 진정한 성장정책이다.

참고 1-3 경제정책의 선택 기준

한국에서는 경제정책을 선택하거나 정책의 좋고 나쁨을 판단하는 데 개인의 정치적 성향이 큰 영향을 미친다. 우파 성향의 사람은 좌파의 정책을 무조건 비판하고, 반대로 좌파 성향의 사람은 우파의 정책을 비판한다. 우파와 좌파 어느 한 쪽이 완전히 잘못되었다면 우파와 좌파 사이에서 정권 교체가 이루어지는 주요 유럽 선진국이나 미국에서는 경제가 엉망이 되었어야 한다. 그렇다면 개인의 정치적 성향이나 이해관계를 떠나 경제정책의 일반적인 선택 기준은 무엇이 되어야 할까?

첫째, 국가의 경제적 상황이나 제도가 어느 한 쪽으로 과도하게 치우쳤다면 둘 사이에서 균형을 잡는 방향으로 운영되는 정책이 좋다. 예를 들어 과도한 사회보장제도 등으로 경제적 효율이 낮아졌다면, 경쟁을 좀 더 강조하는 우파적 정책을 운용하는 것이 바람직하다. 반대로, 과도한 자유주의적 정책으로 경제적 불평등 정도가 심해졌다면 분배를 강조하는 좌파적 정책을 펴는 것이 바람직하다.

둘째, 앞서 살펴본 대표이사 등에 대한 연대보증제도의 문제점에서도 알 수 있듯이, 도덕적 해이와 역선택이 얼마나 적게 나타나는지가 정책의 일반적인 선택 기준이 되어야 한다. 어느 정책이나 도덕적 해이와 역선택의 가능성은 조금씩 있을 수 있다. 그러나 정책 시행 과정에서 그것이 구조적으로 조장된다면 해당 정책은 결코 좋지 못한 정책이다.

대표이사 등에 대한 연대보증제도와는 성격이 다르면서 도덕적 해이와 역선택을 구조적으로 조장하고 있는 정책으로는 1999년에 시행된 국민연금의 전 국민 확대 정책을 들 수 있다. 당시 경제력이 충분치 못한 자영업자 등의 노후 생활을 지원하기 위해 자영업자도 봉급생활자와 같이 국민연금 대상에 포함되었다. 그러나 상당수 영세 자영업자는 국민연금 보험료를 납부할 수 없어 노후 생활을 보장받을 수 없을 뿐 아니라, 보험료의 연체 등으로 사업에 불편을 겪어야 했다. 반대로 노후 생활을 보호해야 할 필요성이 크지 않는 고소득 자영업자나 고소득자의 가족은 적은 비용으로 국민연금의 혜택을 누릴 수 있게 되었다(역선택). 또한 국민연금은 소득이 적을수록 혜택이 상대적으로 커지는 구조로 되어 있어 고소득 자영업자는 소득 규모를 축소해 신고하려는 유혹을 받는다(도덕적 해이).

더 나아가 국민연금 대상 확대 조치로 연금 수혜 대상자는 크게 늘어났지만, 보험료 수입은 충분치 않아 보험 재정 악화와 더불어 국민연금제도 자체에 대한 신뢰 저하라는 문제도 발생했다.

국민연금제도 확대 시 소득이 그대로 노출되는 봉급생활자와 소득신고가 제대로 이루어지지 않는 자영업자를 분리하여 별개의 연금제도로 운영했다면 역선택과 도덕적 해이 문제를 많이 줄일 수 있었을 것이다. 또한 자영업자의 국민연금 의무 납부 금액을 부담이 안 될 정도의 낮은 금액으로 책정하고, 추가 납부는 소득공제 등 세금 혜택과 연계해 자율적으로 할 수 있게 설계되었다면, 문제가 적었을 것이다. 즉, 사업이 잘 될 때는 많이 납부하여 노후를 대비할 수 있고, 의무 납부 금액이 작아 강제 징수에 따른 부담과 민원도 크게 줄기 때문이다.

제2장

일자리 부족은
투자 부진 때문인가

/

실업: 통계는 현실과 괴리, 대책은 무용지물
일자리가 부족한 진짜 원인은 무엇인가
일자리 창출을 위한 대안 모색

> 한국은 투자 규모가 다른 나라보다 장기간 높은 수준을 지속하고 있어 부문 간 불균형은 있을지 몰라도 전체적으로 투자가 부족한 상황은 아니다. 특히 건설투자는 여러 분야에서 과다 투자의 징후가 나타나고 있다. 이는 한국에서 실업 문제의 가장 큰 원인을 투자 부진에서 찾아서는 안 된다는 사실을 보여준다. 이제는 그동안의 고정관념에서 벗어나 다른 답을 찾아야 할 시점이다.

1
실업: 통계는 현실과 괴리, 대책은 무용지물

실업 문제의 심각성

실업은 개인의 소득 기반을 무너뜨려 경제적 어려움을 가져다주는 동시에 자존심이나 자신감을 잃게 하여 정신적으로도 큰 고통을 안겨준다. 더욱이 한국처럼 사회보장제도가 제대로 갖춰지지 않은 나라에서는 실업 상태가 장기화되면 가정이 해체되고 생존까지 위협받는 등 인간으로서 기본적인 존엄성마저 지킬 수 없게 되는 경우가 많다. 따라서 실업은 인플레이션과 함께 개개인 삶에 가장 큰 영향을 미치는 경제 문제이며, 실업 문제가 제대로 관리되지 않으면 큰 사회불안을 야기한다.

한국에서는 경제성장률이 높고 수출이 사상 최대이며 기업의 수익이 크게 증대했다는 뉴스는 많아도, 일자리가 크게 늘어났다는 소식은 접하기 어렵다. 한국의 실업 문제는 너무 심각한 상황이라 구직 활동 중이

표 2-1 **주요국의 실업률 추이(%)**

연도	2000	2002	2004	2006	2008	2009	2010
한국	4.4	3.3	3.7	3.5	3.2	3.6	3.4
미국	4.0	5.8	5.5	4.6	5.8	9.3	9.6
독일	7.5	8.4	9.8	9.8	7.3	7.5	6.9
일본	4.7	5.4	4.7	4.1	4.0	5.1	5.1
영국	5.5	5.2	4.8	5.4	5.6	7.5	7.8
프랑스	9.1	8.9	9.2	9.3	7.8	9.5	9.8
스페인	13.9	11.5	11.0	8.5	11.3	18.0	20.1

자료: IMF(2010) 등을 바탕으로 재구성.

거나 그것을 경험해본 사람에게 수치를 들어 설명하는 것 자체가 구차할 정도다. 그러나 더 심각한 문제는 일자리 부족 상황을 실업률 통계로는 제대로 설명할 수 없다는 사실이다.

2010년 한국의 평균 실업률은 3.4%로, 이는 1990년대의 2.5%보다는 높지만, OECD에 가입한 33개국 중에는 가장 낮은 수준이다. 미국이 9.6% 정도이며, 유럽에서 경제성장이 원활하게 이루어진다는 독일도 6.9%에 이르고, 경제 상황이 나쁜 스페인은 20%를 상회한다(표 2-1 참조). 유럽 국가에서 볼 때 실업률 3%대는 거의 완전고용 상태로 오히려 노동 공급 부족을 걱정해야 하는 상황이다.[1] 그러나 한국에서 취업난에 시달리는 구직자뿐 아니라 학자와 정책 담당자에 이르기까지 노동시장

---

[1] 실제로 필자가 해외에 근무하면서 국제기구나 외국 중앙은행, 해외 투자은행 등의 직원에게 한국 경제에 관해 설명할 때 가장 어려웠던 부분이 실업률 등 고용 상황이다. 한국의 실업률이 3% 초반이라고 말하면, 상대는 한국이 인력 부족과 구인난의 문제에 어떻게 대처하느냐고 바로 물어오기 때문이다.

이 완전고용 상태라고 생각할 사람은 아무도 없을 것이다.

결국 한국에서 실업 문제의 심각성은 통계 수치가 아니라 사람들 사이에서 유행하는 '이태백', '88만 원 세대', '삼팔선', '사오정', '오륙도'와 같은 말로써 오히려 더 적절히 설명된다. '이십 대 태반이 백수'이며, 어렵게 대학에 들어가 해외 어학연수, 자격증 등 이른바 스펙을 쌓아놓아도 대부분 월 소득이 '88만 원' 정도인 비정규 일자리만 얻게 된다는 젊은 세대의 절망이 노동시장의 현실이다. 청년 실업은 당장 생활의 어려움뿐 아니라 젊은 시절 직장 생활을 하면서 얻게 되는 자기 계발의 기회까지 빼앗아 왕성하게 사회활동을 해야 할 40세 이후의 생활에까지 어려움을 준다. 그리고 국민경제 전체로 볼 때 장기적으로 숙련노동 인력의 공급이 줄어들어 성장 잠재력이 약화된다.

한편 '38세까지 버티면 선방'이고 '45세가 정년'이며 '56세까지 일하면 도둑'이라는 말은 실업 문제의 또 다른 심각성을 보여준다. 자녀 교육, 노후 준비 등으로 돈 쓸 데가 한창 많은 40~50대들이 의욕과 능력이 충분하면서도 직장을 떠나야 한다는 것은 개인과 국가 모두에게 큰 손실이다.

한국과는 달리 여러 유럽 국가에서는 실업률이 높은데도 정년을 연장하고 있다. 독일은 퇴직 연령을 62세에서 65세로 늦춘 데 이어 이를 67세로 늦추는 계획을 확정했다. 스페인과 그리스 등은 2010년 재정위기 극복 방안의 하나로 퇴직 연령을 58세에서 62세로 늦추었다. 프랑스도 국민의 거센 반발을 무릅쓰고 완전노령연금을 받을 수 있는 연금 가입 기간을 160분기에서 165분기(41년 3개월)로 연장해 실질적인 퇴직 연령을 67세로 늦추었다.² 이러한 정년 연장 정책은 고령화에 대비한 연금 재정의 건전화와 노동인구 확보라는 두 마리 토끼를 잡기 위해 추진되고 있다.

한국은 세계에서 가장 빠른 속도로 고령화가 진행되고 있어 연금 고갈, 숙련노동인구 부족이라는 재앙이 머지않아 닥칠 것이다. 그 대책의 하나로 정년 연장이 필요하다는 것에는 많은 이가 공감하지만, 일자리 부족 문제로 추진하지 못하는 실정이다. 이는 한국에서 청년 실업을 포함한 실업 문제가 얼마나 심각한지를 잘 보여준다.

한국에서는 청년 실업, 노년 실업 등의 문제와 함께 고용의 질도 매우 나빠졌다. 1997년 금융위기를 거치면서 전체적인 일자리 증가세가 둔화된 가운데, 늘어난 일자리마저도 임금이 낮은 단순 노무직, 고용 안정성이 낮은 단기 근로, 임시 일용직 등이 많다.

이러한 비정규직 근로자의 비중은 계속 늘어나, 2010년 10월 통계청에서 발표한 바에 따르면 전체 일자리에서 비정규직이 차지하는 비중이 33%이며, 민주노총 등 민간에서는 비정규직의 비중이 50%를 넘는다고 밝히기도 했다. 일자리 10개 중 4~5개 정도가 신분 보장이 되지 않는 불안정한 일자리인 셈이다. 또한 기업 규모별로 보면, 중소기업 일자리는 꾸준히 늘어났지만, 근로조건이 상대적으로 좋고 구직자가 선호하는 대기업 일자리는 1995년 이후 계속 줄어들고 있다.³ 괜찮은 일자리는 줄

---

2 프랑스에서는 62세부터 노령연금을 받을 수 있다. 그러나 노령연금을 100% 받으려면 165분기 동안 노령연금에 가입해 있어야 하므로, 대졸자의 실제 퇴직 연령은 67세 정도다.

어들고 비정규직 증가 등 고용의 질은 계속 떨어져 체감하는 일자리 부족은 더욱 심각할 수밖에 없다.

실업 통계와 현실의 괴리는 한국 경제의 구조적 문제

실업률은 수입이 있는 일에 종사하거나 구직 활동을 하고 있는 '경제활동인구' 중에서 매월 15일이 속한 1주일 동안 수입[4]이 있는 일에 1시간도 종사하지 못한 사람(실업자)의 비율이다. 실제 근로 여부, 일할 의사 등은 일정 수의 표본 가구를 대상으로 면접 조사한다. 이러한 실업 통계 산정방식을 노동력 조사방식(labor force sample survey)이라 하며, 이는 국제노동기구(ILO) 권고안에 따른 것이다. 노동력 조사방식은 한국을 비롯해 미국, 일본, 캐나다 등 여러 나라가 채택하고 있으며, 한국의 세부 산출 기준도 다른 나라와 큰 차이가 없다.

또 다른 실업률 산정방식으로는 독일, 스위스, 스웨덴 등 사회보장제도와 직업안정기관이 발달한 나라에서 이용하는 직업안정기관 조사방식(employment office statistics)이 있다. 이 방식은 직업안정기관에 등

---

[3] 정확한 통계 자료는 없지만, 현대경제연구원(2007. 6. 1.)에 따르면 종업원 300인 이상 대기업 일자리는 1995년 약 251만 명에서 2005년 약 180만 명으로 72만 명 정도 감소했다.

[4] 수입이 없더라도 자기 가구에서 경영하는 농장이나 사업체에서 1주당 18시간 이상 일한 무급 가족종사자는 실업자가 아닌 취업자로 인정된다.

록된 실업자 수를 근거로 실업률을 계산하므로 고용 상황을 좀 더 정확하게 보여준다고 볼 수 있다. 그러나 두 가지 방식 간의 실업률 차이는 독일의 예를 볼 때 그리 크지 않다.[5] 독일에서는 직업안정기관 조사방식의 실업률이 노동력 조사방식보다 대체로 0.5% 포인트 정도 높은 수준을 유지하고 있다.

한국에서 실업률 통계가 국제노동기구의 기준에 맞게 작성되고, 노동력 조사방식과 직업안정기관 조사방식 간의 차이가 크지 않다는 사실에 미루어볼 때, 실업 통계의 유의성 문제가 통계 작성방식이나 기준과는 큰 관계가 없다는 것을 알 수 있다. 한국에서, 체감하는 실업 상태와 달리 실업률이 계속해서 낮은 수준을 나타내는 것은 다음과 같은 취업구조나 고용 관행의 특수성, 사회안전망과 보육시설의 미비 등이 복합된 경제구조상의 문제 때문이다.

첫째, 한국은 농림어업 비중과 자영업 비중이 상대적으로 높아 불완전 취업 또는 잠재적 실업 상태인 사람이 취업자로 분류되기 쉽다. 농림어업 종사자는 실제 수입이 적더라도 연중 조금씩은 일거리가 있어 실업자로 분류되지 않는다. 또한 가족이 운영하는 농장이나 식당, 가게 등에서 급여를 받지 않고도 일주일에 18시간 이상 일하면 취업자로 보기 때문에 실제 실업 상태에 있는 많은 무급 가족종사자들이 실업자로 분

---

[5] 독일은 두 가지 방식으로 실업률을 작성해 공표한다. 2011년 1월에 직업안정기관 조사방식으로 조사한 실업률은 7.0%, 노동력 조사방식으로 조사한 실업률은 6.5%다. 독일에서는 국내 고용 상황을 평가할 때는 직업안정기관 조사방식을 사용하고, 다른 나라와 비교할 때는 노동력 조사방식을 사용한다.

류되지 않는다.

둘째, 실업급여 등 사회보장제도가 제대로 갖춰지지 않은 점도 실업률을 낮추는 중요한 요인이다. 선진국에서는 실업자들이 실업급여를 받기 위해 적극적으로 구직 활동을 할 수밖에 없어 실제 실업자 수와 통계 수치가 거의 일치한다. 그러나 한국에서는 실업급여 제도가 유명무실하여 주부, 취업준비생, 50대 퇴직자 등 구직단념자들이 면접 조사 시 일할 의사가 있다는 것을 구태여 밝힐 유인이 없다. 구직단념자로서는 그렇게 하는 것이 실익도 없으면서 괜히 창피하기만 하기 때문이다.

실제로 즉시 취업할 의사가 있으면서도 구직단념자들이 '가사를 돌보고 있다', '공무원 시험 준비 중이다'라고 응답하는 경우 비경제활동인구로 분류되어 실업률을 낮추게 된다. 또한 사회보장제도가 미흡하면 자신이나 가족의 생계를 위해 실업자는 좋은 일자리를 찾을 여유도 없이 근로조건이 열악한 일자리에서 일하거나 무리해서라도 가게나 식당 등을 창업함으로써, 결국 실업률을 낮춘다.

셋째, 보육시설이 미비한 탓에 여성의 경제활동 참가율이 낮은 것도 실업률이 낮게 나타나는 요인이다. 한국에서 여성의 경제활동 참가율은 50% 정도로 미국이나 유럽 국가보다 5~10% 포인트 낮은 수준이다. 한국에서는 많은 여성이 충분한 교육을 받고 일할 의사가 있는데도 어쩔 수 없이 육아 등 가사에 전념할 수밖에 없어 비경제활동인구로 분류된다. 만약 이들이 육아 부담 등에서 벗어나 적극적으로 일자리를 찾으면 경제활동인구가 늘어나 실업률이 더 높아지게 된다. 2년의 의무 군복무도 실업률을 낮추는 요인이다. 현역 군인과 공익근무요원 등은 노동가능인구에서 제외되고 군입대 대기자는 비경제활동인구로 분류되기 때문이다.

이러한 경제의 구조적·제도적 요인이 없는 한국의 체감 실업률은 얼마나 될까? 매우 궁금한 질문이다. 추정하기는 쉽지 않겠지만, 미국이나 영국의 9~10%보다는 높을 것이고, 어쩌면 스페인의 20% 수준보다 높을지도 모른다.[6]

수많은 대책에도 계속되는 일자리 부족

실업은 당사자에게 많은 경제적·정신적 어려움을 줄 뿐 아니라 국민경제 전체로도 큰 손실을 가져온다. 실업은 민간 소비를 위축시켜 국민경제의 성장세를 약화시킨다. 특히 해외 경기가 좋지 않아 수출과 투자가 부진할 때 실업 증가로 인한 소비 위축은 국내 경기를 더욱 어렵게 한다. 또한 실업은 가용 자원을 낭비함으로써 성장 잠재력을 떨어뜨리며, 다른 한편으로 양극화를 심화시켜 심각한 사회불안을 불러일으키는 원인이 되기도 한다. 그리고 최근에 출산율이 저하되는 주요 원인의 하나도 청년 실업 문제에서 찾을 수 있다.

---

6 스페인은 비록 실업률이 20%에 이른다 해도 실업급여 등 사회보장제도가 잘 갖추어져 있고, 여성의 노동 참가율이 높아 가족 구성원이 모두 실업 상태인 경우는 드물다. 2000년대 들어 급격히 늘어난 이주 노동자의 실업도 실업 통계에 포함되어 스페인 국민이 체감하는 어려움은 밖에서 생각하는 것보다 크지 않다.

이러한 실업의 고통과 손실을 줄이기 위해 대부분의 국가에서는 일자리 만들기와 일자리 지키기를 가장 중요한 경제정책의 하나로 추진하고 있다.[7] 한국에서도 실업률 등락과는 관계없이 역대 모든 정권에서 일자리를 창출하기 위해 많은 정책을 쏟아냈다. 하지만 그 효과는 별로 없었고, 실업 문제는 여전히 심각하다.

그동안 한국에서 시행된 주요 실업 대책은 다음과 같이 정리해볼 수 있다. 첫째는 예전 취로사업의 이름을 조금씩 바꾼 공공근로, 희망근로 등의 확대 실시와 대학생 인턴, 공공인턴 등과 같은 공공기관, 기업 등의 인턴 직원 고용 확대 방안이다. 둘째는 부동산 경기 부양 등을 통한 민간의 주택 투자 활성화와 도로, 댐 등 토목사업에 대한 투자 확대다. 셋째는 금리 인하, 환율 인상 등의 거시경제정책을 통한 기업의 투자 확대와 수출 중대 정책이다. 넷째는 대통령 등 정부의 핵심 인사가 재계의 핵심 인사와 만나거나 이들에게 특혜 또는 우대를 제공해 기업의 투자 확대를 요청하는 것이다. 다섯째는 IT산업, 바이오산업, 의료관광, 교육 등 서비스산업, 신재생에너지산업, 숙련집약형 패션산업 등과 같은 당시 분위기에 맞는 산업의 육성 정책이다. 여섯째는 직업훈련 강화, 취업 상담 활성화, 민간 고용 서비스 기관의 대형화, 해외 취업 지원 강화 등과 같은 고용 지원 인프라 확충이다.

---

[7] 미국은 1946년 「고용법(the act of employment)」을 제정하여, 완전고용을 위해 국가에 모든 정책 권한을 부여하고 있으며, 미국의 중앙은행인 연방준비제도(연준)의 설립 목적에도 물가 안정과 함께 최대 고용(maximum employment)이 포함된다.

이 중 공공근로나 인턴은 실직자에게 일부 도움이 되고 일시적으로 실업률을 낮출 수 있을지 몰라도 근본적인 일자리 대책은 아니다. 다섯째와 여섯째의 특정 산업 육성 정책과 고용 지원 인프라 개선 정책은 지속적으로 필요하고 효과도 기대되지만, 실업 대책에서 구색을 맞추는 수준으로 행해지는 경우가 대부분이다.

나머지 둘째와 셋째, 넷째의 실업 대책은 모두 투자 확대와 관련되며, 이 세 가지가 그동안 일자리 창출을 위한 정책의 핵심이었다. 이는 투자 부진과 이에 따른 성장세 둔화가 일자리 부족의 가장 큰 원인이며 투자를 활성화하는 것이 일자리를 창출하는 데 최우선 과제라는 생각이 반영된 결과다. 이러한 생각은 경제전문가나 경제정책 담당자, 언론인 등 여러 사람 사이에서 이론의 여지가 없는 진리처럼 받아들여졌다.

강도의 차이만 있을 뿐 역대 정부에서는 대부분 일자리를 창출하기 위해 투기 조장에 가까운 주택 경기 부양책을 쓰거나 환경 파괴를 무릅쓰고 대규모 토목공사를 시행했으며, 기업의 불법과 탈법 행위를 용인하면서까지 기업의 투자 확대를 요청하기도 했다. 그런데도 고용 상황은 국민 모두가 느끼듯이 계속 나빠지고 있다. 오랫동안 지속된 투자 확대 정책에도 실업 문제가 해결될 기미를 보이지 않는다는 것은 '일자리 부족이 투자 부진 때문'이라는 판단이 잘못된 것일 수 있음을 보여준다. 일자리 부족과 함께 비정규직 문제와 같은 고용의 질이 문제가 되는 상황에서, 단순한 투자 확대는 실업 문제의 근본적인 해결 방안이 될 수 없다는 생각을 해야 할 때다.

참고 2-1 한국의 실업률 산출 방식

한국의 전체 인구 중에서 15세 이상 인구는 노동가능인구로 분류하고, 노동가능인구는 다시 수입이 있는 일에 종사하거나 구직 활동을 하고 있는 경제활동인구와 경제활동에 참여할 의사가 없는 비경제활동인구로 나뉜다.

비경제활동인구에는 가정주부, 학생, 연로자, 심신장애자, 구직단념자, 취업준비자 등이 포함되며, 경제활동인구는 취업 여부에 따라 취업자와 실업자로 구분된다. 취업자는 매월 15일이 속한 1주일 동안 수입을 목적으로 1시간 이상 일한 사람으로 정의하며, 여기에는 수입이 없더라도 자기 가구에서 농장이나 사업체를 위해 18시간 이상 일한 무급 가족 종사자와 질병 등으로 인한 일시 휴직자가 포함된다.

실업자는 조사 대상 기간 중 적극적으로 일자리를 구했으나 수입이 있는 일(무급 가족종사자 포함)에 전혀 종사하지 못한 사람으로서 일자리가 있으면 즉시 취업이 가능한 사람을 가리킨다. 간단히 말해 실업률은 경제활동인구 중에서 실업자가 차지하는 비율이다. 노동가능인구에서 경제활동인구가 차지하는 비율을 경제활동 참가율, 노동가능인구에서 취업자가 차지하는 비율을 고용률이라고 한다.

한국의 노동가능인구, 경제활동인구, 취업자, 실업자 등의 통계는 3만 2,000가구(2010년 기준)를 표본으로 하여 면접조사방식에 기초해 작성한다.

노동가능인구(15세 이상) (A)	
경제활동인구 (B)	비경제활동인구 |其

취업자 (C)	실업자 (D)

- 실업률(%): D / B × 100
- 고용률(%): C / A × 100
- 경제활동 참가율(%): B / A × 100

2
일자리가 부족한 진짜 원인은 무엇인가

첫 단추를 잘 끼우는 것이 중요하므로, 문제를 시작부터 다시 생각해볼 필요가 있다. 한국에서 이루어지는 주택 건설, 토목공사, 기업 설비투자 등의 투자 현황을 짚어보고, 투자가 얼마나 부족한 상황이기에 실업 문제가 해결되지 않고 오히려 악화되는지 살펴봐야 한다. 그리고 원인이 투자 부족이 아니라면 일자리 부족의 진정한 원인이 무엇인지를 생각해 봐야 한다.

한국의 투자 현황

한국에서 투자 부진을 이야기할 때 많이 사용되는 논리의 하나는 1996년 이후 설비투자와 건설투자[1]가 정체 상태에 있다는 것이다. 1996년부터 2009년까지 13년간 설비투자는 2005년 실질 기준으로 23%, 건설투자는 9.6% 증가했고. 이는 같은 기간에 한국의 GDP 규모가 70% 증가한 것과 비교하면 크게 낮은 수준이기 때문이다. 특정 연도의 투자 수준과 현재 수준을 단순 비교해 현재의 투자 상황을 평가하는 것은 조금만 깊이 생각해보면 잘못된 방법이라는 것을 쉽게 알 수 있다. 예를 들어 어떤 사람의 체중이 90킬로그램에서 60킬로그램으로 줄어들었다면, 이에 대한 평가도 그 사람의 나이, 키, 성별 등에 비추어봐야 심각한 영양부족인지 아니면 적절한 다이어트인지를 알 수 있는 것과 마찬가지다.

한국에서는 1960년대 이후 1997년 IMF 금융위기 이전까지 과감한 외자 도입 정책과 파격적인 금융 및 세제 지원 등으로 투자가 빠르게 증가했다. 1971년부터 1996년까지 25년 동안 실질(2005년 가격) 기준 GDP는 8.5배 늘어난 데 비해, 투자(건설 및 설비)는 19.6배 늘어났다(그림 2-1 참조). 이렇게 투자 증가 속도가 GDP 증가 속도보다 훨씬 빨라 투자가 GDP에서 차지하는 비중도 1971년 23%에서 1996년 36%로 늘어났다.[2] 하지만 세상에 모든 것이 계속 늘어날 수만은 없듯이 1997년 금융위기를 맞아 설비투자와 건설투자가 모두 위축되기 시작했다.

---

1 여기서 말하는 투자는 주식 투자, 부동산 투자 등과는 달리 경제학에서의 개념으로 기계나 운수 장비, 건물, 도로 등과 같은 새로운 자본재를 창출하는 지출을 가리킨다. 투자에는 설비투자와 건설투자 이외에 재고(재고의 증감)도 포함되나, 재고는 비중이 작고 일반적으로 기업의 예비적 동기(precautionary motive)에 따라 늘거나 줄어들기 때문에 설명에서는 제외한다.
2 분석의 현실 적합성을 높이기 위해 GDP나 투자의 증가 규모나 증가율은 실질(2005년 가격) 기준으로, GDP에서 투자가 차지하는 비중은 명목(해당 연도 가격) 기준으로 산출했다.

그림 2-1 한국의 GDP와 투자 추이(1970~1996년)

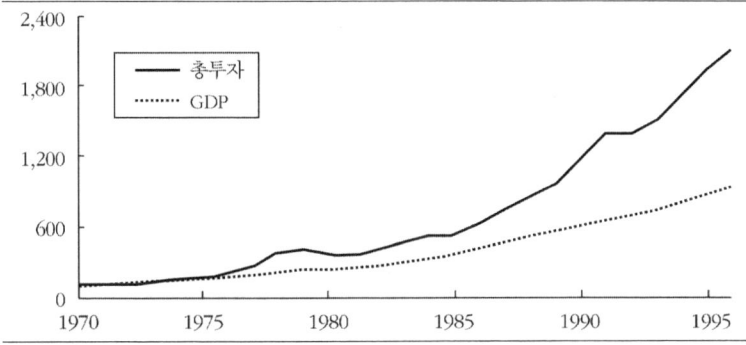

주: 1970년(=100)을 기준으로 지수화.
자료: 한국은행 국민계정 통계를 바탕으로 재구성.

그림 2-2 한국의 GDP와 투자 추이(1996~2010년, 조 원)

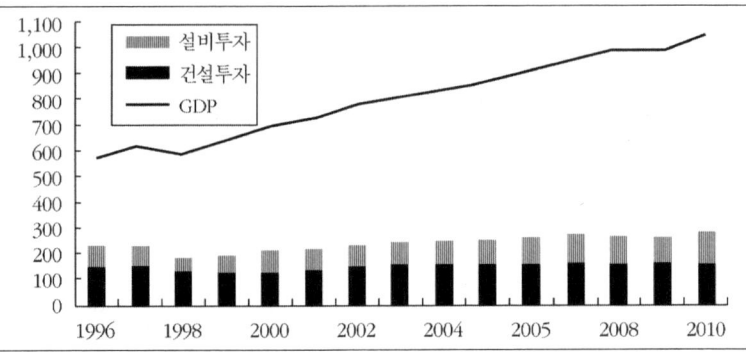

주: 무형고정자산투자는 설비투자에 포함.
자료: 한국은행 국민계정 통계를 바탕으로 재구성.

2001년까지는 투자의 절대 규모(2005년 가격 기준)가 감소하는 조정기를 거쳤다. 그러다가 2002년부터는 투자가 회복되어, 기복은 있으나 GDP와 비슷한 추세를 보인다(그림 2-2 참조).

이러한 큰 흐름 속에서 현재의 투자 상황이 과연 심각한 일자리 부족의 일차적 원인이 될 정도로 부진한지를 평가해볼 필요가 있다. 투자 수준의 과다 여부 평가는 경제 발전 단계와 경제구조, 자본축적 정도 등을 종합적으로 고려해야 하므로 쉽지 않은 과제다. 특히 평가의 가장 중요한 기초 자료인 국내 자본의 축적 정도를 알 수 있는 통계가 부족하여 신뢰성 있는 계량화 작업은 매우 어려워 보인다. 좀 더 계량화되고 학술적인 평가 작업은 전문가의 영역으로 남겨두고, 여기서는 GDP 통계의 국가 간 비교, 나타난 현상에 관한 직관적인 해석을 통해 한국의 투자 상황을 간단히 평가해보고자 한다.

먼저 살펴볼 문제는 GDP에서 차지하는 투자(건설 및 설비)의 비중이 미국, 독일, 일본 등 선진국의 현재 수준뿐 아니라 1980년대 수준보다도 높고 이러한 높은 상태가 장기간 지속되었다는 것이다.

한국의 GDP에서 투자가 차지하는 비중은 명목 기준으로 1990년대 중반 36%(건설투자 22%, 설비투자 14%)에서 2000년대 후반 29%(건설투자 18%, 설비투자 11%) 수준으로 낮아졌다. 그러나 낮아진 투자의 GDP 구성비 29%조차 미국의 18~20%보다 월등히 높고 제2차 세계대전 패전국이자 제조업이 발달한 독일과 일본의 1980년대 수준보다도 높은 편이다. 독일은 투자의 GDP 구성비가 1980년대 23%대에서 2000년대 후반 18%로 낮아졌고, 일본도 29%대에서 23%로 낮아졌다.[3]

---

3 경제가 발전할수록 자본축적도 증가해 신규 투자 필요성은 줄어들 뿐 아니라, IT 산업, 바이오산업 등으로 산업구조가 고도화되면서 실물 자본 이외에 인적 자본의 중요성이 커진다. 따라서 경제가 선진화될수록 필요한 투자 규모는 어느 단계까지는 조금씩 감소하는 것이 일반적으로 나타나는 현상이다.

그림 2-3 **총투자가 GDP에서 차지하는 비중(1980~2009년)**

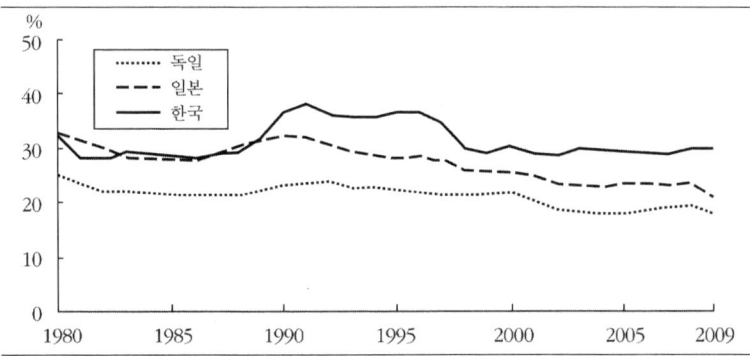

자료: 독일과 일본은 OECD의 통계 DB, 한국은 한국은행 국민계정 통계를 바탕으로 재구성.

더욱이 한국은 건설투자가 GDP에서 차지하는 비중이 18%에 이르고 있어, 독일과 미국보다 크게 높을 뿐 아니라 일본의 대대적인 부동산 거품 형성기인 1980년대 후반과 비슷한 수준이다(그림 2-3, 2-4, 2-5 참조). 또한 한국과 경제 발전 단계가 비슷한 대만은 GDP에서 투자가 차지하는 비중이 1970~1980년대 30% 내외에서 1990년대 25% 수준으로 낮아졌고, 2000년대 들어서는 20% 초반을 유지하고 있다.

물론 GDP에서 투자가 차지하는 비중만으로 투자의 과다 여부를 바로 판단할 수 없다. 하지만 GDP 통계가 국제적으로 비슷한 기준으로 산출되고, 투자나 소비 등의 비중이 각국의 경제구조와 밀접하게 연결되어 있으므로, 투자 과다 여부를 판단하는 데 GDP 대비 투자 비중은 참고할 만하다(참고 2-2 참조). 한국의 투자 비중이 1980년대 중반 이후 현재까지 20년 이상 다른 나라보다 높은 수준을 보인다는 것은 적어도 한국에서 투자가 부족하지 않다는 것을 의미한다. 특히 건설투자는

그림 2-4 설비투자가 GDP에서 차지하는 비중(1980~2009년)

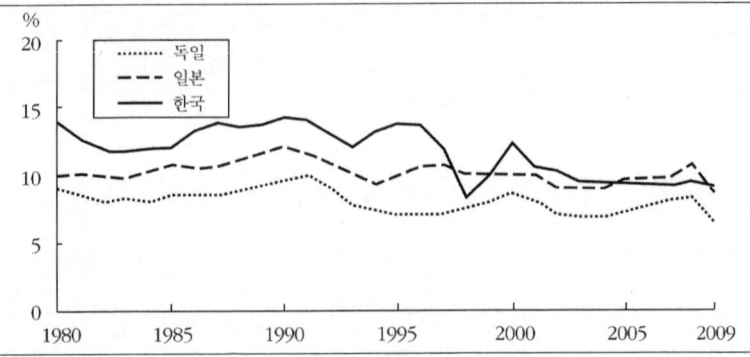

자료: 독일과 일본은 OECD의 통계 DB, 한국은 한국은행 국민계정 통계를 바탕으로 재구성.

그림 2-5 건설투자가 GDP에서 차지하는 비중(1980~2009년)

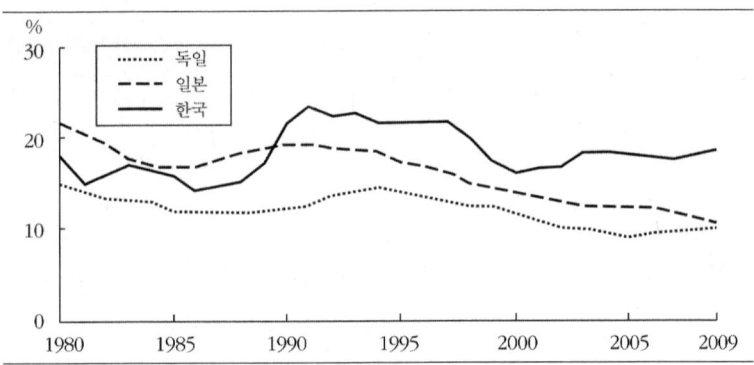

자료: 독일과 일본은 OECD의 통계 DB, 한국은 한국은행 국민계정 통계를 바탕으로 재구성.

GDP에서 차지하는 비중이 너무 높아 오히려 과다한 수준일 가능성이 크다.

한편 국내 주요 대기업이 많은 현금성 자산을 보유하고도 신규 투자를 기피하고 있는 것도 한국이 투자 부족 국가가 아니라는 점을 뒷받침

하는 좋은 사례다. 특히 2008년 이명박 정부 출범 이후 친기업(business friendly) 정책을 강력히 추진하면서 웬만한 기업의 요구는 다 들어주고 있는데도, 기업의 투자는 크게 늘지 않고 있다. 이는 기업이 국내에서 공장을 새로 짓거나 기존 시설을 늘리는 데 주저하고, 오히려 고용 효과가 마이너스인 다른 기업의 인수나 합병 또는 해외 투자에 주로 관심을 보이기 때문이다. 기업의 이러한 투자 행태는 국내에서는 투자가 어느 정도 포화 상태에 이르러 기업이 기대하는 수익을 낼 만한 신규 투자 기회를 찾기가 어려워졌다는 것을 의미한다. 즉, 이제는 단순히 투자를 늘리는 것보다 앞서 설명했듯이 한국 경제의 투자 수용 능력을 확충하는 것이 더 중요한 과제가 된 것이다.

마지막으로 건설투자와 관련해서는 심각한 투자 과다 사례가 많이 나타나고 있다. 여러 지방 공항에서 이용객이 거의 없어 관리 비용만 축내는 사례, 민자 유치로 건설된 고속도로, 터널, 대형 교량 등이 예상 수요에 턱없이 못 미쳐 세금으로 건설업체 수익을 보전해주는 사례, 지방의 많은 도로들이 중복 건설되어 다니는 차가 거의 없는 사례가 대표적이다. 여기에다 주택 공급이 크게 늘어나 2000년대에 들어 지방을 중심으로 아파트 미분양이 확산되다가 2007~2008년부터는 수도권에서도 미분양 물량이 증가하고 있다. 아파트 미분양 증가는 공급 요인과 가격 요인이 복합되어 있지만, 수도권 인기 지역의 미분양 사례를 볼 때 그동안 크게 부족했던 주택도 부문별로 공급 과다[4] 현상이 나타나고 있다고

---

4 아파트 가격 동향과 미분양 현황을 볼 때 중대형 분양 주택은 공급 과잉이고 소

볼 수 있다.

종합해보면, 한국은 투자 규모가 다른 나라보다 장기간 높은 수준을 지속해오고 있어, 부문 간 투자 불균형은 있을지 몰라도 전체적으로 투자가 부족한 상황은 아니다. 특히 건설투자는 여러 분야에서 과다 투자의 징후가 나타나고 있다. 이는 한국에서 실업 문제의 가장 큰 원인을 투자 부진에서 찾아서는 안 된다는 사실을 보여준다. 이제는 그동안의 고정관념에서 벗어나 다른 답을 찾아야 할 시점이다.

투자는 좋고 소비는 나쁜가

투자는 성장의 세 가지 요소 중 하나인 자본 총량을 늘리는 데 필수적이다. 특히 경제 발전 초기 단계에서는 자본 부족이 성장을 가로막는 가장 큰 요인일 경우가 많아 과감한 투자 확대가 성장정책의 핵심이 된다. 그러나 경제가 발전할수록 기술 그리고 인적 자본과 밀접한 관계를 지닌 노동의 중요성이 커진다. 또한 투자가 아무리 좋은 것이라 해도 너무 과하거나 잘못되면 문제를 일으키는 것은 당연한 일이다.

먼저 투자가 과다하거나 잘못되었을 때 나타나는 폐해와 한국의 경제구조상 투자 확대가 나쁠 수도 있다는 사실을 짚어볼 필요가 있다.

첫째, 한국에서 과다 투자의 폐해가 잘 나타난 대표적 사례는 1997년

형 주택이나 장기 전세 등 임대주택은 부족한 상태로 보인다.

IMF 금융위기일 것이다. 당시 금융위기는 기업의 무리한 차입에 따른 과잉 투자, 은행의 위험관리 실패, 경상수지 적자 누적 등 거시경제의 불균형과 정책 당국의 위기관리 능력 부족 등이 복합되어 나타났다. 그렇지만 이 중에서 가장 큰 원인이 기업의 무분별한 투자라는 것은 분명하다. 1986년부터 1996년까지 10여 년간 연평균 투자 증가율은 13%로 GDP 성장률의 거의 두 배에 달했다. 또한 1997년 금융위기 당시 주요 대기업의 부채비율이 1,000%를 넘어선 경우도 많았다. 결국 기업 및 금융기관 구조조정 과정에서 엄청난 수의 실업자가 한꺼번에 생겨났고, 부실 금융기관 처리를 위한 공적 자금 투입 등으로 다음 세대가 짊어져야 할 빚인 정부 부채가 크게 늘어났다. 그리고 부족한 외화를 조달하고 구조조정을 시행하는 과정에서 국내 기업과 금융기관을 해외에 헐값에 팔면서 대규모 국부 유출도 발생했다.

둘째, 투자는 무언가 남는 것이고 소비는 써버리는 것이므로 당연히 투자가 좋다고 생각하는 경향이 있다. 하지만 잘못된 투자는 그냥 써버리는 것보다 못한 경우가 많다. 불필요한 도로나 공항 등 대형 시설물은 건설 과정에서 환경을 파괴하고, 건설 후 그것을 유지하는 데도 장기간에 걸쳐 많은 비용이 소요된다. 노후화되거나 필요성이 없어져 철거하는 경우에도 폐기물 처리와 철거 비용이 발생한다. 한편 주택의 과다한 공급은 주택 시장의 거품 붕괴와 맞물릴 경우 건설업자뿐 아니라 주택 구매자에게도 금융비용 부담과 같은 큰 어려움을 안겨준다. 현재 한국은 이러한 잘못된 건설투자의 부작용이 곳곳에서 나타나고 있다.

셋째, 현재 한국의 경우 기업이 투자를 급격하게 확대하면 경상수지가 흑자 기조에서 적자로 바뀔 우려가 있다. 한국은 총투자율이 30%대에 이르지만 총저축률이 이보다 조금 높은 31~32% 수준을 유지하고 있어 경상수지 흑자 기조가 지속될 수 있었다.[5] 그러나 가계 저축률은 3~4% 정도로 매우 낮아 국내 저축의 대부분이 기업 저축에 의존하고 있다. 이러한 상황에서 기업 투자가 대폭 확대되면, 해당 기업으로서는 내부 유보가 충분해 감당할 수 있겠지만, 국민경제 전체에는 문제가 발생할 수 있다. 즉, 가계 저축이 크게 늘지 않는 한 총투자율이 총저축률을 상회하게 되어 1990년 중반처럼 경상수지가 적자 기조로 전환될 수밖에 없는 것이다. 또한 투자의 수입유발계수는 2008년 0.402로 소비의 수입유발계수 0.271보다 높은 점도 투자 확대가 경상수지를 더 빠르게 악화시키는 요인이 된다.[6]

다음으로, 투자가 과하면 문제가 생기듯이 소비도 너무 부족하면 여러 가지 부작용이 나타난다. 한국에서는 1997년 금융위기와 2000년대 초반 신용카드 사태의 후유증으로 소비가 크게 위축되었다. 현재 민간 소비가 GDP에서 차지하는 비중은 53~54%로, 이는 미국(70% 내외)이나 일본(59~60%), 독일(58~59%), 대만(60% 내외)보다 많이 낮은 수준이

---

[5] 국민소득의 지출과 처분의 항등 관계(Y = C + I + G + X - M = C + G + S =〉 S - I = X - M)에 따라 총저축률이 총투자율을 상회(S 〉 I)하면 순수출(X - M)이 플러스, 즉 경상수지는 흑자를 나타낸다. 이와 반대로 총투자율이 총저축률을 상회(I 〉 S)하면 경상수지는 적자가 된다. 더 자세한 내용은 참고 2-2를 참조할 것.

[6] 이러한 수입유발계수는 쉽게 말해 1,000원을 투자하면 수입이 402원 늘어나고, 1,000원을 소비하면 수입이 271원 늘어난다는 것을 의미한다.

다. 게다가 한국은 소비의 상당 부분이 관광이나 어학연수, 유학 등을 위해 해외에서 소비되고 있어 실제 국내 소비는 지표상 소비보다 더 작을 수밖에 없다.

소비가 부진함으로써 나타나는 문제는, 첫째로 음식점, 세탁소, 동네 슈퍼 등 생활밀착형 자영업이 큰 타격을 받는다는 것이다. 최근 영세 자영업자들이 어려움을 겪는 데는 자영업자 간의 과당경쟁도 한 원인이 되겠지만, 그보다 중산층 이하에서 소비가 부진한 것이 더 큰 요인으로 작용한다. 중산층 이하의 소비 위축은 동네 자영업자의 매출 감소로 직결되기 때문이다.

둘째로, 소비가 부진하면 경기의 진폭이 커진다. 소비는 개인의 생활과 밀접한 지출이기 때문에 투자나 수출에 비해 경기 상황에 따른 변동이 적다. 따라서 GDP에서 차지하는 소비 비중이 낮아지면 외부 환경 변화에 따라 경기가 크게 변동할 수밖에 없고, 그러면 앞서 설명한 대로 경제의 불확실성이 커진다.

셋째로, 소비가 위축되면 경제의 일자리 창출 능력이 저하된다. GDP를 구성하는 항목인 소비, 투자, 수출 중 소비의 일자리 창출 효과가 가장 크다. 즉, 10억 원당 취업유발인원을 나타내는 취업유발계수는 소비가 17.1명으로 가장 크고, 투자가 13.1명, 수출이 9.4명이다(한국은행, 2009). 소비가 위축되면 경제가 성장해도 고용이 늘지 않는 상황, 즉 '고용 없는 성장'이 발생할 가능성이 커진다.

투자와 소비 현황, 일자리 문제 등을 종합해볼 때 설비투자는 경제의 역동성을 높이고 성장 잠재력을 확충하기 위해 GDP와 비슷하거나 조금 더 높은 정도의 성장세를 유지할 필요가 있다. 그러나 과잉 상태인 건설투자는 GDP보다 성장세를 낮춰 GDP에서 차지하는 비중을 적정 수준으로 줄여나가야 한다. 이에 더해, 건설투자가 줄어든 만큼 소비가 늘어날 수 있는 정책을 병행한다면, 일자리 부족 문제와 영세 자영업자의 어려움도 조금은 완화될 것으로 보인다.

다만 이때 문제는 소비를 늘리는 정책이 투자를 늘리는 정책보다 훨씬 더 어렵다는 것이다. 국민 모두를 불러놓고 밥을 사주며 소비를 늘려달라고 부탁할 수도 없기 때문이다. 소비를 진작하기 위한 정책은 많은 연구가 필요한 또 다른 과제다.

실업 문제는 한국 경제의 일자리 창출력 약화 때문

한국에서 취업난이 계속되는 것은 투자와 성장이 부족해서가 아니라, 경제가 성장하는데도 일자리가 그만큼 늘어나지 않기 때문이다. 즉, 1990년 중반 이전처럼 투자가 늘어나고 경제가 성장하면 일자리가 저절로 늘어나던 호시절은 지나갔다는 것이다.

이는 일정액(10억 원)을 생산하는 데 직접 필요한 취업자 수인 취업계수의 변화 추이를 보면 바로 알 수 있다. 2005년 가격 기준 전 산업 평균 취업계수는 1995년 15.9명, 2000년 10.9명, 2007년 8.2명으로 낮아졌다. 특히 제조업 취업계수는 1995년 8.5명에서 2007년 3.0명으로 크게 하락했다. 즉, 같은 상품을 생산하는 데 드는 인력이 10여 년 만에 거의 3분의 1로 줄었다는 것이다. 그리고 미화 100만 달러 기준으로 환산한 2007년 한국의 제조업 취업계수는 3.2명으로, 이는 미국(2006년 3.9명), 일본(2007년 3.4명), 독일(2007년 3.7명) 등 선진국보다도 낮은 수준이다(한국은행, 2009).[7]

이러한 한국 경제의 일자리 창출 능력의 약화는, 첫째, 경제 발전과 산업구조 고도화의 산물이기도 하지만, 둘째, 취약한 경제구조, 셋째, 정책 실패 등이 결합되어 더 심화되었다.

첫째, 한국 경제는 경제 발전, 기술 진보 등에 따라 노동절약적 산업구조로 빠르게 이행했고, 이 과정에서 일자리 창출 능력이 저하되었다. 취업계수가 하락하고 있다는 것은 마치 빛과 그림자처럼 생산성이 증가하고 있다는 것을 의미한다. 일정액 생산에 필요한 취업자 수인 취업계수는 취업자 수를 생산액으로 나누어 계산하고, 노동생산성은 취업자당 생산액이기 때문에 생산액을 취업자 수로 나누어 계산한다.[8] 즉, 취업계수와 노동생산성은 역의 관계에 있어 생산성 향상이라는 긍정적 현상이 일자리 감소라는 부정적 결과로 나타나는 것이다.

둘째, 원자재와 부품의 해외 수입 비중이 높은 경제구조도 일자리 창출 능력을 약화시키는 요인으로 작용한다. 한국의 수출산업은 반도체, LCD, 철강 등과 같은 자본집약적 산업의 비중이 크고 부품소재산업의 경쟁력이 취약해 수출액이나 생산 금액 대비 전후방 연관 효과가 작다.

---

7 국가 간 비교 결과는 환율 변동의 영향을 많이 받는다.
8 취업계수 = 취업자 수 / 생산액
　노동생산성 = 생산액(또는 부가가치액) / 취업자 수(또는 노동시간)

한국은 수출의 부가가치 유발계수가 1970년 0.736에서 2008년 0.533으로 하락하여, 현재는 일본 0.834(2005년), 독일 0.686(2007년)보다 크게 낮은 수준이다. 즉, 한국에서 1,000원에 상당하는 상품을 수출하면 국내에 533원의 부가가치가 창출되고, 나머지 467원은 원자재 수입 등으로 해외에 유출된다. 이러한 수출산업의 구조적 취약성 때문에, 앞서 언급했듯이 수출은 취업유발계수가 9.4명으로, 소비(17.1명)나 투자(13.1명) 등 내수보다 일자리 창출 효과가 작다.

한국 경제는 GDP에서 수출이 차지하는 비중이 40%를 넘기 때문에, 수출이 증가하면 기업의 생산이나 GDP 성장률과 같은 경제지표는 바로 좋아진다. 그러나 수출의 부가가치나 일자리 창출 효과가 작아 수출 증가가 대다수 국민의 체감 경기 개선으로 이어지기는 어려운 구조다. 특히 환율 상승 등으로 수출이 증가해도 소비 등 내수가 위축된다면, 오히려 고용 상황은 악화될 수 있다.

셋째, 노동시장의 불균형, 노동시장의 경직성 등 구조적 문제에 대한 정책 실패도 한국 경제의 일자리 창출력을 떨어뜨린다. 제1장에서 노동시장의 불균형과 관련해 이야기하면서 설명했듯이, 직업 및 직장별로 보수와 안정성 등의 차이가 너무 큰 탓에, 구직자는 당장 일자리가 있어도 더 좋은 일자리를 찾으려고 많은 시간과 비용을 소모하게 된다. 반면에 중소기업과 지방기업 등은 인력 확보와 수시로 교체되는 직원의 교육에 적지 않은 시간과 비용이 들어간다. 이처럼 구직자와 구인자 양측이 수요와 공급의 불균형을 해소하기 위해 들이는 비용이나 시간, 노력 등도 실업자를 늘리는 데 중요한 요인이 되고 있다.

더욱이 노동시장 불균형을 해소하기 위한 실질적인 대책은 거의 없었던 데다 노동시장 경직성에 대해서는 잘못된 정책이 문제를 악화시킨 측면이 있다. 한국에서는 노동시장의 경직성을 완화하려고 파견직이나 계약직 등을 광범위하게 도입했다. 이 때문에 노동시장은 정규직과 비정규직으로 이중 구조화되었다. 그런데 공공 부문이나 대기업의 정규직처럼 괜찮은 일자리는 경직성이 개선되지 않고 경기가 좋아져도 채용이 크게 늘지 않는다. 반면에 비정규직은 노동 유연성이 과도하게 높을 뿐 아니라 보수도 낮은 탓에, 비정규직 취업자 대부분이 스스로를 잠재적 실업자로 여기는 실정이다. 결국 좋은 일자리는 늘어나지 않고, 늘어난 일자리는 제대로 된 일자리가 아닌 셈이다. 게다가 비정규직의 확산은 정규직과 비정규직 간의 갈등을 조장하는 등 노사관계를 더욱 복잡하게 만들어 그 자체가 일자리 창출을 저해하는 요인이 되기도 한다.

참고 2-2 소비와 투자 등 국민소득의 구성

국민경제의 순환 과정에서 생산된 상품과 서비스의 부가가치 금액의 합계를 국민소득이라고 하며, 이를 나타내는 데 GDP는 대표적인 지표로 사용된다. 국민소득은 생산, 분배, 지출의 세 가지 측면으로 나누어볼 수 있고, 이 세 가지 측면에서 계산된 국민소득은 사후적으로 일치한다.

'생산'은 기업 등 경제주체가 노동, 자본, 토지, 기술 등의 생산요소를 사용해 상품과 서비스를 생산·공급하는 과정을 말한다. 그리고 '분배'는 생산된 소득을 생산활동에 기여한 생산요소별로 분배하는 과정이다. 즉, 근로자는 급여를 받고, 돈을 빌려준 사람은 그 이자를 받으며, 토지를 빌려준 사람은 지대를 받고, 기업가는 그러한 비용을 공제하고 남은 이윤을 얻는 형태로 분배가 이루어진다. 마지막으로 '지출'은 분배된 소득을 기초로 개인이 상품이나 서비스를 구매(소비)하거나 기업이 생산 확대 등을 위해 기계나 공장 등을 구매 및 설치(투자)하는 과정이다. 따라서 소비와 투자는 지출 측면에서의 국민소득 구성 요소이며, 상품과 서비스에 대한 수요를 창출하는 요인이므로 국민소득의 수요 부문에 해당한다.

국민소득에서 수요에는 가계의 소비, 기업의 투자 등 민간 부문 이외에도 정부 부문의 소비와 투자가 있다. 정부도 상품과 서비스를 소비하거나 운수 장비의 구매, 도로 등의 건설 등 투자활동에 참여한다. 통상 정부 소비는 민간의 소비와 별도로 구분하고 정부 투자는 민간의 설비투자와 건설투자에 포함하여 GDP 통계를 산출하는 것이 일반적이다.

한편 수요의 범위를 해외까지 넓혀보면, 국내에서 생산된 상품과 서비스의 일부는 수출되어 외국인의 소비와 투자 대상이 된다. 즉, 국내의 소비와 투자가 내수라면, 수출은 해외 수요가 되는 것이다. 이와 반대로 국내에서 이루어지는 민간 소비와 투자, 그리고 정부 소비 중에서도 외국에서 수입된 상품과 서비스가 있다. 국내 수요 중 수입된 부분은 국내 생산 및 소득과는 직접적인 관계가 없고 외국의 생산과 소득을 증대시키므로, 국민소득에서 공제 항목이 된다.

종합해보면, 지출 측면의 국민소득(Y)은 다음 식처럼 민간 소비(C), 투자(I), 정부 소비(G), 수출(X)에서 수입(M)을 뺀 값(순수출)의 합계로 표시한다.

$$Y = C + I + G + (X - M)$$

이러한 민간 소비, 투자, 정부 소비, 순수출이 국민소득에서 차지하는 비중은 각국의 경제구조와 발전 단계, 정부의 역할 등에 따라 차이가 있지만, 대개 민간 소비는 60~70%, 투자와 정부 소비는 각각 10~20% 정도를 나타낸다. 순수출은 경상수지, 교역 조건 등의 영향을 받는데, 통상 경상수지 흑자국은 플러스, 적자국은 마이너스 값을 보인다.

한편 소비, 투자, 순수출 이외에 재고의 증감도 국민소득에 포함되므로, 소비, 투자, 순수출의 합계는 정확히 100%가 되지는 않는다.

주요국의 소비, 투자 등의 구성비(명목 기준, %)

구분		한국	미국	독일	일본	대만
민간 소비		54.3	70.8	58.9	59.6	61.6
투자		29.3	15.7	17.6	20.7	21.2
	건설투자	18.4	7.9	10.0	10.5	-
	설비투자	10.9	7.8	7.7	10.2	-
정부 소비		16.0	17.1	19.7	19.7	12.8
순수출		3.9	-2.7	4.9	0.3	4.6

주: 대만은 2008년, 나머지는 2009년 기준.

3
일자리 창출을 위한 대안 모색

앞서 살펴보았듯이 한국에서 일자리 부족의 원인은 경제구조의 취약성과 정책 대응 실패 등에 있으므로, 투자와 수출을 확대해 외형적 성장을 이루는 것만으로는 문제를 근본적으로 해결하기가 어렵다. 더욱이 한국의 경제 규모는 선진국 문턱에 와 있는 세계 15위 수준인 데다 개방도마저 높아, 단기간에 성장률을 높이기 위한 정책은 경상수지 적자, 재정 적자, 물가 상승, 자산 거품 등의 부작용만 불러일으키기 쉽다.

따라서 일자리 창출 정책은 한국 경제의 체질을 일자리 창출력이 큰 경제구조로 조금씩 바꾸어나가는 동시에, 더 높은 성장세가 지속될 수 있도록 성장 잠재력을 높이는 것을 일차적 과제로 삼아야 한다. 이와 더불어 일자리 창출을 저해하는 정책이나 제도, 관행 등을 개선하는 방안과 노동시장의 불균형 및 경직성 등을 완화하는 방안도 강구해야 한다.

이렇게 본다면 일자리 창출 정책은 제1장에서 다룬 성장 잠재력 확충 정책과 큰 차이가 없어 그 범위가 매우 넓을 수밖에 없다. 또한 한국 경제의 체질 개선과 노동시장 구조 개선 등의 정책은 효과가 나타나는 데 긴 시간이 소요되고 노동조합과 사용자 등 여러 이익집단의 이해관계가 얽혀 있어 추진하는 데 어려움이 따른다. 역대 정부가 인턴 늘리기나 투자 확대 등과 같이 손쉽고 반짝 효과를 기대할 수 있는 정책에 주력한 것도 이 때문이다.

이 책에서는 일자리 창출을 위한 과제를 경제정책의 목표를 일자리 창출로 전환하는 것과 일자리 창출을 저해하는 법·제도 및 관행을 개선하는 것, 노동시장의 구조를 개선하는 것 등 세 가지로 나누어 제시해보고자 한다.

경제정책의 목표를 일자리 창출로 전환

정부는 경제정책의 가장 중요한 목표를 성장률 몇 퍼센트, 수출 몇 천억 달러 달성보다는 일자리 창출 자체에 두어야 한다. 그리고 이러한 정책 목표가 말이나 구호에 그치지 않고 실제 정책 추진 결과에 제대로 반영될 수 있게 해야 한다. 이는 과거나 현재의 정책 중 일자리 창출을 방해하거나 오히려 일자리를 감소시키는 방향으로 운용된 경우가 꽤 있기 때문이다.

금융 분야에서 예를 들어보면, 은행이나 상호저축은행과 같은 금융기관의 신규 설립을 허용하지 않는 정책과 건전한 국내 대형 금융기관 간의 인수·합병을 정부가 방관하거나 조장하는 정책 등이 대표적이다.

2000년대 중반 세계 최대의 소매금융 은행인 HSBC는 한국에 전국적인 영업망을 갖춘 현지 법인 형태의 은행 설립을 추진했다. 그러나 HSBC는 국내 금융감독 당국과의 사전 접촉 과정에서 긍정적인 의견을 받지 못해, 몇 개의 지점만을 늘리는 데 그쳤다.[1] HSBC가 한국에 은행을 설립했다면 괜찮은 일자리가 최소 수천 개는 늘어났을 것이다.

대형 은행 간 합병도 비슷한 사례다. 2010년부터 하나은행과 외환은행의 합병이 추진되고 있으며, 우리은행의 민영화도 다른 대형 은행과의 합병 과정을 통해 이루어질 가능성이 있다. 과거 은행 간의 합병 사례에서 볼 때 대형 은행 간의 합병은 많은 구직자들이 선호하는 괜찮은 일자리 수천 개 이상이 몇 년 이내에 사라져 버리는 사건이다. 그렇다고 대형 은행 간 합병으로 수출이나 생산이 늘어나는 것도 아니고 금융산업이 발전한다는 보장도 없다.[2]

한편 공기업 등 공공 부문의 잘못된 구조조정 과정에서도 많은 일자리가 감소할 수 있다. 물론 일부 공기업 또는 공무원 조직의 방만한 경영이나 과도한 급여는 노동시장의 불균형 해소 차원에서도 반드시 정리·조정되어야 한다. 그러나 수익성 등 경영 성과가 양호하거나 국민에게 양질의 서비스를 제공하고 있는 공기업에 대한 민영화나 구조조정은 매우 조심스럽게 시행해야 한다. 섣부른 민영화는 국부 유출과 일자리

1　HSBC는 1997년 금융위기 이후 한국의 부실 은행을 인수하는 과정에서 금융감독 당국과 몇 번 마찰이 있었던 것으로 알려졌다.
2　금융기관 신규 설립의 금지와 합병 등을 통한 금융기관 대형화의 문제점은 제3장에서 더 구체적으로 설명한다.

감소를 일으키기 쉽고, 구조조정도 기존 직원의 급여 감축 등 실질적인 경영 합리화보다는 신규 채용 감소나 고객 서비스 축소 등으로 나타나는 경우가 많기 때문이다.

그 밖의 다른 분야에서도 일자리를 줄이거나 일자리 창출 효과가 거의 없는 정책이 사회 분위기나 정치적 필요에 따라, 검증되지 않은 채 추진되는 경우가 많다. 이러한 잘못된 정책으로 일자리가 감소하는 것을 막기 위해서는, 필요하다면 미국의 고용법과 비슷한 법을 제정해 완전고용이 국가의 의무라는 것을 선언적으로라도 명시할 필요가 있다. 그리고 정부의 모든 주요 정책에 대해 일자리 증감에 미치는 영향을 객관적으로 평가하고 평가 결과를 공개해 검증받을 수 있는 체계를 조속히 구축해야 한다.

당연한 이야기지만, 기업에 대한 지원이나 평가도 투자 확대나 수출 증대보다는 일자리 창출에 중점을 두어야 한다. 정부의 세제 지원 등은 일자리 창출의 중요성을 인정하는 방향으로 조금씩 바뀌고 있으나, 언론이나 시장의 평가는 아직은 수출, 매출, 이익의 규모를 우선시하는 분위기다.

개방 시대에 기업은 생존을 위해 국제경쟁력 확보가 필수적이며 기업의 이러한 노력은 생산성 증가를 통해 일자리 감소로 나타나기 쉽다. 한국의 여러 기업은 이미 국제경쟁력을 갖춰가고 있어 경제정책이 국제기준에서 크게 벗어나지 않고 일관성을 유지한다면 세계시장에서 스스로 성장할 수 있는 단계에 와 있다고 보인다. 따라서 투자와 수출 등 기업의 성장과 관련한 부분은 기업 스스로에게 맡기고, 정부의 정책적 혜택이나 우대는 국내 기업, 외국 기업을 불문하고 국내에서 괜찮은 일자리를 얼마나 창출하는가를 기준으로 이루어져야 한다.

끝으로, 경기 부양이나 일자리 창출을 위한 정부 지출에서도 토목공사나 공공근로 지원 등을 최소화하고 공공보육시설이나 직업훈련시설, 생활체육시설 등에 대한 투자를 대폭 확대해야 한다. 토목공사나 공공근로 등을 통해 창출되는 일자리는 대부분 공사 현장 근로자나 초단기 근로자로서 실질적인 고용 상황 개선에 거의 도움이 되지 않는다. 반면에 공공보육시설이나 직업훈련시설, 생활체육시설 등에 대한 재정 투자는 단기간에 가시적인 효과를 내기는 어려울지 몰라도, 장기간에 걸쳐 많은 상시 고용 효과를 내는 동시에 성장 잠재력을 확충하는 데도 큰 도움이 된다. 특히 공공보육시설은 비교적 적은 비용으로도 괜찮은 일자리를 지속적으로 제공해준다. 또한 여성의 경제활동 비율을 높임으로써 노동가능인구가 늘어나 성장 잠재력을 높이는 효과가 있다. 이와 더불어 길게 보면 출산율을 높이는 효과도 기대할 수 있다. 직업훈련시설이나 생활체육시설도 그 자체의 고용 효과뿐 아니라 노동생산성 향상을 통해 성장 잠재력을 높이는 효과가 있다. 더욱이 이러한 시설은 한국이 선진국에 비해 크게 부족하므로, 국민 생활의 질을 선진화하기 위해서라도 이 분야에 대한 투자가 시급하다.

일자리 창출을 저해하는 법과 제도 개선

정상적인 경제는 경제의 발전과 사회의 필요에 따라 새로운 일자리가 꾸준히 만들어져야 한다. 그러나 어떤 일자리는 수요가 충분한데도 법·제도의 미비, 기득권자의 로비 등에 막혀 만들어지지 못하는 경우가 있다. 선진국이나 주변 국가에는 괜찮은 일자리로 자리 잡고 있으나 한국에는 없는 일자리에 대해 폭넓은 조사가 이루어져야 하며, 이와 더불어 일자리가 없는 이유가 수요 부족 때문인지, 법적·제도적 장애 때문인지에 대해서도 연구와 대응이 필요하다.

이와 관련하여, 한국고용정보원이 작성한 「해외직업 사례를 통한 사회서비스 일자리 창출방안」은 비록 조사 범위 등이 제한되어 있지만 참고할 내용이 많은 훌륭한 자료다. 이 보고서에서는 미국, 영국, 일본의 복지, 의료보건, 교육, 환경 등 사회서비스 분야의 직업 중 한국에 없는 일자리 50여 개를 소개하고 있다. 여기에는 양육 코디네이터, 교과과정 상담원, 영유아 안전장치 설치원, 기부금 조성자, 메디컬 에스테티션(medical aesthetician), 척추치료사(doctor of chiropractic), 에너지 절감시설원, 화재경보장치 작동감시원, 환경감시원, 수렵감시원 등이 있다(최영순 외, 2008).

조사 대상 국가를 독일이나 프랑스 등 유럽 주요 국가와 중국으로까지 넓히고, 조사 분야를 사회서비스뿐 아니라 전 산업으로 확대하면, 한국에 없는 직업의 종류는 수백 개도 넘을 것이다. 그중 일부 직업은 수요나 인식 부족으로 한국에 도입되지 않은 것도 있겠지만, 대부분 기존 법규에 따른 제약이나 제도 미비 등과 같은 법적·제도적 문제로 생겨나지 못하고 있다.

예를 들어 척추치료사는 미국 등 여러 나라에서 훌륭한 전문직으로 자리 잡고 교육기관도 많이 있어 고용 및 생산 효과가 크다. 한국도 척추치료사에 대한 수요는 많이 있을 것으로 보이며, 미국이나 호주 등으로 유학을 가서 자격증을 취득한 사람도 꽤 있는 것으로 알려진다. 그중 일부는 한국에 들어와서 일하고 있으나, 법적·제도적 제약으로 정상적인 형태의 영업을 하지는 못하고 있다.

독일의 스포츠재활치료사(sports mediziner)도 척추치료사와 비슷한 사례다. 이 직업은 일반 정형외과 의사와는 별도로 축구, 럭비, 테니스 등 각종 스포츠와 관련된 부상이나 후유증의 재활치료를 담당하는 전문직이다. 독일의 스포츠재활치료 기술은 세계적으로 명성이 높아 세계 각국의 운동선수는 부상 등으로 몸에 문제가 생기면 독일의 스포츠재활치료기관을 많이 찾는다. 당연히 세계 여러 나라의 프로축구 등 스포츠 구단에서 독일 스포츠재활치료사에 대한 수요도 많다. 이에 따라 독일에서 스포츠재활치료기관은 경쟁력 있는 기업으로서, 그리고 스포츠재활치료사는 괜찮은 일자리로서 많은 생산 및 고용 효과를 창출하고 있다. 그러나 한국에서 스포츠재활치료사는 법적·제도적 문제 때문에 척추치료사와 마찬가지로 제대로 된 직업으로 자리 잡는 데 어려움이 있을 것으로 보인다.

세계 각국의 사례 조사를 통해 한국에서도 수요가 있고 인력 공급도 가능한 새로운 일자리를 찾기는 어렵지 않으나, 많은 경우 실제 국내 도입에는 적지 않은 어려움이 따를 것으로 예상된다. 척추치료사, 스포츠 재활치료사 등과 같은 새로운 직업이 도입됨으로써 손해를 볼 수 있는 이들의 반대가 심할 것이기 때문이다. 여기에다 환경감시원이나 화재경보장치 작동감시원 등은 사회 전체의 안전을 증가시키는 역할을 하겠지만, 특정인이나 기업에게는 불편하고 부담이 늘어나는 일이 될 수도 있기 때문이다.

따라서 새로운 직업의 도입은 정책 당국의 강한 의지와 이해관계자를 설득하는 일 등이 필요한 길고 어려운 작업이 될 것이다. 그러나 이는 진정한 의미에서 규제의 대못을 뽑는 일이자 한국 경제의 일자리 창출력을 실질적으로 늘리는 일이기 때문에 꼭 추진해야 할 과제다. 한두 개의 새로운 직업만 제대로 자리를 잡아도 수천 개 이상의 괜찮은 일자리가 항구적으로 만들어질 수 있는 것이다.

사회안전망 확충과 노동시장 구조 개선

한국의 노동시장은 직업별 인력 수요와 공급의 심각한 불균형, 정규직과 비정규직으로 나뉜 이중 구조, 비정규직의 높은 비중과 낮은 보수, 일부 정규직의 노동유연성[3] 부족 등 많은 구조적 문제점을 안고 있다.

---

3 노동유연성은 정리해고와 임시직 근로자 채용의 용이성, 근무시간의 자유로운 조정 등 양적인 유연성, 연봉제, 성과급 등을 통한 임금의 유연성, 기업 조직 개편과 근로자 재배치 등 기능적 유연성을 의미한다.

이러한 구조적 문제는 시장의 효율성을 낮추어 일자리 창출을 저해하므로 어렵더라도 하나하나 해결해나가야 할 과제다.

각 과제의 구체적 해법은 다르겠지만, 실업급여를 중심으로 사회안전망을 확충하는 일은 모든 과제의 해결에 도움이 되는 정책 대안이다.

사회안전망 확충이 선호도가 떨어지는 직업의 안정성을 보강해줌으로써 노동시장의 수요와 공급의 불균형을 해소하는 데 도움이 될 수 있다는 것은 앞서도 설명했다. 같은 논리로 실업급여 등 사회안전망 확충은 비정규직의 직업 안정성을 보완해줄 수 있다. 또한 실업급여의 금액을 늘리거나 수혜 기간을 연장하는 것은 비정규직 근로자의 열악한 처우를 개선하는 수단이 된다. 실업급여 대상자는 아주 나쁜 조건의 비정규직 일자리에 취업하는 대신 실업급여 혜택과 직업훈련 등을 통해 더 나은 일자리를 얻을 수 있는 기회를 얻을 수 있기 때문이다. 정책 당국으로서는 실업급여 금액과 기간을 조정함으로써 법정 최저임금과는 별도로 경력이 있는 근로자의 시장 최저임금에도 영향을 미칠 수 있다.[4]

다음으로, 실업급여 등 사회안전망 확충은 노동유연성을 높이기 위한 정책을 추진하는 데도 도움이 된다. 기업은 노동유연성이 높으면 경기 상황에 따라 고용 규모와 임금 등을 신축적으로 조절할 수 있어 노동시장이 경직적일 때보다 채용 규모를 늘릴 수 있다. 그러나 근로자는 노동유연성을 높이면 해고 등이 쉬워져 고용이 불안정해질 것이라고 여긴

---

[4] 독일은 법정 최저임금제가 없다. 실업급여 금액, 최저생계비 지원 수준 등이 최저임금과 비슷한 역할을 한다.

다. 따라서 근로자에게는 노동유연성 제고가 임금 삭감보다 더 받아들이기 어려운 일일 수 있다.

한국은 실업급여 금액이 적고 수혜 기간도 짧은 탓에, 실직자는 대부분 직업훈련 등을 통해 새로운 일자리를 찾기보다 자영업에 진출하는 것을 택한다. 그리고 새로운 사업에 실패하는 경우 극빈층으로 전락하게 된다. 이러한 사례가 많아지면서 대다수 근로자에게 해고는 뒤에 낭떠러지밖에 없는 극한 상황으로 내몰리는 것이 된다.

따라서 탈출구 없이 추진되는 노동유연성 제고는 노사관계 악화로 이어질 수밖에 없다. 원만하지 못한 노사관계는 노동시장의 경직성 못지않게 기업하기 어려운 조건의 하나가 된다. 그러므로 단순히 노동유연성을 높이려고만 해서는 의도했던 고용 증대 효과를 기대하기 어렵다. 실업급여 등 사회안전망 확충은 근로자에게 일시 피난처를 제공함으로써 노동유연성 제고를 받아들일 수 있는 여건을 조성하고, 노조의 강성을 완화하는 역할도 기대할 수 있다.

이처럼 실업급여 등 사회안전망 확충은 노동시장 구조를 개선하는 순기능이 많기 때문에 일자리 창출을 위해 반드시 추진해야 하는 과제다. 다만 기업과 근로자의 부담 증가나 근로 의욕 저하 등의 문제점이 예상되므로 도덕적 해이와 역선택을 최소화할 수 있는 방향으로 실업급여 제도를 새로 설계할 필요가 있다. 이를 위해 노동경제와 사회복지 분야의 전문가들이 함께 지혜를 모아야 한다.

실업급여 재원과 관련하여 기업과 근로자의 부담뿐 아니라 재정 지원도 고려해야 할 때가 되었다. 실업급여 등 사회안전망 확충은 단순한 사회복지 차원만이 아니라 성장과 일자리 창출을 위한 정책으로서 중요한 의미가 있으며, 웬만한 사회간접자본 투자보다 정책 효과도 훨씬 클 것이기 때문이다.

또한 실업급여의 재원인 고용보험에서는 실업급여 이외에 고용 촉진 지원, 직업훈련 지원, 육아 휴직 지원, 산전·산후 휴가 지원, 직장 보육시설 설치 지원 등도 이루어지고 있다. 이 중 출산, 육아, 보육시설 등과 관계된 지원은 고용 안정보다는 성장 잠재력 확충과 더 밀접한 관계가 있을 수 있어 재정에서 직접 부담할 필요가 있는 부분이기 때문이다.[5]

---

5 고용보험에 대한 재정 지원이 어렵다면 출산·육아·보육시설 등과 관련된 자원은 고용보험 대신 재정에서 직접 부담하는 것도 고려할 만하다.

제3장

대형화와 주인 만들기로
금융산업은 발전할 것인가

/

금융에 대한 이해
기존 발전 방안의 평가
한국 금융산업이 낙후한 진짜 이유
금융산업 발전을 위한 대안 모색

> 국내 은행산업은 겉으로는 치열한 경쟁이 벌어지고 있는 듯하지만, 실제로는 신규 진입이 없어 몇몇 은행이 국내시장을 적당히 나누어 가지고 있는 상태다. 한국처럼 정책 당국이 자의적으로 금융기관 신규 설립을 금지하는 나라는 결코 금융 강국이 될 수 없다. 경쟁이 없는 곳에서 경쟁력 있는 금융기관이 나올 수 없기 때문이다.

1
금융에 대한 이해

현대의 금융은 매우 다양하고 복잡하다. 예금, 대출, 증권, 보험 등과 같은 전통적인 금융서비스도 새로운 형태로 변화하고 있는 데다 스와프, 키코, MBS, CDO, CDS, LBO, COV-lite처럼 이름부터 생소한 금융상품이나 금융거래가 계속 생겨나고 있는 것이다. 이러한 금융상품이나 거래를 모두 이해하는 것은 금융전문가로서도 거의 불가능한 일이다.

이 책에서는 개별 금융상품이나 금융거래에 관한 전문 지식이 아닌 국민경제 전체 측면에서 금융의 역할과 특수성 등에 대해 간단히 살펴보고자 한다. 특히 금융산업에서 핵심 역할을 하는 은행을 중심으로 금융이 실물 부문과 어떻게 다르고, 얼마나 위험한지 알아볼 필요가 있다. 이러한 금융 전반의 기본 지식은 복잡한 금융상품을 이해하는 데도 조금은 도움이 될 수 있고, 한국 금융산업의 문제점과 새로운 대안을 찾는 데 출발점이 된다.

금융의 특별한 역할과 기능

금융산업은 섬유·전자·철강·자동차 산업 등과 마찬가지로 국민경제의 여러 산업 중 하나다. 금융기관을 세우려면 투자가 필요하고, 그것을 발전시키려면 기술 개발과 인재 양성이 필요하다. 금융기관이 잘 운영되면 일반 기업과 같이 고용과 부가가치를 창출하고 이윤을 가져다준다. 그러나 다음과 같은 세 가지 측면에서 금융은 다른 산업과는 구별되는 특별한 역할을 한다.

첫째, 금융의 사전적 의미가 '자금'의 '융통'이듯이, 금융의 기본 역할은 돈이 필요한 사람에게 돈을 빌려주는 것이다. 이때 돈이 필요한 사람은, 돈 없이 사업을 시작하거나 물건을 사려는 사람, 사업이 잘되어 규모를 늘리려는 사람, 사업 과정이나 생활 속에서 일시적으로 자금이 부족한 사람 등 매우 다양하다. 금융이 제 역할을 하면 이러한 사람이 적기에 적절한 금리로 필요한 돈을 융통할 수 있어 생산과 고용이 늘어나면서 경제가 순조롭게 돌아간다. 또한 금융은 성공하지 못한 사람이나 후발 주자도 의욕과 능력이 있으면 사업 기회를 얻을 수 있게 함으로써 사회 통합 기능도 수행한다. 통상 경제적으로 성공하지 못한 사람이 이미 성공한 사람보다 크게 부족한 것이 자금인 경우가 대부분이기 때문이다.

그러나 외부 충격이나 금융기관 부실화, 잘못된 정책 등으로 자금 융통이 잘 안 되는 상황, 즉 신용경색이 발생하면 경제는 크게 위축된다. 특히 신용경색이 장기화되면 재무구조가 건전한 기업마저도 일시 유동성 부족, 판매대금 미회수 또는 매출 감소 등으로 도산할 수 있다.

둘째, 개인이나 기업, 정부기관 등 모든 경제주체의 자금 결제가 대부분 금융기관을 통해 이루어진다는 점에서도 금융의 특별한 역할을 찾을 수 있다. 생산과 판매, 소비와 투자, 금융거래, 수출입, 세금 납부 등 모든 경제활동에는 대가를 지급하는 과정이 따르고, 대가를 지급하는 수단으로 현금, 수표, 어음, 신용카드, 인터넷 뱅킹 등이 사용된다. 그중 거래 당사자 간의 현금결제를 제외하고는 모두 금융기관이 개재된다. 또한 현금도 금융기관에서 찾고 금융기관에 입금한다. 이처럼 금융기관을 통해 자금 결제가 이루어지는 과정 전체를 지급결제시스템이라 한다. 지급결제시스템은 정보·통신 기술의 발달과 함께 인터넷뱅킹이나 모바일뱅킹 등으로 발전하고 있으며, 해외에서 모국에 있는 자기 계좌의 현금을 직접 인출하는 것도 가능해지고 있다.

지급결제시스템은 개별 금융기관 자체의 시스템과 금융기관 간 시스템이 연결된 복잡하고 거대한 네트워크로 이루어진다. 그리고 지급결제시스템은 교통망이나 통신망처럼 매일매일의 경제활동에 없어서는 안 될 국가의 기본 인프라의 하나로 자리 잡고 있다. 이 때문에 오늘날 개별 금융기관이나 금융기관 간 연결망 등의 문제로 지급결제시스템이 제대로 운영되지 않으면 이용자가 불편을 겪는 것은 물론, 경제 전체에도 큰 손실이 발생한다.

셋째, 수많은 기업과 개인의 신용 상태를 평가하고 관련 정보를 축적·보유하는 것도 금융이 수행하는 특별한 역할이다. 금융기관은 대출을 할지 말지, 그리고 대출을 하는 경우 금리를 얼마로 할지 등을 결정하려면 차입자의 신용 상태를 정확히 알아야 한다. 이를 위해 금융기관은 거래 상대의 신용 상태를 직접 평가하거나 전문 신용평가기관의 평가 결과를 활용한다. 그리고 신용평가 결과는 기업과 개인의 대출, 지급보증, 신용카드 발급 등과 같은 금융 접근성에 절대적으로 작용할 뿐 아니라 다른 경제활동에도 많은 영향을 미친다. 이는 국가, 금융기관, 기업 등에 대한 국제 신용평가기관의 신용등급 조정에 사회적으로 많은 관심이 쏟아지는 것과 신용불량자에게 주어지는 경제적·사회적 불이익 등을 보면 잘 알 수 있다.

또한 금융기관은 신용평가 과정에서 개인의 재산 상황이나 연체 등 금융거래 정보, 기업의 재무 상황과 영업 현황, 경영 능력 등 다양한 정보를 활용하고 이를 데이터베이스화한다. 어떤 면에서 볼 때 금융기관은 국세청과 같은 정부기관보다 개인이나 기업에 관해 더 많은 정보를 가지고 있으며, 이러한 정보의 양과 관리 상황은 금융기관에 수익의 큰 원천이 된다.

금융산업은 자금융통, 지급결제, 신용평가 등과 같은 특별한 역할 때문에 다른 산업과는 달리 공공성이 강조되고, 이에 따라 국가는 사전 감독, 사후 검사 등 경영 실패를 방지하기 위한 여러 가지 장치를 마련해 놓고 있다. 그리고 금융기관이 도산하거나 도산 가능성이 있을 때 공적자금을 투입해 금융기관을 구제하는 것도 도산 시 그러한 특별한 역할이 손상되어 경제 전체가 잘못되는 것을 막기 위한 것이다.

금융은 매우 위험한 산업이다[1]

2007~2008년 세계 금융위기 과정에서 베어스턴스, 리먼브러더스, 시티, 메릴린치, AIG, RBS, 코메르츠방크 등 세계 유수의 대형 금융기관이 도산하거나 공적 자금 투입으로 겨우 회생했다. 이러한 금융기관은 얼마 전까지는 멀쩡해 보이다가 문제가 있다는 소식이 나오고 조금 지나자 바로 도산 상태에 빠졌다. 일반 기업은 재무구조가 탄탄하면 경영여건이 나빠져도 짧은 시간 안에 도산에까지 이르는 경우가 매우 드물다. 그러나 금융기관은 아무리 크고 우량하다 하더라도 앞선 사례에서 보듯이 짧은 시간 안에 망할 수 있다. 금융기관이 쉽게 망할 수 있는 것은 금융이 제조업 등 실물 부문과 달리 다음과 같은 세 가지 이유에서 원래 매우 불안정하고 위험한 산업이기 때문이다.

첫 번째 이유는 일반적으로 금융기관의 부채비율이 매우 높아 위험관리에 실패할 경우 쉽게 도산할 수 있다는 것이다. 일반 기업은 부채비율이 200%를 넘으면 재무 건전성이 매우 취약한 것으로 평가된다. 한국에서 상장기업의 평균 부채비율은 100%를 하회하고 우량 기업은 부채비율이 0%인 경우도 많다. 그러나 금융기관의 경우 우량한 상업은행도 부채비율이 통상 1,500~2,000% 수준이다. 고위험을 추구하는 투자은행의 부채비율은 이보다 훨씬 높으며, 헤지펀드는 고차입 금융기관(highly leveraged financial institutions)이라고 부르듯이 부채비율이 수

---

[1] 이 부분은 정대영(2005: 307~308)을 바탕으로 재구성함.

천 퍼센트를 넘는 사례도 있다. 이처럼 금융기관의 부채비율이 높은 것은 예금과 대출(또는 차입, 투자)을 주 업무로 하는 금융업의 특성상 마진이 작아 수익 확대를 위해 레버리지(leverage)를 키울 수밖에 없기 때문이다.

부채비율 2,000%라는 것은 자기자본이 총부채(= 총자산 - 자기자본)의 5%에 불과하다는 것으로, 대출이나 투자를 조금 잘못하여 총자산의 5% 정도 손실이 나는 경우 자기자본이 완전히 없어지는 것을 의미한다. 이렇게 되면 부채가 자산을 초과(자기자본을 완전 잠식)하여, 금융기관을 청산했을 때 제3자에게 지급할 순자산이 남지 않은 상태(insolvency)가 된다. 즉, 금융은 대출의 부실화와 투자 자산의 손실을 초래하는 외부 충격이나 잘못된 의사 결정으로 쉽게 망할 수 있는 산업인 것이다.

금융이 위험한 산업인 두 번째 이유는 그것이 예금이나 차입금의 일부분만을 지급준비 자금으로 보유하고[2] 대부분을 대출 등 유동성이 낮고 수익성이 큰 투자 자산으로 운용하는 영업 행태에 있다. 일반적으로 금융기관의 예금은 대수의 법칙에 따라 일부분만 인출되고 나머지는 금융기관에 계속 남아 있기 때문에, 금융기관은 총예금의 아주 낮은 비율만 예금 인출 등에 대비한 유동 자산으로 보유한다. 채권 발행이나 차입으로 자금을 조달하는 금융기관도 수익성을 확보하기 위해 금리가 낮은 단기 자금을 조달해 금리가 높은 장기 투자를 하는 경우가 많다.

금융기관 경영이 잘되고 금융시장이 안정되어 있을 때 이러한 자금

---

2 이를 부분예금지급준비금 제도라고 한다.

조달과 운용 간의 불일치는 거의 문제가 되지 않는다. 그러나 신용경색 등으로 금융시장 상황이 나빠지거나 금융기관 부실 우려가 높아지면 예금 인출[3]이 일시에 몰리거나 신규 차입이 불가능해진다. 그러면 금융기관은 대부분 아주 짧은 시간 내에 유동성 부족에 직면한다. 그리고 유동성 위기가 발생하면 시장의 신뢰를 잃은 금융기관은 자산 건전성이 양호해도 결제 자금이 없어 도산 위기에 빠진다. 결국 금융은 투자나 대출의 손실뿐 아니라 일시적인 유동성 부족에도 매우 취약한 산업이다.

금융이 위험한 산업인 세 번째 이유는 금융기관끼리 복잡하게 얽혀 있는 상호 거래 때문에 하나의 금융기관 문제가 다른 금융기관, 나아가 시스템 전체로 쉽게 확산된다는 것이다. 금융기관 간의 상호 거래는 예금과 대출, 채권 거래, 지급보증, 파생상품 거래 등 매우 다양하며, 앞에서 설명한 지급결제시스템을 통해서도 발생한다. 또한 상호 거래는 금융 자율화와 세계화 등으로 전문가도 이해하기 어려운 복잡한 금융상품 거래가 개재되어 있으며, 세계 여러 나라의 수많은 금융기관과 연결되어 있다. 따라서 어느 한 기관 또는 어느 한 지역에서 큰 문제가 발생하면 그 기관, 그 지역의 문제로 끝나는 경우는 없다고 보아야 한다.

2008년 세계 금융위기 당시 미국 정부와 중앙은행은 투자은행인 리먼브러더스는 파산시키면서도 보험회사[4]인 AIG에는 850억 달러의 공

---

[3] 만기가 많이 남아 있는 정기예금도 이자만 포기하면 바로 인출 가능하기 때문에 위기 시에는 금융기관의 모든 예금이 요구불예금으로 변할 수 있다.

[4] 순수한 보험 업무의 경우 자금 조달은 계약자들이 납부하는 보험료가 대부분이고, 보험계약은 은행예금과 달리 계약을 해지하기 어렵다. 이 때문에 일반적으로

적 자금을 투입해 도산을 막은 것은 AIG를 통한 상호 거래 규모가 너무 컸기 때문이다. AIG는 순수 보험업 이외에 CDS(credit default swap)[5] 라고 부르는 유사 지급보증의 규모가 매우 컸고, 거래 상대방이 미국과 전 세계 주요 은행들이었다. 또한 AIG가 발행한 채권이나 어음을 여러 금융기관과 펀드(MMF 등)가 보유했다. 따라서 AIG가 도산하면 AIG 관련 금융상품 가격이 폭락하고, 이를 보유한 다른 금융기관도 연쇄 도산할 가능성이 컸다.

이처럼 금융은 태생적으로 매우 위험한 산업이기 때문에 경영층의 위험관리 능력이 생존과 성장에 필수적이다. 금융기관을 위험관리기관으로 부르기도 하는 이유도 여기에 있다. 또한 한 국가의 금융산업이 발전하고 금융시스템이 안정을 유지하려면 중립적이고 전문성 있는 금융감독 조직이 있어야 하며, 이 조직이 금융기관의 건전성을 제대로 감독·검사할 수 있어야 한다.

보험회사의 시스템 리스크는 투자은행 업무보다 낮다.

[5] CDS는 대표적인 신용파생금융의 하나로, 보장매입자가 보장매도자에게 수수료를 지급하고, 보장매도자는 매입자에게 기초자산(채권, 대출 등)의 채무불이행과 같은 신용 사건이 발생했을 때 채권 등의 액면가를 지급하기로 하는 스와프계약이다. 2007년 말 CDS 규모는 62조 달러에 달했던 것으로 알려진다. 이는 2010년 말 미국 주식시장의 시가총액이 15조 달러인 것을 고려할 때 어마어마한 규모였다.

한국 금융산업의 현주소

한국의 금융산업은 1997년 외환위기와 은행위기가 복합된 금융위기를 겪으면서 크게 변화했다. 부실 금융기관의 대대적인 구조조정, 회계 규정과 건전성 규제의 국제모범기준(code of international best practice) 적용, 금융기관 지배구조의 선진화 등을 통해 은행 등 주요 금융기관의 건전성이 대폭 향상되었다. 2002~2003년 신용카드 사태로 잠시 어려움을 겪었지만, 대형 은행은 2005년 이후 연간 1조 원 이상 2조 원 정도의 당기순이익을 실현한 경우도 많았다. BIS자기자본비율, 부실여신비율 등도 선진국의 우량 은행과 견주어 모자람이 없게 되었다(표 3-1 참조).

또한 대형 은행 등 주요 금융기관은 외국인이 선호하는 투자 대상이 되어 주가가 오르고, 외국인 주식 소유 비율이 50%를 넘는 금융기관도 많아졌다. 더욱이 은행과 대형 증권사,[6] 보험사는 임금수준이 높고 사무실 등 근무 환경도 좋아 많은 구직자가 선호하는 직장이 되었다. 이처럼 한국의 금융산업은 외형적으로 매우 좋아 보이는데, 다른 한편에서는 한국의 금융산업이 낙후되어 있고 경쟁력이 없다는 말이 언론이나 전문가 등을 통해 계속 나오고 있다.

실제로 한국의 금융산업은 그동안 수차례 이루어진 구조조정과 정부의 여러 가지 육성 방안에도 불구하고 한발 떨어져서 보면 다음과 같은

---

6 2009년 2월 「자본시장과 금융투자업에 관한 법률」 시행으로 '금융투자회사'가 제도적 명칭이지만, 이 책에서는 일반인에게 익숙한 '증권사'라는 용어를 계속 사용한다.

표 3-1 **주요 은행의 경영지표 추이(2004~2010년)**

연도		2004	2005	2006	2007	2008	2009	2010
국민 은행	당기 순이익	5,553	22,522	24,721	27,738	15,108	6,358	112
	BIS자기자본비율	11.01	12.95	14.17	12.62	13.18	14.04	13.44
	부실여신비율	2.64	1.70	1.03	0.74	1.26	1.11	1.79
신한 은행	당기 순이익	8,441	7,744	14,311	20,513	14,467	7,487	16,484
	BIS자기자본비율	11.94	12.23	12.01	12.09	13.44	15.13	15.93
	부실여신비율	1.39	1.02	0.75	0.73	1.00	1.00	1.31
우리 은행	당기 순이익	19,967	14,258	16,427	17,774	2,340	9,538	11,078
	BIS자기자본비율	12.20	11.65	11.60	11.70	11.68	14.39	14.65
	부실여신비율	2.27	1.23	0.97	0.63	1.19	1.60	3.34
하나 은행	당기 순이익	13,430	9,068	10,458	10,515	4,744	2,739	9,851
	BIS자기자본비율	11.83	13.29	11.34	11.75	13.51	14.98	14.04
	부실여신비율	1.44	0.98	0.69	0.77	1.20	1.05	1.50

주: 당기 순이익은 '억 원', BIS자기자본비율은 '%', 부실여신비율은 '고정 이하, %'임.
자료: 각 은행 공시 자료 등을 참고하여 재구성.

심각한 문제가 있는 것이 사실이다.

먼저 금융산업을 전자, 자동차, 철강 등 제조업과 비교해보면 그 실상이 잘 드러난다. 우리 귀에 익숙한 삼성전자, LG전자, 현대자동차, 포스코 등의 대기업뿐 아니라, 의류·모자·헬멧·계측기·손톱깎이 등을 만드는 제조업체 등 여러 중소기업도 해당 분야의 세계시장에서 점유율 1~2위를 다투거나 시장에서 중요한 역할을 하는 사례가 많다.

반면 금융 분야에서는 은행, 증권(투자은행), 보험 등 기본적인 금융산업뿐 아니라 신용카드, 자산운용, 프라이빗뱅킹(private banking)과 같은 부유층 대상 금융업, 서민금융업, 헤지펀드 등 더 작은 분야의 금융업에서도 어느 하나 세계적으로 비중 있는 역할을 하는 금융기관이 없다. 그렇다 보니 한국 금융기관은 해외 영업 비중[7]이 매우 낮아, 이른바 국제화되었다는 일부 은행도 해외 영업 비중이 5%를 넘는 경우가 드물고, 국내 영업에 치중하는 대형 은행의 해외 영업 비중은 1~2% 수준에 지나지 않는다. 이처럼 미미한 수준의 해외 영업마저도 해외에 진출한 한국 기업이나 교포와의 거래가 대부분이다. 주요 대기업의 해외 영업 비중이 40~50%에 이르고, 중소기업도 50%가 넘는 경우가 허다한 것과 비교해보면, 한국 금융산업은 그야말로 '우물 안 개구리', '동네 골목대장'에 불과하다.

한국의 금융기관이 안고 있는 또 다른 문제는 2008년 세계 금융위기 당시 금융의 기본 기능인 자금의 융통 기능을 외화 면에서는 거의 수행하지 못한 데서 찾을 수 있다. 한국의 금융기관은 국외 점포의 해외 영업과는 별도로 국내 기업의 수출입 거래와 해외 투자 지원, 국내 외화 대출, 금융기관의 직접적인 해외 투자 등을 위해서 외화 자금을 조달해 운용한다. 이러한 외화 자금의 조달 및 운용 규모는 은행의 경우 총자산의 10~15%를 차지한다. 2008년 당시 한국의 주요 은행은 재무 건전성이 주요국의 우량 은행 수준으로 양호했으나, 외화를 제대로 조달하지 못해 개별 은행뿐 아니라 나라 경제 전체가 외화 유동성 부족으로 큰 어려움을 겪었다. 당시 은행은 외환 보유액과 미국 중앙은행(연방준비제도)과의 통화스와프 자금의 지원을 받아 외화 부족 사태를 겨우 넘길 수 있

---

7 여기에서 해외 영업 비중이란 한국 금융기관의 해외 지점과 해외 현지 법인이 실제 해외에서 영업한 자산 규모를 기준으로 한 비중을 말한다.

었다.

　이는 세계 금융위기 확산에 따른 국제적인 신용경색의 영향도 컸지만, 기본적으로는 은행의 외화 자산 부채에 대한 위험관리 실패[8]와 국제금융 역량 부족 때문이었다. 국제금융 역량 부족은 1997년 금융위기 이후 은행이 국제금융 인력 양성을 소홀히 하고 해외 네트워크를 축소 운용한 것에 상당 부분 기인한다. 이렇게 보면 한국의 주요 은행은 규모가 커지고 재무구조가 개선되어 국내시장에서는 거인처럼 보이지만, 국제금융시장에서는 살만 찐 어린이에 불과하다.

　한편 한국의 금융기관은 국제적 역량 부족뿐 아니라 국내에서의 자금융통 기능도 충실히 수행하지 못하고 있다. 영세기업이나 신용도가 떨어지는 개인, 새로이 사업을 시작하는 기업이 한국에서 담보 없이 제도 금융권에서 대출을 받기란 거의 불가능한 일이다. 즉, 실제 자금이 절실히 필요한 사람들이 금융 혜택을 받지 못하고 있는 것이다. 이는 거의 모든 은행이 주택 담보 대출과 우량 고객과의 거래에 주력하고 있는 데다 신협이나 새마을금고 등 서민금융기관이 위축되어 제 역할을 하지 못하고 있는 것이 주된 요인이다.

---

[8] 외화의 단기 차입에 의한 장기 운용에 따른 만기 불일치 문제도 있었지만, 더욱 심각한 문제는 해외에서 외화를 차입해 국내 거주자에게 외화 대출을 한 데서 발생했다. 국내 외화 대출은 표면상 은행의 외화 자산이지만, 나라 경제 전체로 보면 원화 자산에 가깝다. 외화 대출의 국내 차입자 중 상당수는 이를 상환하기 위해 원화를 가져와 외환시장에서 외화를 매입하기 때문이다. 결국 외환시장 상황이 나빠지면 외화 대출은 외화로 상환받기 어려워져 외화 자산으로서의 역할을 하지 못하는 것이다.

그림 3-1 은행, 신협, 새마을금고의 예대율 추이(1993~2010년)

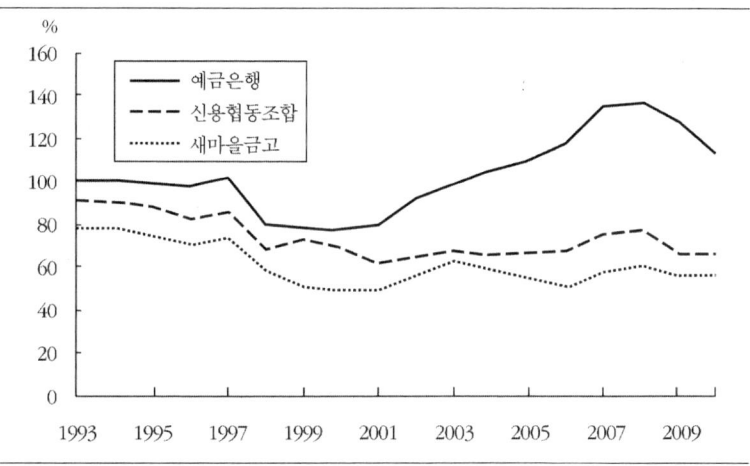

자료: 한국은행에서 발표한 수치를 바탕으로 재구성.

    은행 부문은 1997년 금융위기 이후 과감한 공적 자금 투입, 적극적인 외자 유치, 취급 업무 확대 등을 통해 은행업을 재구축하는 방향으로 구조조정이 이루어졌다. 이에 따라 은행과 직원 수는 크게 줄어들었으나, 자산 규모와 수익성, 건전성, 지점망, 취급 업무의 범위 등 거의 모든 부문에서 은행 부문이 금융산업을 주도하고 있다.

    반면에 신협, 새마을금고, 상호저축은행 등 서민금융기관은 부실 기관을 정리하는 방향으로 구조조정이 이루어졌다. 서민금융기관은 금융기관 수가 대폭 줄어들었을 뿐 아니라 수익성과 자산 건전성도 좋지 않다. 또한 업무 제한, 규모의 영세성 등으로 향후 성장 가능성도 크지 않다. 특히 신협이나 새마을금고는 대출 등 자금 운용 능력이 영세하여 예대율이 60% 수준으로 은행보다 40~50% 포인트 낮은 상태가 장기간 지속되고 있다. 즉, 들어온 예금도 서민에게 충분히 공급하지 못하고 있는 것이다(그림 3-1 참조).

그리고 서민금융기관 중 상대적으로 규모가 큰 상호저축은행 상당수는 개인이나 영세 상공인에 대한 대출보다는 부동산 PF(project financing) 대출에 주력하고 있다. 상호저축은행의 PF 대출은 아파트나 상가 등 부동산 개발사업의 초기 단계에 토지 매입 등을 위한 거액 대출인 경우가 많다. 이는 사업의 불확실성이 크기 때문에 매우 높은 금리가 적용된다. 즉, 부동산 PF 대출은 대표적인 고위험·고수익의 거액 대출로, 서민금융기관의 영업과는 거리가 멀다.

이처럼 서민금융기관이 위축되고 제 역할을 하지 못하면서 제도권 금융의 이용이 어려운 계층은 어쩔 수 없이 불법 대부업체를 찾게 되어 이에 따른 피해도 커지고 있다. 2007년에 금융감독원에서 사금융 이용자를 대상으로 설문조사를 시행한 결과에 따르면, 사금융 이용자의 67%가 신용불량자[9]가 아닌 정상 금융거래 가능자로 나타났다(금융감독원 비은행감독국, 2007: 6). 이는 제도권 금융기관의 자금융통 기능이 매우 취약하다는 것을 단적으로 보여준다.

---

9 정책 당국에서는 현재 '신용불량자' 대신 '금융채무불이행자'라는 용어를 쓴다. 그러나 이 책에서는 이해를 돕기 위해 일반적으로 사용하는 '신용불량자'라는 용어를 사용한다.

2
기존 발전 방안의 평가

지금까지 한국의 금융 발전을 위해 추진되어온 주요 방안 또는 전략은 다음의 네 가지 정도로 정리된다. 첫째는 합병 등을 통해 대형화하여 경쟁력을 키우는 방안, 둘째는 은행을 대기업에 주어 삼성전자나 현대자동차 같은 은행을 만드는 방안, 셋째는 서울을 동북아시아 금융의 중심지로 만드는 동북아 금융허브전략, 넷째는 국제적인 투자은행을 만들어 금융산업을 발전시키겠다는 전략이다. 우선 이 네 가지 방안의 현실 적합성과 실현 가능성 등을 점검해볼 필요가 있다.

대형화를 통한 경쟁력 강화

한국의 금융산업이 대외 경쟁력이 취약하고 국제화에 뒤처진 것이 금융기관의 규모가 작기 때문이라는 생각은 상당수 금융기관 CEO나 금융

전문가, 정책 당국자 사이에서 당연한 것으로 받아들여졌다. 따라서 합병 등으로 금융기관을 우선 대형화하고 이를 바탕으로 경쟁력을 강화하며 국제화를 추진해야 한다는 것이 지금까지 나온 대표적인 금융산업 발전 방안의 하나였다. 2006년 거의 성사될 뻔한 국민은행의 외환은행 인수합병, 2010년 말부터 추진되고 있는 하나은행의 외환은행 인수합병, 우리은행 민영화 과정에서 나온 메가뱅크 설립 방안 등이 그러한 방안의 대표적 사례라 할 수 있다.

그러나 금융기관 대형화 정책은 원인과 결과를 혼동하고 있다는 점, 잘못되면 나라 경제에 큰 재앙이 될 수 있다는 점, 고용 감소 등 부작용이 많다는 점 등에서 크게 잘못된 방안이다.

첫째, 금융기관을 대형화한다고 저절로 경쟁력이 생기고 국제화되는 것은 아니다. 경쟁력 있는 금융기관이 영업의 다변화와 다각화 등 제대로 된 경영을 통해 성장한 결과물이 국제적인 대형 금융기관인 것이다. 경쟁력 있는 금융기관은 대형화될 수 있지만, 대형 금융기관이 경쟁력을 갖춘다는 보장은 없다. 대표적인 사례가 1980년대 말 1990년대 초 일본의 은행산업이다. 당시 자본이나 자산 규모 등을 기준으로 한 10대 은행의 절반 정도가 일본계 은행이었다. 특히 1990년에는 세계 1~3위를 포함해 10대 은행 중 6개가 일본계 은행이었다.[1] 당시 일본계 은행은

---

1 1990년 ≪더 뱅커(The Banker)≫에서 발표한 세계 은행 순위에 따르면, 세계 11대 은행은 ① 스미토모 은행(일본), ② 다이치강교 은행(일본), ③ 후지 은행(일본), ④ 산와 은행(일본), ⑤ UBS(스위스), ⑥ 크레디트아그리콜(프랑스), ⑦ 타이요코베미쓰이 은행(일본), ⑧ 바클레이스(영국), ⑨ 미쓰비시 은행(일본), ⑩ 내

큰 덩치를 기반으로 국제화를 적극 추진했다. 그러나 1990년대 말부터 2000년대 초까지 그러한 일본계 은행은 대부분 부실화되어 일본 경제에 큰 짐만 남긴 채 합병 등을 거쳐 사라져 버렸다.

둘째, 합병 등으로 대형화된 금융기관이 위험관리 실패, 외부 충격 등으로 도산할 경우에는 한국 경제가 감당하기 어려운 재앙이 닥칠 수 있다. KB금융지주, 우리지주, 신한지주 등 국내 대형 금융기관의 자산 규모는 2010년에 이미 한국의 1년 예산 규모인 300조 원을 넘었다. 또한 이러한 금융기관이 합병 등으로 덩치가 더 커지면 한국의 1년 GDP(1,100조 원)의 절반 또는 그 이상에 이를 수 있다. 앞서 설명했듯이 금융산업은 매우 위험한 산업으로, 2008년 세계 금융위기 과정에서 미국과 유럽의 세계적 대형 금융기관이 수없이 도산했다. 한국도 예외일 수 없기 때문에 언젠가 한국의 대형 금융기관도 도산할 수 있다. 그리고 이때 한국 대형 금융기관의 도산이 국내에 주는 피해는 UBS나 HSBC 등과 같이 국제화된 대형 은행이 해당 국가에 주는 피해보다 훨씬 클 수 있다. 한국의 대형 금융기관은 영업의 95% 이상이 국내에 집중되어 있어 도산의 피해가 고스란히 국내에 남기 때문이다.[2]

셋째, 금융기관 간 합병을 통한 대형화는 일자리 감소, 독과점에 따

셔널웨스트민스터 은행(영국), ⑪ 도이체방크(독일) 순서였다.

2 스위스 최대 금융기관인 UBS의 자산 규모는 2008년 2조 스위스프랑을 넘었다. 이는 스위스 GDP인 5,500억 스위스프랑의 4배 정도에 이르는 규모다. 그러나 UBS는 영업의 90% 정도가 해외에서 이루어지고 현지화되어 있어, UBS의 대형화에 따른 스위스 경제의 부담은 상대적으로 적다.

른 소비자 후생 악화, 도덕적 해이 증가와 같은 여러 가지 부작용을 낳는다. 대형화된 금융기관은 국내시장에서 지배적 지위를 확보할 수 있어 영업이 쉽고 수익도 늘릴 수 있다. 그러나 나라 경제 전체로는 합병 과정에서 수천 개 이상의 괜찮은 일자리가 사라져 버린다. 대형 금융기관 간에 합병이 이루어지면 한쪽 금융기관 본점 인원의 대부분과 중복되는 지점 인원의 상당수가 불필요해지기 때문이다. 규모를 키우고 인원을 줄여 손쉽게 수익을 늘릴 수 있다는 점은 은행에서 합병을 추진하는 일차적인 이유다.

또한 소수의 금융기관이 시장을 주도하면 여러 금융기관이 경쟁할 때보다 금리나 금융 접근성, 이용 편의성 등에서 소비자가 불리해진다. 독과점 기업의 수익은 소비자보다는 경영층이나 주주에게 우선 돌아가기 때문이다. 다른 한편으로 대형 금융기관은 도산 시 국민경제에 큰 피해를 주므로 정책 당국이 구제할 수밖에 없는 경우가 대부분이다. 이러한 '대마불사(too big to fail)'의 믿음은 금융기관의 경영층에게 도덕적 해이를 불러일으킨다. 결국 대형 금융기관의 초과 수익은 일자리 감소, 소비자후생 저하, 도덕적 해이 증가 등 국민경제적 비용이 있기 때문에 가능한 것이다.

그렇다면 금융기관이 합병 등을 통해 대형화한 다음 경쟁력을 높이고 국제화하는 방안과 현 상태에서 경쟁력을 높이고 국제화하면서 대형화하는 방안 중 어느 것이 더 바람직한 것인가? 앞에서 설명한 대로 전자는 해당 금융기관으로서는 편하고 유리하겠지만 나라 경제 전체로서는 심각한 부작용이 예상되는 방안이다. 반면에 후자, 즉 현 상태에서 경쟁력을 높이면서 대형화하는 방안은 개별 금융기관 입장에서는 어렵겠지만, 나라 경제 전체에는 부담이 적다. 그리고 금융기관의 의지와 노력에 따라 실현 가능성도 있는 방안이다. 한 예로 2005년 4월 스탠더드차터드 은행이 제일은행을 인수할 때 스탠더드차터드 은행의 자산 규모는 당시 국내 최대 은행이었던 국민은행의 자산 규모보다 작았다. 자산 규모가 작다고 국제화가 불가능한 것은 아니다.

작은 은행으로 성공적인 국제화를 이루어 세계적인 대형 은행으로 성장한 사례로 스페인의 산탄데르 은행이 있다. 산탄데르 은행은 1857년 스페인 북부 해안도시인 산탄데르 시에서 지방은행으로 출발했다. 이후 1985년에는 스페인 6위, 세계 150위 규모의 중견 은행이 되었고, 남미와 포르투갈 등 유럽 인근 지역으로 영업을 확장해 1994년에는 스페인에서 최대 규모이자 세계 14위의 은행으로 성장했다. 이후로도 성장을 거듭해 2009년에는 세계 9위(기본 자본 기준)의 은행이자 세계에서 가장 많은 해외 점포를 둔 은행이 되었다.

주인 만들기와 금산분리 완화

한국의 금융산업이 낙후된 이유로 삼성전자나 현대자동차 등과는 달리 금융기관은 주인이 없기 때문이라는 생각이 꽤 일반화되어 있다. 그래서 산업자본(일반 기업)의 은행 소유를 제한하는 금산분리 제도를 완화해 삼성과 현대와 같은 재벌도 은행을 소유할 수 있게 하자는 주장이 계속해서 제기되고 있다. 금산분리 완화는 이명박 정부 초기에 핵심 정책 과제로 강력히 추진되어 우여곡절 끝에 관련 법까지 일부 개정되었다.

주인이 없어 금융산업이 발전하지 못한다는 것은 언뜻 들으면 그럴 듯해 보인다. 하지만 조금만 깊이 생각해보면 그것이 별로 설득력 없는 주장이라는 것을 알 수 있다. 은행은 산업자본의 소유가 제한되어 있지만, 보험사와 증권사, 신용카드사 등 여타 금융기관은 그러한 소유 제한이 없다. 한국의 거의 모든 재벌은 보험, 증권, 카드사 중 1~2개 이상을 소유했거나 소유하고 있다. 이러한 재벌 소유 금융기관 중 세계적인 금융기관으로 성장한 금융기관은 하나도 없다. 오히려 LG카드, 삼성카드, 현대증권, 선경증권(현 SK증권), 금호생명 등 재벌 소유 금융기관이 부실화된 사례는 많았다.

골드만삭스, JP모건 등 대형 증권사(투자은행), 알리안츠, ING 등 보험사, 아메리칸익스프레스나 비자 등 카드사의 예에서 보듯이 증권사나 보험사, 카드사도 경영을 잘하면 세계적인 금융기관으로 얼마든지 성장할 수 있다. 증권사, 보험사, 카드사 등의 경영에서 성공하지 못한 재벌이 은행 경영에서 성공하기는 더욱 어렵다. 이렇게 볼 때 재벌이 은행의 주인이 되면 은행이 세계적인 금융기관으로 발전할 수 있다는 것은 논리의 비약이 너무 심한 주장이다.

결국 2008년 추진된 금산분리 완화는 많은 노력이 들어갔지만 금융산업의 경쟁력을 강화하는 데는 큰 도움이 되지 않을 것으로 보인다. 이는 주요국의 금산분리 관련 규제 사례와 세계적인 대형 은행의 소유구조를 보면 더욱 확실해진다. 금융이 발달한 미국은 오래전부터 산업자본의 금융기관 소유를 엄격하게 규제하고 있으나, 금융이 상대적으로 덜 발달한 독일은 금산분리에 관한 규제가 없다. 그리고 유럽은 국가별로 규제의 정도가 조금씩 다르다. 그런데 시티나 뱅크오브아메리카 등 미국 은행뿐 아니라 독일의 도이체방크나 코메르츠방크, 영국의 HSBC, 프랑스의 BNP파리바, 스페인의 산탄데르 등 세계적인 은행 중 산업자본이 소유한 사례는 없다. 산업자본이 은행을 소유하는 것이 경쟁력 제고에 도움이 된다면 이 은행들 중 최소 몇 개는 당연히 산업자본이 소유하고 있어야 한다.

또한 금융은 매우 위험한 산업이며 규제도 많다. 한국의 금산분리 완화 방안이나 다른 나라의 감독 규정 등에 따르면, 은행의 지배적 대주주도 은행과 비슷하게 금융감독 당국의 감시를 받아야 한다. 현실적으로 볼 때 삼성, LG, 현대와 같은 재벌이 위험성이 큰 은행을 그것도 자신의 여러 정보를 감독 당국에 보여주면서까지 인수할 것 같지는 않다. 결론적으로 금산분리 완화를 통한 은행의 주인 만들기는 현실 적합성이 크지 않을 뿐 아니라 실제 은행의 경쟁력 강화에도 도움이 되지 않는 정책 대안이다.

동북아 금융허브전략

동북아 금융허브전략은 지난 참여정부 시절 서울을 동북아시아의 금융 중심지로 육성해 국내 금융산업을 발전시킬 기틀을 만들겠다는 정책 방안이었다. 이에 따라 정부는 자산운용업을 전략 업종으로 선정해 외국의 대형 자산운용사를 적극 유치하고 금융전문대학원을 설립하는 등 많은 노력을 기울였다. 하지만 지금까지 큰 성과는 없었다.

한 국가가 자국 영토 내에 잘 작동하는 국제금융시장을 갖고 국제금융의 중심지 역할을 하는 것은 분명 국가의 경쟁력을 높이고 경제를 발전시키는 데 큰 도움이 된다. 그러나 이는 매우 어렵고 시간이 많이 걸리는 과제다. 독일은 프랑크푸르트를 국제금융 중심지로 만들기 위해 중앙정부와 지방자치단체가 힘을 합쳐 오랫동안 많은 노력을 기울이고 있다. 유럽중앙은행(ECB)의 유치 등 어느 정도 성과를 내기도 했지만, 아직 세계적으로 의미 있는 국제금융 중심지가 되지 못하고 있는 것은 국제금융 중심지로 성장한다는 것이 얼마나 어려운 일인지를 단적으로 보여주는 좋은 사례다.

무엇보다 한 도시가 국제금융 중심지로 발전하려면 다음의 네 가지 조건을 기본 인프라로 갖춰야 한다. 첫째, 해당 지역에서 금융업무가 영어로 이루어질 수 있어야 한다. 둘째, 채권·주식 등의 발행과 매매, 외환 거래 등이 자유롭고 거래 비용 면에서 경쟁력이 있어야 한다. 셋째, 금융 관련 규제가 투명하고 예측할 수 있는 것이어야 한다. 넷째, 세계 여러 나라에서 온 금융인들이 교육, 주거, 문화 등 일상생활에 어려움을 겪지 않아야 한다.

그런데 서울이 이러한 조건을 단기간에 충족하는 것은 거의 불가능해 보인다. 동북아 금융허브전략은 단기간에 가시적인 성과를 낼 수 있는 정책 대안이 아니었다. 그러나 최소 10년 이상의 장기 목표를 세우고

앞의 네 가지 기본 여건을 조금씩 갖춰나간다면, 미래에 서울도 국제금융 중심지가 될 가능성이 없는 것은 아니다.

국제적인 투자은행 육성전략

국제적인 투자은행 육성전략은 금산분리 완화와 함께 이명박 정부의 주요 금융산업 발전 방안의 하나였다. 정부는 2008년 산업은행을 민영화하여 골드만삭스, 메릴린치 등과 같은 세계적인 투자은행을 만들겠다는 계획을 세웠으나 특별한 성과를 내지는 못했다.

투자은행은 주식과 채권의 인수와 투자, 파생금융상품 개발 및 거래, 고객의 주식과 채권 거래의 중개, 기업 인수합병의 주선 등의 업무를 수행하는 금융기관으로, 한국의 증권회사와 성격이 거의 비슷하다. 다만 한국의 증권회사는 일반인의 주식거래를 중개해주는 업무의 비중이 큰 반면, 세계적인 투자은행은 주식 및 채권 인수와 직접적인 투자 업무의 비중이 훨씬 크다는 점에서 차이가 있다.

한국에도 세계적인 투자은행과 업무 방식이 비슷하고 경쟁력을 갖춘 투자은행이 생긴다면 한국의 금융산업 발전에는 분명 좋은 일이다. 투자은행은 2006~2007년까지는 예금·대출을 주된 업무로 하는 상업은행보다 수익성과 성장성이 훨씬 뛰어났다. 그러나 2008년 세계 금융위기 과정에서 세계 5대 투자은행 중 베어스턴스, 리먼브라더스, 메릴린치 등 3개 투자은행이 도산하면서 투자은행의 취약성과 위험성이 그대로 드러났다. 투자은행은 앞으로 수익성이 다시 좋아질 수 있겠지만, 위험성이 낮아지기는 어려울 것으로 보인다. 또한 도매금융이라는 투자은행의 영업 성격상 투자은행이 발전한다 하더라도 고용 창출 등 전체 경제에 미치는 파급 효과는 상대적으로 크지 않을 것으로 보인다.

따라서 투자은행의 육성전략은 산업은행 민영화 등을 통해 정부 차원에서 추진하기보다는 삼성증권이나 미래에셋증권과 같은 민간 증권사를 지원하는 방향이 바람직하다. 투자은행은 고수익·고위험 업종일 뿐 아니라 빠르게 금융혁신이 이루어지고 있는 분야로 민간 금융기관이 자기 책임하에 도전적으로 경영할 때 성공 가능성이 크기 때문이다. 정책 당국은 한국의 증권사들이 외국의 투자은행과 경쟁하는 데 불리하게 작용하는 법적·제도적 제약이 있다면 이를 우선 개선해야 한다. 그리고 대형 증권사들이 주식 위탁매매 등 중개 업무보다는 증권 인수, 기업 인수합병 등 투자은행 본연의 업무에 더욱 열중할 수 있도록 제도적 정비와 지원도 필요하다.

3
한국 금융산업이 낙후한 진짜 이유

금융산업에 대한 과보호

한국 금융산업이 경쟁력이 없고 국제화가 제대로 이루어지지 않은 가장 큰 이유는 무엇일까? 이는 금융기관이 국내시장에 안주하면서도 괜찮은 실적을 낼 수 있도록 정부가 신규 설립 제한 등을 통해 금융산업을 과다하게 보호하기 때문이다.

한국에서는 은행, 증권, 보험 등 주요 금융업뿐 아니라 상호저축은행 등에도 신규 진입이 엄격히 통제된다. 「은행법」, 「자본시장과 금융투자업에 관한 법률」, 「보험업법」 등의 법률에는 최저 자본금과 경영진의 자격 요건 등을 충족하면 은행이나 증권사 등을 설립할 수 있는 것처럼 되어 있으나, 실제로는 그렇지 못하다. 1997년 금융위기 이후 새로 설립된 은행이나 상호저축은행은 없으며, 증권사나 보험사 등은 알 수 없는 정책적 배려에 따라 아주 제한적으로만 신규 설립이 허용되었다. 이렇다 보니 부실화로 자본이 완전 잠식되어 순 자산 가치가 마이너스 상태인 지방 상호저축은행의 가격이 2000년대 중반 100억 원 이상을 호가한 경우도 있었다. 이러한 상황은 정상이 아니다.

국내 은행산업은 겉으로는 치열한 경쟁이 벌어지고 있는 듯하지만, 신규 진입 업체가 없으므로 근본적인 면에서는 몇몇 은행이 국내시장을 적당히 나누어 가지고 있는 상태다. 즉, 국내 금융기관은 경쟁이 치열하고 더 높은 수준의 금융기법과 위험관리 능력이 필요한 해외 영업을 최소화하고, 정부 당국의 보호를 받으며 경쟁이 치열하지 않은 국내시장에 주력하게 된 것이다.

미국, 유럽 등 선진국에서는 법규에 정해진 설립 요건을 갖춰 신청하면 특별한 이유가 없는 한 은행 설립이 허용된다. 국민은행, 신한은행, 우리은행 등 한국의 주요 은행은 미국과 유럽뿐 아니라 중국과 홍콩 등에 현지 법인을 설립해 영업을 하고 있다. 현지 법인은 법적으로는 별개의 독립된 금융기관으로, 경영을 잘하면 현지에서 지점 등 영업망을 확충해 얼마든지 대형화할 수 있다.

한국처럼 금융기관 설립 기준이 불투명하고 정책 당국이 자의적으로 금융기관 신규 설립을 금지하는 나라는 결코 금융 강국이 될 수 없다. 경쟁이 없는 곳에서 경쟁력 있는 금융기관이 나올 수 없기 때문이다. 한국에서 은행 설립이 자유로웠다면 HSBC 등 외국계 은행을 비롯해 특정 계층이나 특정 직업인을 위한 은행, 프라이빗뱅킹과 같은 특화된 업무를 수행하는 전문 은행, 지역 은행 등 다양한 형태의 은행이 출현했을 것이다.

여러 은행이 살아남기 위해 경쟁을 하게 되면 금융 이용 기회는 많아지고 금융기법도 다양하게 발전한다. 또한 국내시장이 포화 상태에 이르고 경쟁이 더 치열해지면 기업가 정신이 있고 능력 있는 은행부터 해외로 진출할 수밖에 없다.

이처럼 국내시장의 한계를 극복하기 위한 해외 진출은 제조업 분야에서는 중소기업에까지 일반화되었고 치킨집 같은 소규모 서비스업에서도 이루어진다. 이렇게 치킨집까지 경쟁이 치열해져 해외로 시장을 넓혀가고 있는 것과 비교해보면 한국의 은행산업은 동네 치킨집보다 경쟁이 적고, 은행 경영층은 치킨집 체인 사장보다 기업가 정신이 부족하다고 볼 수 있다.

물론 금융산업의 신규 진입이 자유로워져 경쟁이 치열해지면 금융기관의 도산도 늘어날 수 있다. 하지만 이것이 걱정되어 지금에 머문다면 금융산업은 발전할 수 없다. 새로운 금융기관이 계속 생기고 경쟁에서 뒤처진 금융기관이 퇴출당하는 것은 시장경제에서 자연스러운 현상이다. 한국에서도 1997년 위기 이후 상호저축은행이나 신용협동조합이 망하는 사례가 있었지만, 그것이 경제 전체에 장기적으로 큰 영향을 주지는 않았다. 개별 금융기관의 도산은 금융시스템 전체의 불안으로 확산되지 않게 잘 관리된다면 오히려 시장 규율을 강화하는 효과가 있다. 금융기관은 망할지도 모른다는 두려움이 있어야 위험관리를 제대로 할 수 있기 때문이다.

잘못된 규제와 검사

위험하고 불안정한 금융산업의 특성상 금융산업에 대해서는 규제가 많을뿐더러 개별 금융기관에 대한 검사도 철저히 이루어져야 한다. 한국은 규제가 너무 많고 검사가 강하여 금융산업이 발전하지 못하고 있는 것이 아니다. 규제와 검사가 잘못된 방향으로 이루어지고 있는 것이 금융산업의 발전을 막고 있다. 한국에서 금융산업에 대한 규제는 기본적으로 취급 업무에 대한 사전 규제이며, 금융기관에 대한 검사는 건전성보다는 법규 위반 여부에 대한 검사가 우선이다.

은행 등 금융기관은 대부분 관련 법규에 열거된 업무와 관련 금융상품만을 다루어야 한다. 새로운 업무나 상품을 취급하려면 감독 당국의 허가를 받거나 감독 당국에 사전 신고를 해야 한다. 이는 제조업으로 치자면 신발이나 구두를 만드는 회사가 가방을 만들어 팔려면 새로운 허가나 신고를 해야 하는 것이다. 제조업에도 이러한 규제가 있다면 기업이 사업을 제대로 하기는 매우 어려울 것이다.

이러한 사전 규제는 금융기관의 업무와 상품을 단순하게 만들어 금융기관의 경영과 감독을 쉽게 한다는 장점이 있다. 그리고 소비자는 선택의 폭은 좁지만 이해하기 어려운 복잡한 금융상품이 없어서 편할 수 있다. 그러나 이러한 장점은 국내 금융시장이 개방되어 있지 않거나 주요국의 규제 방식이 한국처럼 사전 규제일 때만 의미가 있다. 한국의 금융시장이 지금처럼 개방되어 있고, 국내 금융기관의 해외 진출이 필요하며, 외국에서 사전 규제가 최소화되고 있는 상황에서는 장점보다 단점이 훨씬 많다.

첫째, 한국의 금융기관은 새로운 금융상품이나 금융기법에 대한 이해력이 외국 금융기관보다 떨어질 수밖에 없다. 이는 금융기관의 경쟁력을 떨어뜨릴 뿐 아니라, 자칫 외국 금융기관이 규제의 틈을 이용해 국내 금융시장을 자신의 놀이터로 만들 수 있는 기회를 주기도 한다. 한국의 여러 기업을 어려움에 빠뜨린 키코 사태와 1997년 다이아몬드펀드 사건 등이 대표적인 사례다.

둘째, 취급 업무 등에 대한 사전 규제는 감독 당국의 업무 능력 발전을 저해하고 건전성 감독을 소홀하게 한다. 한국 금융산업은 신규 설립 제한으로 업종별로 기관 수가 많지 않은 데다 감독 당국이 사전에 알고 있는 업무만을 취급하므로, 감독 당국은 자신이 금융기관 경영 상태를 쉽게 파악할 수 있다고 생각하기 때문이다. 그러나 현실은 그렇지 않다. 금융업무가 더 단순했던 아주 오래전부터 금융위기가 있었듯이, 업무가 다 알려져 있고 쉽다고 해서 안전성이 보장되는 것은 아니다. 1997년 금융위기, 2003~2004년 신용카드 사태, 2010~2011년 상호저축은행 PF 대출 부실화[1] 등은 복잡하고 새로운 업무 때문에 발생한 것이 아니라 기본적인 건전성 감독을 소홀히 했기 때문에 발생한 것이다.

---

1 2010년부터 여러 상호저축은행의 PF 대출이 부동산 경기 침체와 맞물려 부실화되면서 일부 상호저축은행이 도산 위기에 빠지고 있다. 이는 대표적인 건전성 감독 실패 사례다. 상호저축은행의 PF 대출은 단순한 고위험·고수익 상품으로, 그것의 위험성은 이미 2000년대 중반부터 한국은행의 ≪금융안정보고서≫나 언론 등을 통해 수없이 제기되었다.

셋째, 취급 업무의 사전 규제는 금융기관과 감독 당국 모두에게 금융산업의 발전에 도움이 되지 않는 업무와 인재를 더 중시하게 만든다. 오늘날 한국에서는 새로운 상품이나 업무 개발보다는 로비나 섭외가 금융기관의 성장에 더 중요하게 작용하는 것이 현실이다. 이에 따라 각 금융기관에서는 새로운 상품 개발, 위험관리, 시장 상황 분석 등에 뛰어난 인재보다는 인맥이 좋고 예금 유치와 대출 세일즈를 잘하는 사람을 더 필요로 하게 된다. 한편 감독 당국은 금융의 새로운 조류를 받아들이고 금융기관의 건전성을 개선해 금융산업을 발전시키려 하기보다는 개별 금융기관의 법규 위반에 대한 제재와 영향력 행사에 더 많은 관심을 쏟게 된다. 따라서 건전성 검사, 위험관리, 국제금융 분야 등에 전문성이 있는 인재보다는 법규 위반을 잘 찾아내고 금융기관을 잘 관리하는, 즉 관치를 잘하는 인재가 주목을 받는다.

결국 금융기관의 취급 업무 및 상품에 대한 사전 규제와 법규 위반 중심의 검사는 금융혁신을 저해하고, 금융 전문 인력의 부족 등을 야기해 금융산업의 경쟁력을 약화시키는 주요 요인이다.

서민금융기관의 위축과 금융 소외계층의 증가

한국 금융산업의 또 다른 낙후성은 신용도가 낮은 사람의 금융 접근성(financial inclusion)[2]이 점점 나빠지고 있다는 사실에서 찾을 수 있다. 금융기관이 수익을 많이 내고 대형화한다 하더라도 제도권 금융 이용이 배제(financial exclusion)된 금융 소외계층이 늘어난다면, 나라 경제 전체로 봤을 때 금융산업은 여전히 낙후되고 제 역할을 충실히 수행하지 못하는 것이다. 금융의 가장 기본적인 역할은 돈이 필요한 사람에게 돈을 빌려주는 것이기 때문이다.

금융 접근성의 제약, 즉 금융 소외 문제의 핵심은 신용불량자 문제가 해결되지 못했다는 것과 서민금융기관이 위축되고 제 역할을 하지 못하고 있다는 것이다.

먼저 신용불량자 문제는 2002~2003년 신용카드사 등 금융기관의 무분별한 신용카드 발행으로 촉발되었다. 2000년대 초 200만 명 수준이던 신용불량자는 2002년 말 264만 명에 이르고 2004년 3월 390만 명 수준까지 증가해 심각한 사회문제로 불거졌다. 이에 따라 참여정부는 신용회복위원회를 만들어 채무 재조정을 통해 신용불량자의 신용회복을 지원했다. 그러나 신용회복위원회는 재원 부족과 엄격한 지원 조건 등으로 성과가 미미했다. 2003년 11월 신용회복위원회 설립 후 2010년까지 채무 재조정 등 신용회복 지원을 받은 사람은 88만 명이고, 그중 채무 재조정 프로그램을 완료해 신용회복이 된 사람은 13만 명 정도에 지나지 않는다.[3]

---

2 금융 접근성 제고는 국제사회에서 최근 중요성이 강조되고 있는 정책 과제다. 이는 2010년 서울에서 열린 G20 회의에서도 빈곤층과 영세 중소기업의 소득 증가와 함께 나라 경제의 균형발전을 도모할 수 있는 의제로 채택되어 이를 위한 각국의 공조와 국제협력기구 설치 등이 합의되었다.
3 신용회복위원회를 통하지 않고 개인파산 절차를 통해 채무를 탕감받거나 금융

신용불량자 문제에서는 당사자가 금융거래나 취업 등에서 겪는 어려움이 가장 크겠지만, 금융기관 또한 기존 대출 손실뿐 아니라 영업 대상 축소라는 손실을 입는다. 특히 신용불량자 20% 정도가 20대 이하의 청년층으로서, 이들이 정상적인 신용축적과 제도권 금융 이용 기회를 조기에 박탈당하는 것은 당사자뿐 아니라 금융기관에도 큰 손실이 된다.

한편 서민금융기관은 정책 당국의 무관심과 역차별로 더욱더 위축되고 있다. 은행은 IMF 금융위기 이후 기업금융보다는 소매금융에 주력함으로써 주택 담보 대출과 가계 대출 부문에서 서민금융기관의 시장을 계속 잠식해가고 있다. 정책 당국은 신협, 새마을금고, 상호저축은행 등 서민금융기관을 문제만 일으키지 않으면 되는 기관으로 여기고 경쟁력을 키우거나 역할을 확충하기 위한 정책적 지원 또는 개선 조치를 하지 않았다. 이러한 상황에서 서민금융기관은 영세성뿐 아니라 취급 업무의 제약과 지점 설치 제한 등 계속되는 차별 정책으로 은행과의 경쟁에서 더욱 밀리고 있다. 여기에다 상호저축은행에 대해서는 PF 대출을 방조함으로써 소액 대출과 같은 서민금융의 위축을 가져왔을 뿐 아니라 상호저축은행 자체의 건전성마저 위협받게 했다.

마지막으로 이명박 정부가 의욕적으로 추진하고 있는 미소금융[4]도

기관 자체 신용회복 절차 등을 거쳐 신용불량자 지위에서 벗어난 사람도 있다.
4 미소금융은 그동안 민간 부문에서 소규모로 운영되던 마이크로 크레디트(저소득자에 대한 소액 무담보 대출)를 2010년부터 준제도화한 것이다. 재원은 금융기관의 휴면 예금과 기업의 기부금으로 구성되며, 향후 10년간 2조 원 이상의 기금을 조성할 것을 목표로 하고 있다.

부분적인 서민금융 확대 효과는 있지만 금융 접근성 제약 문제의 근본적인 해결과는 거리가 멀고 오히려 역효과를 낼 수 있는 정책이다. 첫째로, 미소금융은 신용불량자를 지원 대상으로 하고 있지 않아 신용불량자의 신용회복이나 재활에는 도움이 되지 않는다. 둘째로, 서민금융기관의 고객층과 미소금융의 지원 대상이 중복되어 서민금융기관의 영업 기반이 더 위축될 수 있다. 미소금융은 기부금 등 무원가성 자금을 재원으로 하고 있어 정상적 예수금에 의존하는 서민금융기관보다 대출금리 면에서 큰 경쟁 우위를 점할 수 있기 때문이다.

결국 서민금융기관은 위에서는 은행과의 경쟁에서 치이고, 아래에서는 미소금융에 밀리는 상황이다. 이러한 서민금융기관의 위축은 신용도가 낮은 계층의 금융 소외 현상을 심화시킬 뿐 아니라 대형 은행의 기업금융과 국제금융의 발전을 저해하는 요인으로도 작용한다. 서민금융기관이 제 역할을 했다면 한국의 은행 모두가 주택 담보 대출과 같은 소매금융에 집중하지는 않았을 것이다. 그리고 대형 은행 중 몇 개는 해외 진출이나 기업금융 쪽으로 발전 방향을 잡았을 것이다.

4
금융산업 발전을 위한 대안 모색

앞서 살펴본 대로 한국의 금융산업이 낙후되고 제 역할을 충분히 하지 못하는 근본 원인은 금융산업에 대한 과보호, 잘못된 규제와 검사, 서민금융의 위축 등 세 가지로 정리해볼 수 있다. 경쟁력이 없고, 국제화가 지지부진하며, 금융 소외계층이 늘어나고, 금융기관의 영업 형태가 다양하지 못하며, 금융 전문 인력이 부족한 것과 같은 문제점은 이러한 세 가지 근본 원인에서 파생된 현상이라 할 수 있다. 따라서 이 세 가지 원인에 대한 처방은 금융산업을 발전시키기 위한 새로운 대안이다. 여기서는 세 가지 대안과 함께, 한국 금융산업의 발전을 위해 꼭 필요하지만 매우 어렵고 위험한 과제인 은행의 해외 진출 방안도 함께 제시해보고자 한다.

금융기관 신규 설립의 단계적 자유화

한국 금융산업의 정상적인 발전을 위해서는 우선 은행 등 금융기관의 신규 설립을 자유화하여 실질적인 경쟁체제를 구축해야 한다. 시장 원리를 중시하며 선진국의 문턱에 와 있는 한국이 은행 등 금융기관의 신규 설립을 제한하는 것은 타당한 논리를 찾기가 매우 어려운 일이다.

은행의 신규 설립을 제한하는 것보다는 오히려 동네 음식점이나 슈퍼와 같은 영세 자영업의 무분별한 설립을 제한하는 것이 더 합리적일 수 있고 나라 경제에 더 도움이 될지 모른다. 이는 영세 자영업자가 수없이 생겼다가 실패하는 과정에서 자원의 낭비가 심하고, 사업에 실패한 자영업자 대부분이 극빈층으로 전락하기 쉽기 때문이다. 은행도 경쟁이 치열해지면 도산하는 경우가 많아지겠지만, 은행이 망했다고 은행의 주주가 극빈층으로까지 전락할 가능성은 크지 않아 보인다. 더욱이 은행은 망하지 않도록 건전성을 감독하고 검사하는 공적인 금융감독 조직이 있고, 은행이 도산했을 때를 대비해 예금자 보호 제도와 같은 안전장치도 구비되어 있다.

한편 은행 등 금융기관의 설립을 자유화하는 것과 함께 설립 요건도 미국이나 유럽 등 선진국 수준으로 완화해야 한다. 한국은 전국적인 영업이 가능한 은행의 설립 자본금이 1,000억 원(지방은행은 250억 원)이다. 이에 비해 미국은 종전 200만 달러(약 22억 원)의 설립 자본금 규제마저 없어졌고, 독일과 영국은 500만 유로(약 75억 원)에 불과하다. 독일이나 영국과 같은 유럽연합 국가는 어느 한 나라에서 은행업 인가를 받으면 27개 유럽연합 회원국 전체에서 제한 없이 지점을 내고 영업을 할 수 있다. 미국이나 유럽 등과 비교해볼 때 조그만 한국에서 은행 설립을 위한 최저 자본금이 1,000억 원이라는 것은 과다하다.

그런데 설립 자유화, 설립 요건의 완화와 같이 당연한 것들도 시행 초기에는 국내 감독 당국이나 금융기관 모두에게 충격적이어서 반발이 크고 적응이 쉽지 않은 것이다.[1] 특히 은행의 경우 몇 안 되는 은행이 은행이라는 이름만으로 공신력을 보장받으면서 손쉽게 영업을 해왔기 때문에 반발이 더욱 클 수밖에 없다. 낯선 이름의 작은 은행이 주변에 생기고 그러다가 망하기도 하면 일반 국민도 당황스러울 수 있다. 따라서 은행 등의 설립 자유화나 설립 요건 완화는 적응을 쉽게 하기 위해 단계적으로 준비 과정을 거쳐 시행하는 것이 바람직하다.

첫 번째 단계는 건전성과 수익성이 양호하고 영업 기반이 오래된 상호저축은행 몇 개를 지역별로 선별해 은행으로 전환하는 것이다.[2] 상호저축은행은 영업 행태가 은행과 큰 차이가 없기 때문에 기존 고객과의 거래 관계 등을 기반으로 큰 어려움 없이 은행 업무를 수행할 수 있을 것이다. 다만 이때 상호저축은행의 설립을 자유화함으로써, 상호저축은

---

[1] 반발이 일어나는 근본 원인은 금융기관 수가 많아지면 감독 당국으로서는 감독이 어려워지고 책임질 일이 많아지며, 금융기관으로서는 경쟁이 심해지기 때문이다.

[2] 산업자본이 소유하고 있는 상호저축은행을 은행으로 전환하는 문제는 금산 분리 원칙과 연계되어 별도의 연구가 필요한 과제다. 따라서 일차적으로 산업자본이 소유하지 않은 상호저축은행을 우선 전환 대상으로 하는 것이 바람직하다.

행의 허가(license)가 특혜가 되지 않게 해야 한다.

두 번째 단계는 첫 번째 단계가 순조롭게 진행되면 재무 건전성 등 일정 조건을 갖춘 상호저축은행은 희망하는 경우 모두 은행으로 전환하는 것이다. 이와 함께 외국 은행이 국내에 현지 법인을 설립하는 것을 자유화하고, 은행을 제외한 보험사나 증권사 등 여타 금융기관의 설립도 자유화한다. 아울러 은행을 비롯한 여타 금융기관의 설립 자본금도 점진적으로 낮춘다.

세 번째 단계에서는 은행 설립을 미국, 유럽 등 선진국 수준으로 자유화하여 금융기관의 법적·제도적 진입 장벽을 완전히 철폐한다.

금융기관 설립이 이처럼 완전히 자유화되더라도 짧은 기간 내에 실제로 여러 금융기관이 신규 설립되고 신규 설립된 금융기관이 성장해나가기는 쉽지 않다. 지명도, 신뢰성, 거래 관계, 지점망 등에서 기존 대형 금융기관이 점한 경쟁 우위가 강한 진입 장벽으로 계속 작용할 것이기 때문이다. 그러나 시간이 지나면서 틈새시장을 찾아 전문화된 금융기관이나 좀 더 혁신적인 금융서비스를 제공하는 금융기관 등이 출현하게 될 것이고, 그러면 금융산업은 훨씬 경쟁적으로 바뀌면서 발전할 수 있을 것이다.

금융기관 설립 자유화가 이루어졌을 때 예상되는 가장 큰 부작용은 과당경쟁으로 금융기관이 도산할 가능성이 커지는 것이다. 소형 금융기관이 가끔 도산하는 것은 과거 상호저축은행, 신협, 보험사 등이 도산했을 당시 사례를 볼 때 나라 경제에 별다른 문제가 되지 않는다. 그러나 아래로부터의 경쟁에 밀린 대형 금융기관이 도산하거나 소형 금융기관이 일시에 많은 수가 도산한다면 심각한 문제가 될 수 있다. 이는 금융기관 설립 자유화와 함께 개별 금융기관의 건전성을 책임지는 감독 당국과 전체 금융시스템의 안정성을 감시하는 중앙은행의 책무가 더 막중해진다는 것을 의미한다. 결국 감독 당국과 중앙은행이 제 역할을 잘해야만 금융기관 설립 자유화의 성과가 제대로 나타나고 금융산업도 발전할 수 있다.

업무 규제는 완화, 건전성 규제는 강화

금융기관 업무에 대한 사전 규제는 되도록 완화하여 금융기관의 창의성과 자율성을 높이고, 이를 통해 금융기관의 경쟁력을 강화해야 한다. 그러나 금융기관의 자본, 자산, 유동성 등에 대한 건전성 규제와 회계기준은 더욱 강화해 금융기관의 부실화 가능성을 최소화해야 한다. 이에 관해 자세히 살펴보면 다음과 같다.

첫째, 업무에 대한 사전 규제를 완화하려면「은행법」등 금융 관련법의 체계 개편이 이루어져야 한다. 현행「은행법」체계는 법에 허용된 업무만을 취급할 수 있는 포지티브(positive) 규제 방식이다. 이를 선진국에서 주로 사용하는 규제 방식인, 금지된 업무 이외에는 모든 업무 취급이 가능한 네거티브(negative) 규제 방식으로 개편[3]해야 사전 규제 문

---

3 2000년대 중반 정부 일각에서「은행법」을 네거티브 규제체계(예외 금지, 원칙

제가 근본적으로 해결될 수 있다.

이처럼 법체계를 완전히 바꾸는 작업은 감독 당국과 금융기관 모두에게 많은 업무 변화를 요구하는 과제이므로 충분한 사전 준비 과정을 거쳐야 한다. 그리고 새로운 법체계를 갖추기 전까지는 법에 허용되는 부수 업무의 범위를 포괄적으로 해석해주거나 사전 신고 또는 인가 제도를 신축적으로 운영함으로써 금융기관의 새로운 업무나 상품 개발에 대한 제약을 조금씩이나마 줄여주어야 한다.

둘째, 건전성 감독기준과 회계기준은, 조금 어렵더라도 선진국과 보조를 맞춰 국제기준을 국내 금융기관에 바로 적용해야 한다. 국제기준을 늦게 적용하면 국내 금융기관이 쉽게 영업할 수 있는 기간을 늘릴 수는 있겠지만, 국제 금융시장에서의 신인도 저하에 따른 손실이 클 수 있기 때문이다.

한편 외화 유동성과 같은 외환 부문의 건전성에 대해서는 선진국보다 훨씬 강화된 기준으로 규제해야 한다.[4] 한국은 실물·금융 양면에서 개방도가 매우 높은 데다 원화의 국제적인 통용성이 없어 국내 금융기관이 국제금융 환경 변화에 따른 충격에 취약하기 때문이다.

허용)로 변경하려는 논의가 있었으나 추진 의지 부족 등으로 유야무야되었다.

4 외화 유동성 관리에는 일반적으로 외화 차입금, 외화 예금 등 외화 부채와 외화 대출, 외화 증권 등 외화 자산을 잔여 만기별로 매치하는 방식을 사용한다. 이러한 만기 일치와 함께 국내 금융기관의 외화 대출은 차입자가 국내 기업과 개인 사업자 등 국내 거주자인 경우 외화 자산으로 인정하는 범위를 대폭 축소해야 한다. 거주자에 대한 외화 대출은 외환시장 상황이 좋지 않을 때 외화 자산으로서 제 역할을 하지 못하기 때문이다. 자세한 내용은 116쪽 각주 8을 참조할 것.

셋째, 감독 당국의 금융기관 검사 방식도 법규 위반 적발 검사에서 위험 중시, 건전성 중시 검사로 실질적으로 전환해야 한다. 한국의 기존 검사는 통상 부실화된 대출을 주 대상으로 하며, 검사 방식도 법규 위반 여부나 내부 심사 절차 준수 여부, 적정 담보 징구 여부 등을 살펴 위반자를 적발하고 제재하는 것이 주된 방식이었다. 그러나 좀 더 선진화된 위험 중시 검사는 대출의 향후 부실화 가능성을 평가하고 이에 대한 적정 충당금 설정 여부, 대출 시 위험 요소에 대한 적정 평가 여부, 내부 통제 시스템의 문제점 등에 대해 검사하고 잘못을 시정하도록 조치하는 것이다.[5] 그리고 이러한 검사를 통해, 은행의 충당금이나 자본금이 부족하거나 부족할 가능성이 있을 때 자본금 확충 등을 지시하는 것이 건전성 검사의 핵심이다.

금융기관 설립의 자유화와 함께 금융 규제와 검사 방식이 전환되면 감독 당국의 성격과 위상도 대폭 변하는 부수적 효과도 기대할 수 있다. 감독 당국은, 권한이 많고 힘도 세며 공부하지 않아도 되는 조직에서, 권한은 적어지고 책임질 일이 많아지며 공부하지 않으면 살아남기 어려운 조직으로 바뀔 것이다. 그러면 금융감독권을 서로 차지하려는 조직 이기주의도 조금은 줄어들 것이다.

한국에서 금융감독권은 금융위원회와 금융감독원이 업무의 중요도

---

[5] 상호저축은행에 대해 위험 중시 검사가 제대로 이루어졌다면, 늦어도 2008년부터는 PF 대출에 대한 충분한 충당금 설정 등을 통해 부실 상호저축은행 정리가 시작되었어야 한다. 상호저축은행 PF 대출의 위험성과 문제점은 2000년대 중반부터 충분히 예견된 상황이기 때문이다.

에 따라 나누어 가진다. 공무원 조직인 금융위원회는 법령 및 규정의 제·개정, 금융기관 인가와 제재 등의 중요 업무를 담당하고, 공법인 형태인 금융감독원은 검사, 경영 실태 분석 등의 좀 더 실무적인 업무를 담당한다. 은행, 증권, 보험, 자본시장 등 업종별 또는 영역별로 감독권이 분리된 나라는 있어도 한국처럼 같은 업무를 중요도에 따라 별개의 조직에서 담당하는 나라는 찾기 어렵다. 이처럼 금융감독 조직이 이원화[6]된 것은 조직 이기주의의 결과로, 금융산업의 발전을 저해하는 요인의 하나다. 이른 시일 안에 단일 조직으로 개편해야 한다.

서민금융기관 육성 모델 구축

서민금융기관의 활성화는 다음 세 가지 방향에서 접근해야 한다. 첫째, 이명박 정부에서 의욕적으로 추진하는 미소금융을 어떻게 자리매김할 것인지, 둘째, 법적으로 서민금융기관일 뿐 서민금융기관으로서 제 역할을 하지 못하는 상호저축은행을 어떻게 할 것인지, 셋째, 신협과 새마을금고를 제대로 된 서민금융기관으로 발전시킬 방안은 무엇인지가 그것이다.

---

6 1998년 통합 금융감독원이 설립될 당시의 금융위원회(금감위)는 30명 정도의 소규모 조직이었으나, 이후 계속 규모가 커져 이명박 정부 출범과 함께 일반 정부 부처와 비슷한 형태가 되었다. 그리고 양 기관의 수장도 분리되어 기관 간 대립과 책임 회피 등의 문제가 더 커지고 있다.

첫째, 미소금융은 신용도가 낮아 제도권 금융기관의 접근이 어려운 저소득층이나 영세 자영업자에게 자금융통 기회를 줄 수 있다는 점에서 긍정적인 역할을 한다. 특히 휴면 예금과 금융기관 및 대기업의 기부금을 재원으로 하여 시중금리보다 2~3% 포인트 낮은 금리를 적용하고 있어, 수혜자에게 큰 혜택이다. 그러나 무원가성 자금을 재원으로 하는 미소금융이 계속 확대되면 신협이나 새마을금고 등의 기존 서민금융기관은 위축될 수밖에 없고, 이는 나라 경제 전체의 손실을 불러와 미소금융의 긍정적 효과를 상쇄할 수 있다.

서민금융도 기본적으로 자금 조달 및 운용이 시장 원리에 따라 작동되어야 지속적으로 발전해갈 수 있다. 이는 기부금으로 운영되는 미소금융재단이 정상적인 자금 조달로 운영되는 신협이나 새마을금고 등을 완전히 대체할 수 없다는 것을 의미한다. 따라서 미소금융의 수혜 대상자가 서민금융기관의 고객과 되도록 중첩되지 않게 운용할 필요가 있다. 이를 위해 미소금융은 정상적인 금융거래 가능자보다는 공적 부조가 필요한 계층을 주된 지원 대상으로 삼아야 한다. 즉, 장애인 가족의 생업 자금, 신용회복 의지가 있는 신용불량자(금융채무불이행자)의 자활 자금,[7] 사회적 기업에 대한 출자 또는 대출 등을 우선하여 지원하는 것

---

[7] 2002~2003년 신용카드 사태가 발생해 신용불량자가 급증한 것은 일차적으로 신용카드를 잘못 사용한 개인의 탓이 크지만, 금융기관의 무분별한 신용카드 발행과 정부의 신용카드 확대 정책 및 감독 부실 등의 책임도 크다. 그러므로 휴면예금, 금융기관 기부금이 주된 재원인 미소금융의 수혜자에 신용불량자도 포함해야 한다.

이 바람직하다.

둘째, 상호저축은행이 서민금융기관으로서 제 역할을 하지 못하고 있는 것은 어찌 보면 현행 제도상 당연한 결과다. 서민금융은 소액 거래 중심이라 취급 비용이 많이 들고, 차입자의 신용도가 낮아 위험 부담이 클 수밖에 없다.[8] 그런데 상호저축은행은 일반 은행과 비교해 혜택은 없으면서 취급 업무의 범위나 지점 설치 등에서 제약만 있어 서민금융에 주력할 유인이 적은 것이다. 또한 상호저축은행은 신협이나 새마을금고와 달리 예금에 대한 세제 혜택이 없어 고금리를 제공해야만 예금을 유치할 수 있다. 여기에다 대형 은행들이 주택 담보 대출 등 소매금융에 주력하면서 상호저축은행의 입지는 더욱 좁아질 수밖에 없다. 따라서 상호저축은행은 PF 대출과 같은 고위험·고수익 대출에 주력하는 비정상적인 금융기관이 되었고, 감독 당국은 이를 방조해왔다.

앞으로 서민금융으로서 기능하지 못하는 상호저축은행 제도를 은행 설립이 자유화되는 시점에 맞춰 폐지하고, 기존 상호저축은행은 건전성 확보 등 준비 기간을 거쳐 은행으로 전환하는 것이 적절한 대안이다.[9] 그리고 부동산 분야에서 경쟁력을 갖춘 상호저축은행은 부동산 금융 전문 은행으로 발전시키는 방안도 고려해볼 필요가 있다.

셋째, 신협이나 새마을금고[10]가 서민금융기관으로서 본연의 역할을

---

8 한국의 서민금융은 차입자의 신용도가 낮을 뿐 아니라 영업 구역 제한 등으로 소액 대출의 분산 효과도 크지 않아 많은 위험이 따른다.
9 이에 대해 문제만 많이 일으킨 상호저축은행에 과도한 특혜를 주는 것은 아니냐는 의견이 있을 수 있다. 그러나 은행 설립이 자유화되면 그것은 특혜가 아니다.

제대로 할 수 있게 하려면 어떻게 해야 하는가? 물론 현재 상황에서 이는 쉽지 않아 보인다. 서민금융은 취급 비용과 위험성 면에서 상대적으로 불리할 뿐 아니라, 서민금융기관 자체가 영세하여 경쟁력을 확보하기 어렵기 때문이다. 그러나 정책 당국의 관심과 지원이 있고 서민금융기관 종사자의 사명감이 있다면 불가능한 것도 아니다.

우선 신협이나 새마을금고 등 서민금융기관이 예금을 받아 대출 등으로 자금을 운용하는 금융기관으로서 경쟁력을 갖추고 시장에서 살아남아야 한다. 이를 위해 신협과 새마을금고의 예금과 출자금에 대한 세제 혜택은 최소한 현재 수준에서 상당 기간 유지되어야 한다. 그리고 서민금융기관의 업무 제한을 철폐해 은행이 취급하는 모든 업무를 취급할 수 있게 해야 한다. 규모가 영세하다고 취급 업무의 범위를 사전적으로 제한하는 것은 합리적이지 못하다. 그것은 나라가 작다고 미리 어떤 산업이나 스포츠를 못하게 하는 것과 다를 것이 없다. 능력이 안되는 업무는 금융기관 스스로 취급하지 않을 것이고, 관련 업무에 필요한 서비스를 충분히 제공하지 못하면 고객이 이용하지 않으면 되기 때문이다.

다음으로, 신협과 새마을금고의 발전 모델을 찾는 일도 중요하다. 여기에 독일의 신용협동조합은행은 좋은 사례가 될 수 있다. 독일 신용협동조합은행은 2008년을 기준으로 중앙회, 단위신협, 자회사 등을 포함한 은행 수가 약 1,200개로 독일 전체 은행 수의 절반이 넘고, 조합원 수

---

10 농협의 상호금융 취급 기관인 지역조합도 신협, 새마을금고와 성격이 비슷하지만, 농민 단체라는 점에서 차이가 있다. 따라서 농협을 중심으로 유사한 해결 방안을 찾아야 할 것이다.

는 약 1,600만 명으로 경제활동인구의 40% 정도를 차지하며, 자산 규모는 약 9,500억 유로로 독일 은행산업[11]의 16% 정도를 점한다(한국은행 프랑크푸르트 사무소, 2009. 4. 참조). 더욱이 신협중앙회인 DZ방크는 도이체방크, 코메르츠방크 등에 이어 독일 내 자산 규모 5위의 은행이다.

물론 독일에서 신용협동조합은행이 발전한 것은 제도적·문화적·역사적 요인이 결합된 결과로서 한국이 그대로 따라가기 어려운 점이 많다.[12] 그러나 단위조합과 중앙회의 법적 형태, 지배구조, 업무 분담 및 영업 전략, 검사 및 감독 시스템, 구조조정 과정 등은 신협과 새마을금고의 발전 모델을 구축하는 데 큰 도움이 될 것이다(참고 3-1 참조).

금융기관의 해외 진출 방안

국내 금융기관의 해외 진출은 우물 안 개구리에서 벗어나 국제경쟁력을 갖춘 금융기관으로 성장하는 데 필수적이다. 해외 진출을 통한 국제화는 금융기관이 국내시장의 한계를 넘어 새로운 성장동력을 찾을 수 있

---

11 독일은 종합금융시스템(universal banking system)을 채택하고 있다. 이에 따라 독일의 은행은 보험업을 제외한 상업은행 업무, 투자은행 업무, 신용카드 업무, 자산운용 업무 등 금융과 관련된 거의 모든 업무를 다룰 수 있다. 신용협동조합은 단위조합이나 중앙회 모두 독립된 은행의 역할을 한다.
12 독일식 발전 모델에 반대하는 의견도 있을 수 있다. 협동조합은행의 상호부조 성격을 강조하는 조합정형론자라면 신협이나 새마을금고가 대형 금융그룹의 일부가 되기보다는 작은 공동체로 지속하면서 발전하기를 바랄 수 있는 것이다.

을 뿐 아니라, 위험을 해외로 분산함으로써 위기에도 살아남을 수 있는 시스템을 구축할 수 있기 때문이다.[13]

그러나 금융산업은 사람과 사람이 접하는 서비스산업일 뿐 아니라 전문화된 인력이 많이 필요하기 때문에, 금융산업의 해외 영업은 제조업의 그것보다 훨씬 더 어렵다. 또한 금융산업 자체가 위험한 데다, 해외 영업은 현지 정보 부족, 세계 유수 은행과의 경쟁 등으로 더 위험할 수밖에 없다. 따라서 금융기관의 해외 진출은 금융산업의 발전을 위해 꼭 필요하나 매우 어렵고 위험하기 때문에 다음과 같은 방향에서 많은 준비를 하고 추진해야 한다. 그리고 필요하다면 정책 당국의 지원과 적절한 교통정리가 있어야 한다. 대형 금융기관이 대규모 해외 진출을 추진하다가 실패하면 해당 금융기관은 물론이고 나라 경제에도 큰 짐이 되기 때문이다.

첫째는 금융기관의 조직체계와 지배구조를 해외 영업 조직의 손실을 차단할 수 있는 구조로 전환하는 것이다. 예를 들어 금융지주회사 내에 해외 영업 조직을 총괄하는 중간지주회사를 만들어 각 해외 영업 조직을 중간지주회사의 자회사로 운영하는 방식이다. 그리고 필요하다면 유럽, 미주, 아시아 등과 같이 지역별로 중간지주회사를 만들 수도 있다. 이와 함께 감독 당국은 금융기관의 해외 진출 시 해외 영업 조직의 손실

---

[13] 한 국가의 경제 상황이 항상 좋을 수는 없다. 2009~2010년 남유럽 국가에 재정 위기가 발생했을 때 스페인의 산탄데르 은행과 그리스의 내셔널뱅크오브그리스는 국제화가 잘 이루어져 있었던 덕분에, 자국 경제의 심각한 어려움에도 불구하고 나쁘지 않은 성과를 낼 수 있었다.

을 국내의 모기관이 부담하는 범위와 조건을 반드시 검토해 그것이 적정한 경우에만 해외 진출을 승인해야 한다.

둘째는 한국의 금융기관이 상대적으로 잘할 수 있는 업무에 초점을 맞춰 경쟁 우위가 있는 지역에 우선 진출하는 것이다. 미국이나 유럽 등 외국에 나가 계좌 개설, 신용카드, 인터넷 뱅킹 등 소매금융 업무를 접해본 사람은 그러한 업무를 한국의 은행보다 빠르고 편하게 처리해주는 은행을 찾기 어렵다는 것을 잘 알 것이다. 이는 우리 국민의 까다롭고 급한 성격과 IT 기술이 접목된 결과일 것이다. 그리고 어쩌면 한국 금융산업의 유일한 경쟁력일지 모른다. 국내 대형 은행이 동남아 등 개발도상국에 우수한 정보통신 기술과 연계해 진출한다면, 경쟁력이 있고 타 산업으로의 파급 효과도 클 것이다.

정책 당국은 진출 대상국의 금융 환경에 대한 조사, 현지 해당 정책당국과의 협조 등 기본적인 지원 업무 외에 특정 지역이나 국가에 한국의 금융기관이 집중되어 과당경쟁을 벌이는 것을 막아야 한다. 국내에서 은행의 신규 설립을 제한하는 것보다는 베트남, 캄보디아, 중국의 특정 지역 등에 한국의 여러 은행이 몰리지 않도록 미리 조정하는 것이 금융산업 발전이나 나라 경제 전체에 더 이익이 되는 일이다.

셋째는 미국, 유럽 등 선진국에 진출한 한국 금융기관이 한국 기업 및 교포와의 금융거래나 한국물[14]에 대한 투자 등에서 벗어나 영업 범

---

14 한국물이란 한국계 공공기관이나 기업(포스코, 한국전력, 현대자동차 등)이 해외에서 발행한 증권을 가리킨다.

위를 확대해가는 것이다. 미국과 유럽의 현지에 있는 동남아 국가의 기업이나 국민이 일차적인 영업 확대 대상이 될 수 있다. 특히 동남아 국가의 금융기관이 유럽, 미국 등 현지에 없고, 한국의 금융기관이 동남아 국가에 네트워크를 가지고 있다면 더욱 경쟁력이 있다. 또한 이러한 방식의 영업 확대는 한국 금융기관의 동남아 국가 진출과도 맞물려 시너지 효과를 낼 수 있다.

넷째는 한국 금융기관이 투자은행이나 프라이빗 뱅킹 등에 특화된 선진국의 중소형 은행 또는 대형 금융그룹의 사업 부문을 인수하는 것이다. 이때 자산보다는 전문 인력과 영업망의 인수에 중점을 두어야 한다. 2008년 일본의 노무라증권이 리먼브러더스의 유럽과 아시아 사업부를 인수할 때 자산은 인수하지 않고 인력(희망 직원 전원)[15]만을 인수한 것이 좋은 사례다. 당시 리먼브러더스의 자산이 얼마나 부실한지 알 수 없는 상태였던 데다, 금융산업은 금융 전문 인력이 만들어가는 서비스산업이기 때문이다. 분명 선진국의 금융기관을 인수해 잘 운영하는 것은 쉬운 일이 아니다. 하지만 그것은 한국 금융기관의 지명도를 높이고, 금융 전문 인력을 확보하며, 금융기법을 발전시키기 위해 꼭 필요한 과제다.

---

15 노무라증권이 유능한 직원만을 선별하지 않고 전원을 인수한 것은, 유능한 직원을 선별하기도 쉽지 않았지만, 일부 직원만 인수할 경우 유능한 직원이 다른 곳으로 스카우트되어 나가고 필요하지 않은 직원만 인수하는 역선택이 발생할 수 있기 때문이었다.

참고 3-1 독일 신용협동조합은행

독일 신용협동조합은행은 단위신협과 그 상위 조직인 신협중앙회로 이루어지며 종합금융서비스를 제공하기 위해 자산운용사, 생명보험사, 리스사, 부동산 전문 은행 등을 자회사로 보유하고 있다. 또한 이익 대변, 감사 등을 담당하는 연합회 조직을 별도로 운영하고 있다.

그중 단위신협은 협동조합법에 따라 설립·운영되는 협동조합인 동시에 은행법에 따라 감독 당국의 허가를 받아 은행 업무를 영위하는 일반 은행이다. 단위신협의 종류로는 지역상공업자 단위신협(Volks bank), 지역농민 단위신협(Reiffeisen bank)과 함께 철도 역무원, 의료 종사자, 체신 공무원 등 다양한 직종의 단위신협이 있다.

주 업무는 지역의 중소기업 및 가계 등을 대상으로 여신과 수신, 지로, 증권, 신용카드 등의 소매금융과 함께 관계 회사의 보험, 펀드, 모기지 대출 등의 서비스도 대리 판매한다. 자금 조달은 가계와 기업의 예금이 80%, 채권 발행 5% 정도이고, 자금 운용은 가계 대출 35%, 기업 대출 35% 정도로 이루어진다. 자금 여유와 자금 부족은 신협중앙회와 거래하여 조정한다.

신협중앙회는 단위신협의 상위 기구로서 단위신협의 지급결제, 유동성 관리 등을 지원하고, 일반 은행으로서 은행 업무도 취급한다. 은행 업무로는 대기업을 대상으로 한 기업금융, 투자금융, 국제금융 등을 주로 하며, 가계 대상 소매금융은 거의 취급하지 않는다. 즉, 신협중앙회의 업무는 단위신협과 거의 중복되지 않는다. 자금 조달은 80%가 금융기관 차입이며, 자금 운용은 70%가 금융기관 대출, 27%가 기업 대출이다.

2011년 현재 신협중앙회는 DZ방크와 WGZ방크 두 개가 있으며, 두 개의 신협중앙회가 합병을 논의 중이다. 신협중앙회의 지분은 대부분 단위신협이 보유하며, 자산운용사, 모기지 회사, 생명보험사 등 관계 자회사의 지분은 대부분 신협중앙회가 보유한다.

신용협동조합은행의 연합회는 의회나 행정부 등에 대해 회원(단위신협, 중앙회)의 이익을 대변하거나 보호하는 기능을 하는 동시에 회원에 대한 연수 및 자문 등의 서비스도 제공한다. 이에 더해 단위신협 및 신협중앙회가 납부하는 예금자 보호기금도 관리한다. 또한 전국연합회 내에 9개의 지방감사연합회를 두어 단위신협에 대한 감사 업무를 수행한다.

제4장

두 번의 금융위기는 우리에게 무엇을 남겼나

/

금융위기의 이해
1997년 IMF 금융위기 이후의 변화
2008년 세계 금융위기의 영향과 향후 과제

"
금융위기는 앞으로 또 발생할 것이다. 한국에서 발생할 수도 있고 주변 국가의 금융위기가 한국에 영향을 줄 수도 있다. 그러나 다음 금융위기는 한국의 경제구조가 크게 개선되지 않는 한 2008년 위기보다 훨씬 더 극복하기 어려울 것이다. 양극화, 부동산 문제, 금융시장의 과도한 개방 등의 문제점이 전혀 개선되지 못하고 있는 데다 재정과 가계의 건전성 악화가 새로운 위험 요인으로 등장하고 있기 때문이다.
"

1
금융위기의 이해

두 번의 금융위기

한국은 1997년 흔히 IMF 사태라고 부르는 혹심한 금융위기를 겪고 나서 10년이 지난 2008년에는 조금 다른 성격의 금융위기를 또 겪었다. 1997년의 위기는 외환위기와 은행위기가 복합된 금융위기로서, 경제의 6·25사변이라 부를 정도로 국민경제에 미치는 충격이 컸다. 이에 비해 2008년의 위기는 2007년 촉발된 미국의 서브프라임 모기지 사태가 세계 금융위기로 번지면서 한국 경제의 취약한 부분에 영향을 준 것이었다. 즉, 1997년의 위기는 우리가 잘못해서 우리 집에 큰불을 낸 것이라면, 2008년의 위기는 동네에서 가장 큰 집에 불이 나 불이 동네 전체로 번져 우리 집까지 손해를 본 것이라고 볼 수도 있다.

1997년에 발생한 금융위기는 다른 금융위기와 마찬가지로 여러 가지 위험 요인이 장기간 축적되었다가 일시에 분출된 것이다. 그전까지

기업은 오랜 개발시대의 관성에 따라 외형 위주의 확장 경영에 주력해 왔고, 무리한 차입을 바탕으로 한 과다 투자로 재무구조와 현금 흐름이 크게 악화되었다. 분식회계가 관행화되어 기업의 정확한 실상을 파악하기도 어려웠다. 은행은 대출 기준으로 사업성과 수익성보다는 기업의 크기나 권력과의 관계 등을 중시했다. 그리고 은행이 부실화되어도 정부가 어떻게 해주겠지 하는 생각이 국민은 물론 은행 경영층에게까지 일반화되어 있어 위험관리라는 개념이 거의 없었다.

이러한 미시적 문제점 외에 물가, 경상수지, 환율 등 거시경제의 불균형도 심각했다. 1990년대 중반 경상수지는 적자 폭이 계속 확대되어, 1996년에는 적자 규모가 230억 달러로 GDP의 4.1%에 달했다. 여기에다 소비자물가도 연 5% 내외의 상승세를 지속하여 경제 기초여건상 원화 절하가 불가피한 상황이었으나, 환율은 비정상적으로 안정세를 유지했다.[1]

한국 경제는 기업과 금융 부문이 극도로 취약해진 데다 거시경제의 불균형이 장기화되어 외부의 작은 충격에도 쉽게 무너질 수 있는 구조였다. 1997년 들어 한보, 삼미, 해태, 기아자동차 등의 대기업이 연쇄 도산했다. 여기에다 동남아 국가의 금융위기, 국제신용평가기관의 한국 금융기관과 국가에 대한 신용등급 하향 조정 등이 이어지면서 금융위기 상황으로 빠져들었다.

---

[1] 1997년의 금융위기는 원화 가치의 고평가가 한 원인이었다면, 2008년의 위기 때는 원화 가치의 저평가가 위기의 고통을 키웠다.

금융기관은 신규 차입은 물론 만기 연장까지 불가능해진 데다 가용 외환 보유액이 1997년 10월 말 223억 달러에서 11월 말 73억 달러로 줄어들어 대외 결제불능 위기에 처했다. 이에 따라 환율은 급등하고 금융기관의 부실화로 금융의 자금 중개 기능도 마비된 상황이 되었다. 결국 정부는 1997년 11월 21일 IMF에 긴급 자금 지원을 요청했고, 12월 14일에 IMF는 IBRD 등 국제기구 그리고 미국, 일본 등과 함께 한국에 570억 달러의 자금을 지원하기로 결정했다. 이것이 이른바 IMF 사태의 시작이었다.

2008년 세계 금융위기는 세계 최대의 경제 대국이자 금융이 가장 발달했다는 미국에서 시작되었다. 2007년 초부터 미국의 비우량 주택 담보 대출인 서브프라임 모기지의 채무불이행이 급증하면서 중소형 은행과 모기지 전문 금융기관, 관련 헤지펀드 등으로 부실이 확산되었다.[2] 2008년 들어 미국의 투자은행인 베어스턴스와 리먼브라더스 등이 도산했고, 시티 등 주요 상업은행과 AIG와 같은 초대형 보험사까지 부실화되었다. 영국의 노던록(Northern Rock), RBS, 독일의 코메르츠방크와 IKB(독일 기업은행), 여러 주립 은행 등 주요 선진국의 많은 은행도 도산하거나 부실화되었다.

---

2 2007년 중반까지만 해도 경제전문가들은 대부분 서브프라임 모기지 사태가 2008년과 같은 세계적인 금융위기로 번질 것이라고는 예상하지 못했다. 당시 일부 비관론자들이 최악의 상황을 예측하기도 했지만, 그것은 크게 주목받지 못했다. 비관론자들은 항상 비관적인 예측을 해왔고, 그러한 예측은 실현되지 않은 경우가 훨씬 더 많았기 때문이다.

이와 함께 세계 모든 나라의 주식시장이 폭락하고 국제금융시장에서 신용경색이 확산되어 시장금리는 급등하고 정상적인 자금 조달이 점점 어려워졌다. 실물경기도 각국의 소비 위축, 투자 부진과 함께 세계 교역이 급감하여 미국, 유럽, 일본, 중국 등 세계 주요 국가에서 마이너스 성장률을 기록하고 실업률이 급증했다. 1929년 대공황 이래 세계 최대의 금융·경제위기였다.

2008년 세계 금융위기의 원인으로는 글로벌 불균형 지속에 따른 국제적인 과잉 유동성 창출, 장기간 저금리에 따른 자산 버블 형성, 투자은행과 파생금융상품에 대한 감독 실패, 금융기관의 단기 성과주의와 위험관리 실패, 신용평가기관의 도덕적 해이, 분배구조의 악화[3] 등 여러 가지가 지적된다. 좀 더 단순하게 보면, 위험하고 불안정한 부동산 시장의 버블이 위기의 주된 원인이 되었으며, 이것이 미국의 투자은행과 헤지펀드 등을 통해 전 세계 여러 부문에 퍼져 축적되어 있다가 터진 것으로 볼 수 있다.

다행히 한국은 1997년 위기 이후 금융 및 기업의 구조조정으로 금융 및 기업 부문의 건전성이 개선되었고, 외환 보유액이 2007년 말 2,600억 달러를 상회했으며, 거시경제도 2000년대 중반부터 2007년까지 성장률, 물가, 경상수지 등이 모두 양호했다. 또한 한국 금융기관은 국제화가 덜 된 덕에 서브프라임 모기지 관련 금융상품에 대한 투자가 적었

---

3 소득이 상위 계층에 집중되어 중산층이 소비 등을 위해 차입에 과다하게 의존하게 된 것이 1929년 대공황과 2008년 세계 금융위기의 근본 원인이라고 보는 학자도 있다(라이시, 2011).

다. 이러한 경제 여건 때문에 한국은, 세계 금융위기 과정에서 많은 어려움은 있었지만, 상대적으로 빠르게 성장과 경상수지 등이 정상화되었다. 세계 금융위기와 한국의 금융 불안은 2009년 후반부터 진정되고 있지만, 아직 곳곳에 금융위기의 여파가 많이 남아 있다. 특히 금융위기를 극복하는 과정에서 대부분 국가의 재정 상황이 악화되어 그리스와 포르투갈, 아일랜드 등 일부 유럽 국가가 겪고 있는 재정위기가 다른 나라로 전염될 가능성이 있다는 것이 잠재적 위험 요인의 하나다.

금융위기는 과거에도 있었고, 앞으로도 계속될 것이다. 그러므로 그것을 피할 수는 없더라도 그것이 발생했을 때 피해를 최소화하기 위해 금융위기를 좀 더 자세히 알아볼 필요가 있다.

외환위기, 은행위기 그리고 금융위기

우리는 두 번의 금융위기를 겪으면서 외환위기, 은행위기, 금융위기 또는 시스템 리스크 등과 같은 용어에 어느 정도 익숙해져 있다. 하지만 이러한 개념에 대한 종합적인 이해는 다소 부족한 편이다.

외환위기는 경제 기초여건 악화, 외부 충격, 시장참가자의 급격한 행태 변화 등으로 자본의 대규모 유출과 함께 외화의 신규 조달이 어려워지면서 시작된다. 외환위기는 이러한 외환시장의 수급 불균형이 심화되면서 환율 급등이나 고정환율제의 붕괴를 불러오고, 나아가 외환 보유액의 고갈과 대외 채무 지급불능 상태로 이어진다. 또한 외환위기는 주식과 채권시장의 불안, 금융기관의 경영 악화에 이어 물가 상승, 생산 위축, 실업 증가 등 실물경제의 심각한 침체를 초래한다.

외환위기는 선진국에서도 나타날 수 있지만 주로 개발도상국에서 많이 발생한다. 멕시코, 아르헨티나, 브라질 등 중남미 국가는 1990년대까지 외환위기를 달고 살다시피 했으며, 1997년에는 한국을 포함 태국, 인도네시아, 말레이시아 등 아시아 국가가 외환위기를 맞았다. 2000년대에 들어서는 헝가리, 루마니아 등 동유럽 국가도 외환위기를 겪었다.

은행위기는 은행 등 금융기관의 부실화와 유동성 부족 등으로 금융의 자금 중개 기능이 크게 훼손되면서 나타난다. 자금 중개 기능의 훼손은 신용경색과 시장금리 급등 등을 초래하고, 나아가 주가 폭락, 기업 연쇄 도산, 실업 증가 등 경제 전반에 심각한 부정적인 영향을 미친다. 외환위기와는 달리 은행위기는 선진국, 후진국 모두에서 발생하고 있다. 1980년대 초 미국의 저축대부조합 및 은행 도산 사태, 1990년대 초 스웨덴, 노르웨이, 핀란드 등 북유럽 국가의 은행위기, 2007~2008년 미국의 서브프라임 모기지 사태에 따른 금융기관 도산 사태가 선진국의 대표적인 은행위기 사례다.

그런데 미국의 서브프라임 모기지 사태는 세계 금융위기로 확산되면서 위기의 성격이 복잡하게 변했다. 영국, 아일랜드 등 부동산 거품이 컸고 금융 부문 비중이 큰 나라는 미국과 비슷한 정도의 심각한 은행위기를 겪었다. 서브프라임 모기지 관련 금융상품에 많이 투자했던 독일, 프랑스, 벨기에, 네덜란드 등도 은행 부문에서 큰 어려움이 있었다.

반면 한국이나 동유럽, 터키 등의 국가에서는 선진국 금융기관의 부실화에 따른 신용경색과 부채 축소(deleveraging, 디레버리징)가 자본 유출과 신규 차입 곤란 등의 충격으로 나타났다. 이 때문에 이러한 국가는 외화 유동성 부족이나 환율 급등과 같은 외환위기 상황에 빠져들었다. 즉, 2008년 세계 금융위기는 미국 그리고 영국 등 서유럽 국가의 은행위기와 이에 따른 주변 국가의 외환위기가 복합된 형태를 나타낸 것이다.[4] 이때 선진국의 은행위기는 상업은행보다는 증권회사 성격의 투자은행에서 촉발되었고, 주변 국가의 외환위기는 자국의 경제 기초여건보다는 선진국 금융기관과의 거래 관계 등 금융 개방도에서 더 많은 영향을 받았다.

시스템 리스크는 개별 금융기관의 도산과 은행위기를 구별할 수 있다면 쉽게 이해할 수 있다. 개별 금융기관의 부실화가 잘 관리되거나 규모가 작아 해당 금융기관의 도산 정도로 끝나고 시장 전체의 자금 중개 기능이 크게 위축되지 않는다면, 이는 시스템 리스크가 없는 것이며 은행위기도 아닌 것이다. 즉, 개별 금융기관의 도산이 금융시스템 전체의 불안으로 이어지지 않는다면, 이는 자본주의 경제에서 항상 일어나는 시장의 선택 과정이 정상적으로 작동하는 것으로 볼 수 있다. 다만 현실적으로 위기 발생 초기에는 시스템 리스크가 있는지, 개별 금융기관의 문제인지를 판단하기가 쉽지 않다는 것이 문제다.

그리고 금융시스템은 외환 및 주식시장 등의 금융시장, 은행 및 증권

---

4 아이슬란드는 과도하게 비대해진 금융 부문의 부실이 컸고, 자국 통화의 교환성이 떨어져 2008년 세계 금융위기 시 은행위기와 외환위기를 동시에 겪었다.

그림 4-1 **금융시스템의 구조**

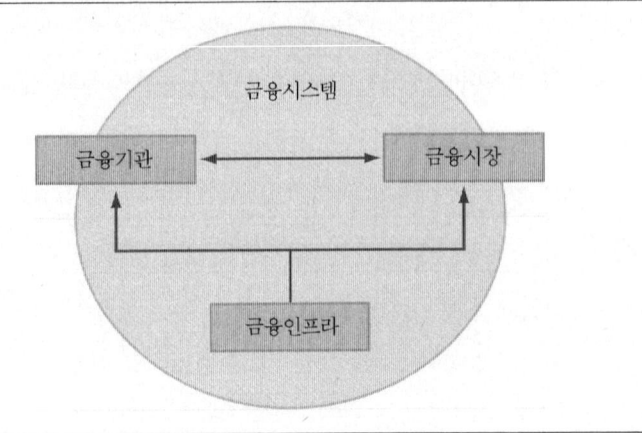

사 등의 금융기관, 각종 금융 관련 제도 및 지급결제시스템과 같은 금융인프라로 구성된 추상적이고 포괄적인 개념이다(그림 4-1 참조). 따라서 금융위기는 금융시스템에서 발생한 위기로서, 외환위기와 은행위기를 포괄하는 개념이다. 결국 외환위기는 외환시장에서 발생한 금융위기이며, 은행위기는 은행으로 대표되는 금융기관에서 발생한 금융위기인 셈이다.

금융위기에 대해서는 많은 이론적·실증적 연구가 있었고 다양한 이론적 모형도 구축되었다. 외환위기를 설명하는 모형으로는 제1세대, 제2세대, 제3세대 모형 등이 있으며, 2008년 금융위기 중 주변국의 외환위기에 관한 연구가 본격적으로 이루어지면 제4세대 또는 제5세대 모형도 정립될지 모른다.

은행위기에 대해서도 많은 연구가 있었다. 은행위기의 주요 발생 원인으로는 경기의 급격한 위축, 금리·환율의 급격한 변동, 자산 버블 붕괴, 편중 여신, 금융기관 위험관리 실패, 부적절한 규제와 감독 실패 등 여러 가지가 지적된다. 그리고 은행위기와 외환위기의 징후를 사전에 포착할 수 있는 조기경보시스템에 관한 연구도 많이 이루어졌다. 그럼에도 금융위기는 조금씩 모습을 바꾸어가면서 계속 나타나 많은 고통과 피해를 안겨준다.

금융위기는 왜 계속 발생하는가

금융위기는 금융산업의 출현과 함께 시작되었고, 금융의 발달 정도[5]와 관계없이 발생한다. 우리에게 익숙한 중앙은행인 영란은행(1694년 설립), 미국 연방준비제도(1928년 설립)는 계속되는 은행의 도산과 이에 따른 경제의 극심한 혼란을 막기 위해 설립되었다. 두 중앙은행의 태생적인 설립 목적은 물가 안정이 아니고 금융위기의 방지와 관리, 즉 금융 안정이었다. 또한 일부 국가는 중앙은행 이외에 별도의 금융감독기구를 만들어 각종 규제와 검사를 통해 금융기관의 업무와 건전성 등을 관리해왔다. 아울러 금융산업의 발전과 함께 금융기관의 위험관리기법은 고도화되어 많은 위험관리전문가가 금융기관의 자산, 부채, 자본 등을 관

---

5 1997년의 IMF 금융위기는 한국의 금융산업이 낙후된 상태에서 발생한 것이고, 2007~2008년 서브프라임 모기지 사태와 세계 금융위기는 세계 금융의 중심지이자 금융이 가장 선진화되었다는 미국의 월스트리트가 진원지였다.

리하고 있다.

그럼에도 금융위기는 계속 발생했고, 앞으로도 발생할 것으로 보인다. 금융위기가 계속되는 것은 근본적으로는 탐욕을 억제하지 못하는 인간의 불완전성 때문이지만, 현실적으로는 금융 부문의 취약성, 시장 참가자의 쏠림 현상, 정책 당국의 선제적 대응의 한계 등 세 가지가 중요한 이유다.

첫째, 금융기관과 금융시장 등 금융 부문은 실물 부문보다 더욱더 불안정하고 위험하기 때문에 금융위기가 자주 발생한다. 제3장에서 설명했듯이, 금융기관은 높은 부채비율과 부분예금지급준비금 제도, 복잡한 상호 거래 등으로 외부 충격에 매우 취약하다. 그리고 주식, 채권, 외환 등 금융자산은 자동차, TV 등 일반 상품과 달리 자산 간 대체성이 크고 거래 비용이 적어 금융자산이나 시장 간에 충격이 쉽게 파급된다. 따라서 어느 한 부문에서 나쁜 사건이 발생하면 다른 금융자산이나 시장으로 위험이 바로 전염되고 많은 금융기관이 동시에 큰 손실을 볼 수 있다. 즉, 크지 않은 충격에도 금융시스템 전체가 불안해지는 금융위기로 쉽게 발전하는 것이다.

더욱이 2000년대 이후 금융기법과 정보통신 기술이 급속히 발달하면서 금융자산의 가격 변동 충격은 더 크고 빨라졌다. 채권, 대출, 주식, 외환 등 기초자산에서 파생된 파생금융상품의 규모가 원래 기초자산의 몇 배 이상 부풀려지면서 금융시장 규모는 통제하기 어려울 정도로 커졌다. 2008년 세계 금융위기도 서브프라임 모기지 대출에서 파생된 MBS(mortgage backed securities), CDO(collateralized debt obligation),

CDO of CDO 등의 규모가 얼마인지 모를 정도로 커져 위기가 더 크고 빠르게 확산된 것이다.[6]

둘째, 금융위기는 장기간 축적되어 있던 위험 요인이 일시적으로 분출되는 과정이며, 위험 요인이 축적되는 과정 이면에는 시장참가자의 군집 행동, 즉 쏠림 현상이 있다. 군중심리나 비합리적 행동의 결과라 할 수 있는 쏠림 현상도, 정보가 불완전하고 투자 성과가 다른 투자자와 비교 평가되는 현실에서는 자연스러운 현상이다.

현실세계는 정보가 불완전하고 미래가 불확실한 탓에 시장참가자 대다수는, 정보 면에서 우위를 점하고 시장을 끌어가는 선도투자자의 투자 패턴을 모방하는 것이 합리적이다. 특히 정보력이 떨어지는 중소 규모의 기관투자자는 투자 실패 시 자신의 평판이 실추될 것을 염려해 선도투자자의 투자 패턴과 크게 다른 투자전략을 선택하기 어렵다. 또한 독자적인 정보력을 갖추고 시장 전망에 대해 다른 판단을 하는 대형 기관투자자라 하더라도 결국에 가서는 군집 행동에 참여하는 쪽을 택한다. 버블이나 호황이 장기화되는 상황에서 다른 투자자와 비슷하게 투자에 실패했을 때는 같이 비난을 받게 되어 견딜 만하지만, 다른 투자자만큼 이익을 내지 못하면 자리를 보전하기 어려워지기 때문이다.

---

6 MBS, CDO 등은 대출이나 채권과 같이 금융기관 등이 보유한 자산(기초자산이라 한다)을 기초로 발행된 자산유동화증권이다. 자산유동화는 기초자산보다 신용등급이 더 높은 유동화증권을 만들 수 있으며, 기초자산 보유 금융기관의 유동성을 개선하고 자금 조달 비용을 경감하는 효과가 있어 2008년 세계 금융위기 이전에 폭넓게 사용된 금융기법의 하나였다.

따라서 자산 버블이나 경제 호황의 중반까지 그러한 호황이나 버블이 장기간 지속되지 않을 것이라는 회의론을 제기하던 이들마저 결국 후반에 가면서 군집 행동에 동참하게 되는 것이다. 거의 모든 시장참가자가 동일한 투자 패턴을 나타내는 극심한 쏠림 현상이 나타날 때가 호황과 버블의 마지막 단계다.[7] 오르막이 있으면 내리막이 있다는 평범한 진리처럼 나쁜 소식과 같은 어떤 계기가 발생하면 축적된 위험 요인이 현재화되면서 버블이 터지고 금융위기가 시작되는 것이다.

셋째, 금융위기를 막는 데 꼭 필요한 정책 당국의 선제적 대응도 현실적으로는 기대하기 어렵다. 선제적 대응이 제대로 이루어지려면 정책 당국이 위기 발생을 예측할 수 있어야 한다. 그리고 여기에 선제적 대응에 대한 시장과 국민의 지지도 필요하다. 그러나 두 가지 모두 현실적으로 매우 어려운 일이다.

인간이 미래를 예측하는 것은 정확하지 못하고 불확실성이 크다. 미래를 항상 정확히 예측하는 것은 신의 영역이다. 정책 당국자가 일반인보다 전문 지식을 더 많이 가지고 있지만, 이러한 지식도 미래에 대한 예측보다는 지나간 과거를 논리적으로 설명하는 데 유용한 경우가 대부분이다. 더욱이 정책 당국의 판단이 정치적 영향을 많이 받게 되면 정책

---

[7] 2002~2003년 신용카드 사태 때도 비슷한 패턴을 보였다. 초기에는 LG카드, 삼성카드 등 재벌계 카드사가 길거리 모집 등 신용카드 남발을 주도했다. 다음으로 국민카드, 외환카드 등 은행계 카드사가 길거리 모집 등에 동참하고, 마지막에는 보수적인 은행까지 카드 남발에 참여하면서 결국 신용불량자의 양산과 대다수 카드사의 도산이라는 신용카드 사태로 이어졌다.

당국의 미래 예측은 일반인보다 못할 수도 있다.

또한 선제적 대응에 대해 시장과 국민의 지지를 받기란 미래를 예측하는 것보다 더 어려울 수 있다. 정책 당국이 금융위기가 발생할 가능성이 크다고 판단하고 선제적 대응 조치를 취해 금융위기를 예방했다고 가정해보자. 시장참가자 대부분은 적절한 선제적 대응 조치로 위기를 피할 수 있었다기보다는 선제적 대응 조치 없이도 위기를 피할 수 있었거나 아예 위기의 가능성조차 없었다고 여기기 쉽다. 선제적 대응 조치 대부분은 예방백신과 같아서, 위기 발생 시보다는 훨씬 작지만, 시장참가자나 국민에게는 미리 거품을 제거함으로써 고통을 주기 때문이다.

따라서 정책 당국은 불확실한 미래에 대해 선제적 대응 조치를 취하기보다는 위기가 발생한 다음에 위기를 효율적으로 수습하는 방식을 더 선호하게 된다. 또한 위기 수습 과정에서 조직과 권한을 늘릴 수 있어 정책 당국자에게는 일석이조의 효과가 있다. 시장참가자 대부분이 군집행동을 할 수밖에 없듯이 정책 당국자도 누군가에게 비난받을지도 모를 선제적 대응 조치를 취하기보다는 능력을 인정받고 권한을 키울 수 있는 사후 위기관리자가 되기를 원한다. 한국에서는 위기를 발생시킨 정책 당국자가 위기를 잘 수습한 덕에 뛰어난 정책 수행자로 인정받는 경우가 허다하다.

마지막으로, 금융위기 이후 도입되는 여러 가지 규제도 시간이 지나면 새로운 금융위기를 방지하는 데 한계를 나타낸다. 시장참가자는 규제를 피할 수 있는 또 다른 거래와 상품을 언제든 찾아낼 수 있다. 또한 위기가 진정되고 새로운 호황이 도래하면 과도한 규제가 시장을 죽일 수 있다는 비판이 커지면서 규제가 완화된다. 여기에다 새로운 금융위기는 조금씩 다른 모습으로 나타나기 때문에 기존의 규제가 무력할 수 있다. 이러한 여러 가지 이유로 금융위기는 계속 발생하는 것이다.

2
1997년 IMF 금융위기 이후의 변화

금융위기 극복 정책에 대한 평가

1997년 금융위기 극복을 위한 정책은 다음과 같이 다섯 가지로 요약할 수 있다. 첫째는 강력한 통화·재정의 긴축을 통한 고금리 정책과 고환율 용인 정책이고, 둘째는 과감한 금융기관 및 기업 구조조정 정책이며, 셋째는 무역·외환 등의 자유화와 금융시장 개방을 통한 적극적인 외자 유치 정책이고, 넷째는 회계기준 및 은행감독기준, 외환 보유액 산정기준 등을 국제모범기준에 맞추는 정책이며, 다섯째는 광범위한 부동산 경기 부양 정책이다. 이 중에서 다섯째 부동산 경기 부양 정책을 제외한 나머지 정책은 IMF의 자금 지원 조건으로 한국 정부가 동의한 이행각서[1]에

---

1   1997년 12월 3일 정부는 IMF로부터 자금을 지원받기 위해 재정경제원 장관과 한국은행 총재의 명의로 IMF 총재에게 이행각서(Korea-Memorandum on the Economic Program)를 제출했고, 이행각서에는 금융위기를 극복하기 위해 한

따른 것이다.

구제금융을 받고 나서 한국은 IMF와 합의한 이행각서의 내용을 대부분 이행하면서 위기를 극복했다. 또한 2001년 8월 23일 IMF 지원 자금을 조기에 전액 상환함으로써 IMF 체제에서 벗어나게 되었다.[2] 이로써 한국은 국제사회에서 IMF 구제금융 수혜국 가운데 가장 성공적으로 위기를 극복한 사례로 인정받았다. 그리고 지금까지 국내와 국제사회에서는 당시 IMF 지원 조건이 위기를 극복하는 데 적절한 정책 대안이었다는 평가가 주류였다.

그러나 많은 일은 시간이 지나면서 평가가 바뀐다. 2008년 세계 금융위기에 대한 각국의 정책과 이어지는 여러 가지 사태를 볼 때 한국의 1997년 위기 극복 정책과 과정도 여러 가지 측면에서 다시 평가해볼 필요가 있다. 그중 특히 중요한 것은 먼저 통화·재정의 강력한 긴축 정책과 초고금리 정책이 적절했는가 하는 것이고, 다음으로는 성공적인 위기 극복 과정에서 누가 가장 중요한 역할을 했는가 하는 것이다.

1997년 IMF와 체결한 이행각서에 따라 시행된 재정 긴축과 통화 긴축, 초고금리 정책은 빠른 구조조정을 위해 불가피한 선택으로 받아들여졌다. 그러나 2007년 서브프라임 모기지 사태와 2008년 세계 금융위기에 대응한 미국과 유럽 각국의 정책은 그와 정반대였다. 재정정책에

국이 추진해야 할 정책 등을 구체적으로 명시했다.
2 IMF 금융위기 극복을 위한 구체적인 정책 추진 내용과 금융기관 및 기업 구조조정 과정 등은 그동안 정부기관의 백서, 한국은행 연차보고서 등에 잘 정리되어 있어 이 책에서는 추가적인 설명을 생략한다.

서는 재정위기를 초래할 정도로 과감하게 재정을 확장하는 정책을 폈으며, 통화정책에서는 제로금리에 가까운 초저금리를 유지한 데다 양적완화(quantitative easing)[3]라고 부르는 어마어마한 규모의 통화 공급 확대 정책까지 사용했다. 그렇다면 금융위기에 대응하는 정책에서 1997년 한국과 2008년 선진국 중 어느 쪽이 더 적절했을까? 결론부터 말하면, 2008년 미국과 유럽 등에서 자국의 금융위기를 극복하기 위해 선택한 정책이 국가와 국민을 위해 더 적절한 대안이라고 보는 것이 합리적이다.

1997년 말 한국의 금리 상황은 그야말로 살인적이었다. 3년 만기 회사채 유통 수익률은 1997년 6월 11%대에서 11월에는 14%로 상승하고 12월 23일에는 연중 최고치인 31.1%까지 상승했다. 91일물 기업어음 수익률은 더 빠른 상승세를 보여 1997년 6월 12% 정도였던 것이 1997년 말 41%까지 상승했다. 이러한 고금리 상황은 1998년 들어 조금씩 완화되었지만 1998년 상반기까지 지속되었다.

살인적인 고금리는 재무구조가 부실한 기업뿐 아니라 많은 수의 정상적인 기업까지 도산하게 했다. 일부 대기업은 기업개선작업(워크아웃)을 통해 회생 기회를 얻었지만, 중견기업과 중소기업은 대부분 회생 기회를 얻지 못하고 도산 처리되었다. 많은 기업의 도산은 금융기관을 다시 부실화하여 금융기관 구조조정이 지연되는 요인이 되었다. 이는 또

---

[3] 양적 완화란 미국, 영국, 일본, 유럽 등의 중앙은행이 금리를 거의 '0' 수준으로 인하했는데도 신용경색 상황이 지속되자, 대규모 채권 매입 등을 통해 시장에 유동성을 직접 공급한 정책을 가리킨다.

다시 신용경색을 유발해 기업의 도산을 늘리는 악순환을 일으켰다. 결과적으로 고금리 정책은 썩은 환부의 몇 배에 이르는 정상적인 부분까지 도려내는 무책임한 돌팔이 의사의 수술법이나 마찬가지였던 것이다.

한편 원화 환율은 1997년 중반 900원대에서 12월 24일에는 최고치인 1,965원까지 상승했다. 당시 적절한 환율 상승 용인 정책은 경상수지 흑자 기조 정착과 외국인 투자 유치에 도움이 될 수 있는 정책이었다. 그러나 지나침은 항상 문제를 일으키듯이 과도한 환율 상승은 한국 경제의 구조를 왜곡하고 국부 유출을 촉진했다. 특히 내수기업과 수입원자재 의존도가 높은 부품소재기업은 환율 상승 혜택을 볼 수 없어 기술력이 뛰어난 우량 기업도 도산할 수밖에 없었다. 반면 수출기업은 재무구조가 부실하더라도 고환율 덕에 현금 흐름과 수익성이 개선되어 기업을 확장할 수 있었다. 또 과도한 고환율정책은 투자 자유화 및 금융시장 개방 정책과 맞물려 외국인에게 한국의 기업과 금융기관, 부동산 등을 아주 저렴하게 매수할 기회를 제공했다.

다음으로, 한국이 IMF 위기를 짧은 시간 안에 극복하는 데 누가 가장 중요한 역할을 했는지에 대한 평가도 정책의 적절성에 대한 평가 못지않게 앞으로 여러 가지 정책을 수립하는 데 중요한 참고가 된다.

지금까지는, 이해관계가 복잡하게 얽혀 있고 시행하는 데 많은 어려움이 따르는 금융기관 및 기업의 구조조정 업무를, 일부 시행착오는 있었지만, 큰 무리 없이 추진한 당시의 정책 당국이 금융위기 극복 과정에서 가장 중요한 역할을 했다고 받아들여졌다. 더욱이 인수합병, 자산부채이전(P&A), 공적 자금 투입, 출자전환(debt-equity swap), 기업개선작업 등과 같은 다양한 형태의 구조조정이 한국에서는 대부분 처음 시행되는 것이어서 정책 당국의 역할이 중요했다고 인정받았다.[4]

그러나 2008년 세계 금융위기와 2010~2011년 이른바 피그스(PIGS: Portugal, Ireland, Greece, Spain) 국가의 금융·재정위기 과정에서 한 국가의 위기를 극복하는 데 가장 중요한 것은 국민의 지지와 참여라는 것이 드러났다. 이러한 국가에 대한 IMF나 유럽연합 차원의 구제금융 지원 조건은 한국과 비교하면 특별한 조건이라고 볼 수도 없다. 소득세 및 부가가치세의 소폭 인상, 공무원 신규 채용 중지, 공무원 급여 동결 또는 소폭 삭감, 그리고 정년(퇴직 연령) 연장, 노령연금과 생계비 지원 등의 축소와 같이 한국이 10년 후에도 도달하기 어려울 정도로 잘 갖춰진 사회보장제도를 조금 줄이는 것이 주된 내용이었다. 그럼에도 이 국가들의 국민 저항이 너무 거세 이러한 조건의 이행이 지연되면서 시장의 신뢰가 흔들리고 위기 극복 전망이 불투명해지고 있다.

이에 비해 1997~1998년 한국에서는 사회안전망이 거의 없는 상황에서 수많은 사람이 정리해고, 폐업, 합병 등으로 직장을 잃을 위기에 처했지만, 구조조정에 반대하기는커녕 금 모으기 운동 등을 통해 위기 극복에 적극적으로 참여했다. 만약 한국 국민이 1997년 위기 극복 과정에서 앞서 예로 든 나라의 국민처럼 강하게 저항했다면 어떻게 되었을까? 금융·기업 구조조정 지연, 외국인 투자 유치 부진, 기업경쟁력 약화 등

---

4 그러나 실제로는 이러한 복잡한 금융·기업 구조조정의 실무 작업은 외국계 투자 은행과 컨설팅 회사가 담당했고, 이러한 외국계 회사는 구조조정에 참여해 엄청난 수수료 수입과 함께 많은 내부 정보를 얻었다.

으로 위기 극복이 불가능하거나 그 기간이 매우 장기화되었을 것이다.[5]

앞으로 금융위기는 언제든 또 발생할 수 있다. 정책 당국의 위기 대응 능력과 기법이 향상되었다 하더라도 국민의 지지를 이끌어내기 어려운 상황이거나 정책의 방향이 잘못되어 국민의 저항이 심하다면, 다음 위기는 1997년의 위기처럼 짧은 시간에 극복하기 어려울 것이다.

긍정적인 변화

1997년 한국의 금융위기는 경제에 엄청난 충격을 주고 대다수 국민에게 큰 고통을 안겨주었다. 그러나 음지가 있으면 양지가 있듯이 그러한 금융위기가 한국 경제를 긍정적인 방향으로 변화시킨 측면도 있다. 금융기관과 기업의 재무 건전성이 많이 개선되었고, 외환 보유액을 크게 늘리고 엄격하게 관리하는 계기가 되었으며, 금융감독기준과 회계기준 등이 국제 수준에 맞춰 선진화되었다. 또한 금융기관이 위험관리에 좀 더 많은 관심을 기울이는 동시에 관치에서 벗어나 자율적으로 경영할

---

5 이는 필자가 2010년 그리스와 스페인의 중앙은행을 방문해 금융·재정위기의 현황과 전망 등을 논의할 때 확인할 수 있었다. 이들은 자국의 위기 극복을 위해서 가장 필요한 것이 국민의 지지와 이를 통한 시장의 신뢰 회복이라고 보았다. 또한 한국의 1997년 위기 시 금 모으기 운동 사례를 설명했을 때 자기 나라에서도 그러한 정도의 국민의 지지와 희생이 있다면 현재 자신의 위기는 위기라고 볼 수도 없다며 놀라워했다.

여건이 어느 정도 조성되는 계기가 되었다. 이러한 네 가지가 대표적인 예다.

첫째, 금융기관의 재무 건전성은 금융 구조조정이 일단락되고 신용카드 사태가 진정되는 2005년부터 빠르게 개선되었다. 특히 한국의 주요 은행은 2006~2007년에 총자산수익률(Return On Assets: ROA)이 1%를 상회하고,[6] BIS자기자본비율이 13% 내외를 유지하여 세계 우량 은행 수준의 수익성과 건전성을 갖추었다.

기업도 인수합병, 인력 감축 등의 구조조정이 진행되면서 대기업을 중심으로 재무구조가 크게 개선되었다. 한국 상장기업의 평균 부채비율은 2000년 100% 이하로 떨어지고 2007년에는 70%를 기록하여 미국 127%(제조업 평균), 일본 128%(제조업 평균)보다 낮아졌다. 또한 삼성전자, 현대자동차, LG전자, 포스코 등의 대기업은 개선된 재무구조와 자율화, 개방화 등을 바탕으로 세계적인 기업으로 도약했다.

둘째, 외환 보유액은 1997년 11월 말~12월 초 거의 고갈되었다가[7] 1998년 들어 IMF 구제금융의 입금, 경상수지 흑자, 적극적인 외자 유치 등으로 빠르게 증가했다. 이로써 한국의 외환 보유액은 1999년 1,000억 달러를 넘고, 2007년 말 2,622억 달러를 기록하여 세계 5~6위의 외환

---

6 총자산수익률이 1%를 넘으면 은행의 수익성이 매우 양호한 것을 의미한다. 2007년 상반기 한국의 일반 은행의 평균 총자산수익률은 1.4%를 기록해 미국 은행의 호황기(2005~2006년)의 평균 총자산수익률인 1.3~1.35%를 소폭 상회했다.

7 1997년 위기 발생 직후 가용 외환 보유액은 1997년 12월 18일 39억 4,000만 달러까지 감소했다.

보유국이 되었다. 아울러 외환 보유액 산정기준도 IMF의 요구에 따라 한국은행이 국내 은행 해외 점포에 예치한 자금 등을 제외하여 실제 사용 가능한 가용 외환 보유액 개념으로 변경했다. 이러한 외환 보유액의 확충은 한국 경제의 대외 신인도를 높이는 동시에 국내 금융시장에 대한 정책 당국의 보호 역량을 강화했다.

셋째, 1997년의 경제위기는 한국의 금융감독기준 등을 국제모범기준에 맞춰 선진화하는 계기가 되었다. 1998년부터 은행 건전성감독의 핵심 지표인 BIS자기자본비율을 바젤은행감독위원회(Basel Committee on Banking Supervision: BCBS) 기준에 따라 엄격히 산정하기 시작했다 (참고 4-1 참조). 1998년 9월에는 차주(借主)의 미래 상환 능력을 반영한 자산건전성분류기준(Forward Looking Criteria: FLC)을 도입했다. 기업회계기준도 1998년부터 국제회계기준위원회(International Accounting Standards Board: IASB)가 제시한 국제회계기준(International Financial Reporting Standards: IFRS)과 일치하도록 강화되었다. 이어 채권 시가 평가 제도, 기업집단의 결합재무제표 작성 제도 등도 도입했다.

감독기준과 회계기준 등을 국제기준에 일치시키는 작업은 금융기관이나 기업의 저항이 심하고 감독 당국도 원하는 과제가 아니어서 통상 많은 시간이 걸리는 것이 일반적이다. 금융기관이나 기업으로서는 더 엄격한 규제를 받거나 더 많은 정보를 공개하는 것이 싫고, 감독 당국으로서는 재량권이 적어지는 것이 싫기 때문이다. 그런데도 당시 한국에서 국제모범기준이 비교적 원활하게 도입될 수 있었던 것은 그것이 IMF 자금 지원 조건에 포함된 데다 금융위기 극복에 대한 분위기가 강했기 때문이다. 그러나 한편으로 금융기관과 기업 경영층의 이해 부족, 감독 당국의 타성, 실무 전문 인력의 부족 등으로 현장에서 국제모범기준이 제대로 적용되는 데는 어려움이 많았다. 예컨대 BIS자기자본비율 산정 기준과 관련해 2000년대 중반부터 은행은 어느 정도 신뢰성을 갖추었지만, 상호저축은행 등 비은행금융기관은 2011년 PF 대출 부실화 사태를 볼 때 아직도 충분히 신뢰하기는 어려운 상황이다.

이러한 한계에도 감독기준과 회계기준 등의 선진화는 한국 금융기관과 기업의 재무제표에 대한 신뢰성과 투명성을 높여 한국 경제의 질적 발전에 큰 도움을 주었다. 어떤 면에서 금융기관과 기업의 재무 건전성이 개선된 것보다 더 중요한 성과일 수 있다. 재무제표의 신뢰성이 담보되지 않으면 재무 건전성이 아무리 좋아도 의미가 없기 때문이다.

넷째, 1997년 금융위기는 금융기관이 위험관리에 관심을 기울이는 동시에 관치에서 벗어나 자율 경영을 추구할 수 있는 계기가 되었다. 금융기관은 금융 구조조정 과정을 거치면서 위험관리의 중요성을 인식했다. 과거에는 정치권력이나 감독 당국의 지원만 있으면 금융기관이 생존할 수 있었으나, 1997년 금융위기 이후에는 금융기관의 건전성이 생존의 일차 요건이 되었기 때문이다. 이에 따라 금융기관은 위험관리 능력을 높이기 위해 VaR(Value at Risk) 측정시스템,[8] 위험기준 성과평가

---

[8] VaR는 정상적인 시장 상황에서 주어진 신뢰 수준과 목표 기간에 발생할 수 있는 최대 손실 금액을 가리키는 개념이다. 1990년대 중반 주식과 채권, 외환 등의 시장위험을 측정하기 위한 기법으로 개발되었으나, 시간이 지나면서 금리위험, 신용위험 등으로 적용 범위가 확대되었다. 2008년 세계 금융위기 이후에는 VaR

시스템 등 선진 위험관리시스템을 도입하고 위험관리전문가를 육성하기 시작했다. 한국 금융기관은 아직 세계 주요 금융기관에 비해 위험관리기법이 떨어지고 위험관리문화도 충분히 정착되지 못했지만, 1997년 금융위기 이후 위험관리가 중요 업무의 하나로 자리를 잡아가고 있다.

금융위기 이전에는 법이나 규정에 따른 금융기관 규제도 심했지만, 다른 한편으로 정부나 감독 당국이 특정 기업에 대한 대출, 임원 선임 등에 간섭하는 경우가 많고 금융기관에서는 이를 거의 그대로 받아들이는 것이 더 심각한 문제였다. 더욱이 정부나 감독 당국의 지시는 대부분 전화나 회의 형태로 이루어져 책임 소재마저 불분명했다. 그런데 1997년 금융위기 이후 외국계 금융기관이 등장하고, 외국인 주주 비중이 증가하면서 금융기관의 자율성이 조금씩 확대되었다. 정부나 감독 당국의 지시가 금융기관의 경영 건전성 또는 주주의 이익에 반하는 경우 금융기관이 거부하는 사례가 나타나기 시작했다.

감독기준과 회계기준 등의 선진화가 금융산업 발전을 위한 하드웨어라면, 금융기관의 자율 경영은 위험관리와 함께 한국 금융산업 발전을 위해 필수적인 소프트웨어다. 위험관리는 금융기관이 계속기업으로 생존하기 위한 초석이고, 자율 경영은 창의성과 경쟁력을 확보하기 위한 전제 조건이기 때문이다. 아직 한국 금융기관의 경영 자율성은 충분하지 않고 가끔은 다시 옛날로 돌아가는 모습을 보이기도 하지만, IMF 금융위기와 금융 구조조정 과정을 거치면서 큰 진전을 이루었다.[9]

개념을 이용해 시스템 리스크를 측정하려는 시도도 이루어지고 있다.

부정적 변화

IMF 금융위기는 6·25전쟁 이후 한국 경제에 가장 큰 충격을 준 사건이다. 그만큼 후유증이 커서 많은 부정적 영향을 남겼다. 예컨대 한국 경제와 사회의 양극화를 확대하고,[10] 금융 부문을 과도하게 개방했으며, 부동산 불패 신화를 형성하고, 경제 의식이 지나치게 보수화되었다는 것을 들 수 있다.

첫째, 금융위기의 충격과 금융위기의 극복 과정에서 산업, 기업, 고용, 소득 등 경제와 사회 전반에 걸쳐 양극화가 빠르게 진행되었다. 산업과 기업 부문에서는 대기업과 중소기업, 수출기업과 내수기업, 중화학공업과 경공업, 제조업과 서비스업 간에 매출, 수익 등에서 격차가 크게 확대되었다. 대기업, 수출기업, 중화학공업, 제조업 등은 빠르게 성장하고 수익성이 좋아진 반면, 중소기업이나 내수기업, 경공업, 서비스업 등은 상대적으로 위축되었다. 개인도 정규직과 비정규직, 고소득자

---

9 경우에 따라 금융기관의 경영 자율성에 대한 제약과 정책 당국의 간섭이 필요할 때도 있다. 금융기관의 영업 행태가 시스템 리스크를 확대해 금융위기로 이어질 가능성이 큰 경우가 그렇다. 하지만 이때에도 정책 당국은 일방적인 지시가 아니라 설득의 형태로 개입하고, 기록을 정확하게 남겨야 한다.

10 여기서 말하는 양극화란, 선도하는 소수는 성장, 소득, 수익 등에서 더 빠르게 좋아지고 뒤떨어진 다수는 상대적으로 위축되어 격차가 크게 확대되는 상태를 의미한다. 이렇게 본다면 양극화의 엄밀한 사전적 의미가 이러한 상태와 정확히 일치하지는 않는다. 그러나 이러한 상태를 의미하는 단어로 양극화가 이미 광범위하게 사용되고 있어 이 책에서도 양극화라는 용어를 사용했다.

와 저소득자, 부동산 보유자와 미보유자 간의 임금, 소득, 부의 격차가 더욱 커졌다. 수도권과 지방, 도시와 농촌 간의 성장과 소득 격차도 커졌다.[11]

이러한 경제 양극화는 세계화와 중국, 인도 경제의 부상 등 대외 환경 변화에도 기인하는 면이 있지만, 많은 부분이 금융위기 극복을 위한 구조조정과 고금리, 고환율정책 등의 부정적인 영향 때문이다. 고금리에 따른 과도한 구조조정, 고환율에 따른 내수 부문과 수출 부문의 급격한 성장 격차 등으로 경제구조가 빠르게 변화하는 과정에서 적응력이 떨어지는 기업이나 근로자가 도태하거나 낙오한 것이다.

기업과 가계 부문 내부에서의 양극화보다 더 구조적인 것은 기업 부문과 가계 부문 간의 성장 격차가 지속적으로 확대되고 있는 것이다. 기업 부문은 부문 내에서 양극화가 있어도 전체로는 구조조정의 혜택 등으로 성장이 빨랐다. 기업 부문은 2000년 이후 2010년까지 연평균 경제성장률 4.6%보다 2배 이상 빠른 9.2%의 소득 증가율을 나타냈다. 그러나 임금소득자와 소규모 자영업자로 구성된 가계 부문 소득[12]은 2000년 이후 2010년까지 경제성장률보다 낮은 연평균 3.6% 증가에 그쳤다. 특히 2007~2010년에 기업 부문 소득은 연평균 10.3% 성장한 데 비해 가계 부문 소득은 1.6% 성장해 기업과 가계의 성장 격차는 더 확대되었다.

---

11 양극화에 관한 더 자세한 내용은 한국은행 금융경제연구원(2004)를 참조할 것.
12 소규모 자영업자의 소득은 소득 발생 형태나 소득 규모가 기업 또는 자본소득보다는 임금소득에 가깝다. 또한 한국은 소규모 자영업자의 비중이 매우 커, 이를 가계 부문 소득과 노동소득에 반영한 통계가 좀 더 현실 적합성이 크다.

표 4-1 가계와 기업 부문의 성장률 및 소득 분배율 추이(연평균, %)

기간	1980년대	1990~1996	2000~2010	2000~2006	2007~2010
경제성장률	9.8	8.0	4.6	5.2	3.5
가계소득 증가율[1]	10.3	7.8	3.6	4.8	1.6
기업소득 증가율	9.3	5.2	9.2	8.5	10.3
노동소득 분배율[2]	82.1	82.3	76.7	77.9	74.5
자본소득 분배율	17.9	17.7	23.3	22.1	25.5

주: 1) 임금소득 + 소규모 자영업자 소득.
    2) 소규모 자영업자의 소득을 노동소득으로 간주.
자료: 한국은행 국민계정 통계를 바탕으로 재구성.

이에 따라 소규모 자영업자의 소득이 포함된 노동소득 분배율은 1990~1996년 평균 82.3%에서 2010년 74.5%로 크게 하락했다(표 4-1 참조).

가계 부문 소득이 이처럼 크게 위축된 것은 금융 및 기업의 구조조정 과정에서 양질의 일자리가 감소하고, 소비 등 내수 위축에 따라 자영업자의 영업 환경이 지속적으로 악화된 데 주로 기인한다. 결국 양극화 과정에서 최대 피해자는 가계 부문의 취약 계층인 실업자, 비정규직 등 저임금 노동자, 영세 자영업자 등인 것이다.

둘째, 외자 유치 등을 위해 빠르게 실시했던 금융시장 개방은 결과적으로 보면 과도했고, 금융시장의 과도한 개방이 한국 경제를 대외 충격에 취약한 구조로 만들었다.

1997년 위기 이후 1~2년에 걸쳐 채권시장, 주식시장, 단기금융상품 시장이 모두 개방되고, 외국인의 한국 금융기관의 소유도 내국인 이상으로 우대를 받았다. 외국인이 한국 주식시장에서 차지하는 비중은 2006년 1월 41%까지 상승했고, 2010년 말에는 다소 감소해 33% 수준을 나타냈다.[13] 여기에다 삼성전자, 포스코, 현대자동차 등 한국을 대표하는 우량 기업은 외국인 주주 비중이 50%에 이르고, KB금융지주, 신한금융지주, 하나금융지주와 같은 한국의 대표 금융기관은 외국인 주주 비중이 60% 수준에 달한다. 또한 한국시티은행(구 한미은행), SC제일은행, 외환은행은 외국인이 주식 대부분을 소유하고 직접 경영까지 하는 명실상부한 외국계 은행이 되었다.

이와 같은 주식시장[14] 등 금융 부문의 개방은 일부 동유럽 국가나 멕시코 등을 제외하고는 선진국에서는 유례를 찾아보기 어려울 정도로 과도한 상태다. 여기에다 한국은 실물 부문의 대외 의존도도 높아, 수출입 의존도[15]가 2010년 기준 102%로 몇몇 도시국가 등을 제외하고는 세계 최고 수준이다. 이처럼 금융 및 실물 면에서의 과도한 개방은 한국 경제의 불안정성을 크게 확대하고 있다.

2008년 세계 금융위기 당시 한국 경제는 경제의 기초여건이 양호했

---

13 채권시장에서 외국인이 차지하는 비중(상장채권 기준)은 2006년부터 빠르게 증가해 2008년 11.4%를 기록했고, 이후 감소하여 2010년 말에는 7% 수준을 나타냈다. 그러나 국채는 외국인 투자 비중이 15.4%에 이른다.
14 외국인 주식 투자 자금은 대외 채무에 포함되지 않는다. 주식 투자는 채권이나 대출과는 달리 주식을 발행한 기업이 투자 자금을 상환할 의무가 없기 때문이다. 그러나 외국인이 주식을 팔고 한국을 떠나는 경우 환율이나 외환 수급에 미치는 영향은 외채와 같다. 세계 금융위기가 발행하기 전인 2007년 말 한국의 총외채는 3,334억 달러, 외국인 주식 투자 자금은 3,291억 달러로, 이 둘을 합하면 당시 한국의 외환 보유액 2,622억 달러의 2.5배에 이르는 규모다.
15 (수출 + 수입) / GDP

는데도 환율이 2007년 10월 달러당 900원 수준에서 2009년 3월 1,580원까지 상승하여 원화 가치가 75% 정도 하락했다. 이러한 환율 상승 폭은 중국 등의 신흥시장국보다 크게 높고, IMF 구제금융을 받은 헝가리 등 동유럽 국가와 비슷한 수준이다. 즉, 우리가 우리 경제를 잘 관리해도 국제금융 환경이 급격히 악화되면 우리의 노력과는 상관없이 또다시 위기에 빠질 수도 있게 된 것이다.

셋째, IMF 금융위기는 한국에 부동산 불패 신화가 뿌리를 내리는 계기가 되었고, 2004년 이후 부동산 가격 폭등의 한 원인으로 작용했다. 아파트와 토지 등 부동산 가격은 1992년부터 안정세를 유지했지만, 1998년에는 금융위기의 여파로 20~30% 정도 폭락했다. 그러나 정부의 부동산 경기 부양책과 장기간의 가격 안정에 대한 반작용으로 1999년 말부터 부동산 가격이 빠르게 회복했다. 이는 국민에게 두 가지를 학습시키는 효과를 낳았다. 하나는 IMF 금융위기와 같은 큰 위기가 와도 한국 부동산 가격은 조금 지나면 다시 상승한다는 것이고, 다른 하나는 1998년과 같은 외부 충격에 따른 부동산 가격 폭락 시기가 부동산을 싼 값에 살 수 있는 절호의 기회라는 것이다. 이러한 두 가지 학습 효과는 2008년 세계 금융위기 발생 이후 부동산 가격 하락과 이후의 반등에도 영향을 미쳐 부동산 시장의 정상화를 더욱 어렵게 하고 있다.

넷째, IMF 금융위기 과정에서 경제주체의 의식이 지나치게 보수화되었고, 이에 따라 한국 경제의 역동성과 성장 잠재력이 약화되었다. 금융기관은 주택 담보 대출 등 안전한 대출에 주력하고, 많은 기업은 여유 자금을 충분히 보유하고도 투자를 기피하는 모습을 보인다. 이보다 더 큰 문제는 개인의 경제 의식이 보수적으로 변하면서, 직업 선택과 대학 선택에 큰 변화가 일어나 경제의 바탕이 약해지고 있다는 점이다.

1998년 이후 금융·기업의 구조조정 과정에서 금융기관 직원 40% 정도가 직장을 잃었고, 기업 부문에서도 그 이상의 일자리가 사라졌다. 민간 부문 종사자는 한국 유수의 대기업에 다닌다 하더라도 언제 직장을 잃을지 모르게 되었다. 사회안전망이 부족한 한국에서 개인은 직장을 잃으면 당장의 생계를 위해 자영업에 뛰어들 수밖에 없고, 만약 새로 시작한 사업에서도 실패하면 빈곤층으로 전락하게 된다. 이러한 상황은 직업 선택의 우선순위를 빠르게 변화시켰다. 이에 따라 공무원, 교수, 의사, 약사, 변호사, 교사 등 비교적 안정성이 높은 직업을 선호하게 되었다. 직업 선호의 변화는 대학 선택의 변화로 이어졌다. 과거 한국에서 가장 공부를 잘하는 사람들이 지원하던 서울대학교 물리학과나 전자공학과는 전국에 있는 모든 의대와 치대, 한의대를 다 채워야 학생을 받을 수 있는 정도로 지원 순위가 뒤로 밀렸다.

모험적인 기업가 정신과 과학기술 발전이 자본주의 경제 발전의 밑바탕이라고 볼 때, 지금처럼 경제주체의 의식이 보수화되고 직업 및 대학 선택의 선호도가 변화한 것은 한국 경제의 뿌리를 흔드는 일이라 할 수 있다. 한국은 뛰어난 학생이 이공계를 지원하고 꿈이 있는 젊은이가 벤처기업을 창업해 성공할 수 있는 경제, 즉 역동성 있는 자본주의 경제에서 점점 멀어지고 있다.

참고 4-1 BIS와 자기자본 규제에 대한 이해

BIS(Bank for International Settlements, 국제결제은행)는 1997년 IMF 금융위기 이후 금융 구조조정 과정에서 BIS자기자본비율을 은행의 퇴출 및 생존의 기준으로 삼으면서 많은 사람에게 관심을 받았다.

BIS는 제1차 세계대전 독일의 배상 문제를 처리하기 위한 중앙은행 간 협력기구로 1930년 스위스 바젤에 설립되었다. 바젤은 스위스, 독일, 프랑스가 맞닿아 있는 라인 강변의 국제도시다. BIS는 독일의 배상 문제가 마무리된 이후에도 새로운 업무를 추가해 현재는 국가 간 금융 협력 증진, 금융거래 중개, 금융 안정 도모, 국제 금융거래의 편의 제공, 국제결제와 관련된 수탁자 및 대리인 역할 등을 하고 있다.

이와 함께 회원인 주요국 중앙은행 총재들이 1년에 여섯 번 정도 모여 세계경제와 각국의 경제 상황에 관해 심도 있게 토의하고, BIS의 주요 업무에 관해 보고를 받는다. 2012년 말 회원은 58개 중앙은행이며, 한국의 중앙은행인 한국은행은 1997년 1월 정식 회원이 되었다.

BIS자기자본비율에 대한 기준은 BIS의 실무 지원을 받는 BCBS(바젤은행감독위원회)에서 만든다. BCBS는 1974년 말 국가 간 은행 감독 업무의 협력과 국제적 기준 제정을 위해 설립되었다. 회원은 종전에는 G10 중심의 13개국 중앙은행이었으나, 2009년 세계 금융위기 극복을 위한 국제적 공조체제를 도입하기 위해 회원이 27개국 중앙은행으로 확대되었다. 회원국의 중앙은행에 감독권이 없는 경우 감독 당국도 추가로 회원이 된다. 한국도 2009년 3월부터 한국은행과 금융위원회(금융감독원)가 정식 회원이 되었다.

BIS자기자본비율은 기본적으로 금융기관의 자기자본을 위험가중자산으로 나누어 산출한다. 자기자본과 위험가중자산의 산정기준 및 방법은 BCBS의 제시안에 따라 각국 감독 당국이 일부 제한된 범위 내에서 수정해 사용한다.

　BIS자기자본규제는 1988년에 최초로 도입되어 1992년부터는 국제적인 영업을 하는 은행에 적용되었다. BCBS에서 요구한 최저 BIS자기자본비율은 8%였으며, 우량 은행은 12~13% 정도를 유지했다. 최초의 자기자본규제 방식은 바젤(Basel) I이라고도 부른다. 그리고 두 번째 자기자본규제 방식인 바젤 II는 차주의 신용등급 차이를 반영한 새로운 규제 방식으로 2004년 6월 확정되어 2007년 1월부터 유럽 국가를 중심으로 시행되었다. 2008년 세계 금융위기를 계기로 바젤 II를 강화한 바젤 III의 도입 방안의 기본 골격이 2010년 결정되었고, 이는 2013년부터 단계적으로 시행될 예정이다.

　바젤 III는 바젤 II보다 자본으로 인정되는 범위를 축소하는 등 규제를 대폭 강화하고 경기 대응적 자본 규제, 유동성 규제 등 거시건전성 규제가 추가된 새로운 금융기관 규제체계다. 바젤 III의 적용 대상에는 국제 업무를 영위하는 은행뿐 아니라 각국 감독 당국이 정하는 중요 은행도 포함된다. 바젤 I은 단순하여 회계 제도만 제대로 정비되면 비교적 쉽게 적용할 수 있었다. 그러나 바젤 II는 매우 복잡해 이해하기가 쉽지 않고, 적용하는 데 은행과 감독기관 모두 많은 준비가 필요한 자기자본규제 체계였다. 이러한 이유 등으로 바젤 II는 금융 선진국인 미국을 비롯해 중국 등 여러 국가에서 시행되지 못한 채 2008년 세계 금융위기를 맞았고 바젤 III로 전환되었다.

독일 등 유럽 국가는 미국이 바젤 II를 계획대로 시행하지 않은 것에 큰 불만을 품었으며, 세계 주요국의 동시 시행을 위해 바젤은행감독위원회 내에 기준이행그룹을 만들었다. 바젤 II보다도 훨씬 복잡하고 강력한 규제인 바젤 III는 2019년까지 단계적으로 시행될 예정이다.

3
2008년 세계 금융위기의 영향과 향후 과제

세계 금융위기가 준 충격과 변화

2008년 세계 금융위기는 세계 금융의 중심지인 미국의 월스트리트에서 촉발되어 전 세계로 확산되었다. 금융 의존도가 높고 자산 거품이 컸던 미국, 영국, 아일랜드, 아이슬란드 등이 가장 먼저 큰 타격을 입었다. 경제 기초여건이 취약한 그리스, 포르투갈, 스페인 등 남유럽 국가와 헝가리, 루마니아 등 동유럽 국가도 큰 피해를 당했다. 경제 기초여건이 양호한 국가도 세계적인 신용경색과 국제교역의 위축 등으로 금융 부문이 훼손되고 마이너스 성장을 하는 등 어려움이 컸다.

　미국, 영국 등 주요 국가들은 제로금리 수준으로의 금리 인하, 과감한 유동성 공급, 부실 금융기관을 구제하기 위한 천문학적 액수의 공적 자금 투입, 예금과 금융기관의 대외 채무에 대한 정부의 보증, 재정지출의 대대적 확대 등을 통해 위기를 어느 정도 수습할 수 있었다.

이러한 세계 금융위기의 강한 충격과 폭넓은 금융위기 극복 정책의 추진 과정에서 세계경제는 큰 변화를 겪었다. 그중 신자유주의와 미국식 금융자본주의의 퇴조, 금융 규제의 당위성과 필요성의 부각, 재정 건전성의 중요성에 대한 인식, 중국 브라질 인도 등 신흥시장국의 부상 등을 중요한 변화로 들 수 있다.

첫째, 2008년 세계 금융위기를 통해 1980년대 이후 세계 경제사상의 주류를 차지해온 신자유주의와 이를 바탕으로 한 미국식 금융자본주의의 한계와 폐해가 그대로 드러났다. 반면에 안정된 사회보장시스템과 굳건한 제조업을 기반으로 한 독일식 자본주의는 위기 속에서도 잘 작동했고, 미국식 금융자본주의보다 우월할 수 있다는 것을 보여주었다.

미국에서는 금융위기 과정에서 수많은 사람이 집과 직장을 잃었다. 실업률이 2006년 4.6%에서 2009년 9.3%로 상승했다. 실업급여 등 사회안전망이 충분하지 못한 미국에서 10%(2009년 12월 9.9%)에 이르는 실업률은 많은 국민에게 큰 고통을 주었다. 그전까지 미국은 사회보장제도의 부족을 많은 일자리 공급으로 해결해왔기 때문이다.

독일도 금융위기의 충격으로 IKB, 코메르츠방크, 하이포리얼이스테이트(Hypo Real Estate: 부동산전문 은행), 여러 주립은행 등 여러 금융기관이 부실화되었고 2009년에는 큰 폭의 마이너스 성장을 하는 등 어려움이 컸다. 그러나 일자리 나누기,[1] 고용 인센티브 확대, 적절한 재정정

---

[1] 여러 독일 기업은 2008년 세계 금융위기 시 직원의 해고보다는 주 2일 또는 3일 근무 등으로 근무시간을 대폭 단축하는 방식(일자리 나누기)으로 대처했다. 그리고 정부는 근로자의 급여 감소분을 보전하여 근로자의 소득 감소를 최소화했

표 4-2 미국과 독일의 주요 경제지표 비교(%, 10억 달러)

연도		2006	2007	2008	2009	2010
실업률	미국	4.6	4.6	5.8	9.3	9.6
	독일	9.8	8.4	7.3	7.5	6.9
성장률	미국	2.7	1.9	0.0	-2.6	2.9
	독일	3.4	2.7	1.0	-4.7	3.6
소비자물가 상승률	미국	3.2	2.9	3.8	-0.4	1.6
	독일	1.6	2.3	2.6	0.3	1.1
경상수지	미국	-802.6	-718.1	-668.9	-378.4	-470.2
	독일	188.5	253.8	245.7	163.3	173.8

자료: IMF(2010) 등을 바탕으로 재구성.

책 등에 힘입어 실업률이 2006년 9.8%에서 2009년 7.5%로 오히려 낮아졌다. 여기에 2010년 들어 수출이 살아나면서 성장률이 높아지고 실업률도 1990년대 중반 이후 최저 수준인 6%대로 하락했다(표 4-2 참조).

독일 국민 대다수는 그렇게 떠들썩했던 세계 금융위기가 있었는지조차 잘 모르고 지나간 듯 보일 정도였다. 독일의 금융위기 대응 정책도 미국과 큰 차이가 없었고, 오히려 미국이나 영국 등에 비해 미흡했다는 비판이 많았다는 점을 고려할 때 독일 경제가 위기에 더 강했다고 볼 수 있다. 일반 국민에게는 경제성장률, 수출 실적, 세계를 주도하는 기업이나 금융기관의 존재 등이 의미 있는 것이 아니라 양질의 일자리와 물가 안정, 일자리를 잃었을 때 안전한 피난처가 있는 것이 훨씬 중요하다.

다. 이러한 방식은 숙련된 직원의 이탈을 막아 2010년 경기가 회복되면서 다시 증가한 수요에 빠르게 대처할 수 있게 했다.

둘째, 세계 금융위기는 금융 규제의 필요성과 당위성이 확고히 자리 잡는 계기가 되었다. 2008년 세계 금융위기가 일어나기 전까지는, 금융이 위험한 산업이기는 하지만 위험관리기법의 발전과 시장의 효율성을 고려할 때 규제보다는 자율화가 더 필요하다는 주장이 압도적이었다. 그러나 2008년 금융위기를 거치면서, 위험관리기법이 발전하더라도 금융이 안고 있는 본질적인 위험은 사라지지 않으며, 시장실패는 예외적인 현상이 아니라 일상적으로 발생할 수 있다는 생각이 주류가 되었다.

2008년 이후 제기된 금융 규제의 내용은 광범위하고 강력하여 금융산업의 근본적인 틀을 바꾸고 있다. 금융기관의 자본과 유동성에 대한 폭넓은 규제 강화, 금융기관 직원의 성과보수체계 개편, 파생금융상품 거래에 대한 규제 강화 및 투명성 제고, 대형 금융기관에 대한 추가적인 규제, 투자은행과 상업은행 업무의 분리, 신용평가기관의 운용 방식 개선 등이 그것이다. 이 중 일부는 바젤은행감독위원회의 합의와 각국의 입법 과정을 마쳐 시행 단계에 있는 것도 있고, 일부는 계속 논의 중인 상태다.

이와 함께 규제와 관련해 또 다른 두 가지 큰 변화가 나타났다. 하나는 그동안 터부시되었던 국제간 자본 이동에 대한 규제가, 초보적인 단계이기는 하지만, 사용될 수 있는 분위기가 조성되었다는 것이다. 지금까지 말레이시아, 칠레, 브라질 등 자본 이동에 대해 규제를 시행한 국가는 시장경제의 이단으로 취급받았으나, 이제는 독일과 프랑스 등 선진국도 그 시행 시기를 저울질하고 있는 상태다.

또 다른 하나는 부동산 거품에 대한 정책 당국의 선제적 대응을 지지하는 주장이 훨씬 많아졌다는 것이다. 그전까지는 부동산 거품은 터지기 전에는 확인할 수 없으므로 정책 당국이 부동산 거품에 선제적으로 대응하기보다는 부동산 거품이 터진 다음에 적절히 관리하는 것이 최선이라는 주장이 주류였다. 그러나 2008년 세계 금융위기를 겪으면서 부동산 거품 붕괴로 큰 피해가 발생하자, 어렵고 부작용이 있더라도 정책 당국이 부동산 거품 문제에 선제적으로 대응해야 한다는 주장이 설득력을 얻고 있다.

셋째, 2010년 들어 금융위기는 진정되었지만 후유증으로 그리스, 아일랜드, 포르투갈 등의 국가에서 재정위기가 불거지면서 재정 건전성이 세계경제의 현안 과제로 등장하고 있다. 과거의 재정위기는 주로 후진국에서 차관과 같은 대외 채무를 변제하지 못하는 외채위기 형태로 나타났다. 국가의 국내 채무는 최악의 경우 국채를 중앙은행에 인수하게 하면 해결할 수 있었기 때문이다. 그러나 2010년 들어 불거진 재정위기는 2008년 세계 금융위기와 마찬가지로 선진국에서 촉발될 조짐을 보이고 있다.

유로시스템 가입 국가[2]는 유로라는 단일 통화를 공동으로 사용함으로써 외환위기의 가능성을 낮추었지만, 재정위기의 가능성은 오히려 커졌다. 유럽중앙은행과 회원국 중앙은행은 유럽중앙은행 정관이나 중앙

---

2   2010년 말 유럽연합 회원국은 27개국이지만, 이 중 유로를 자국의 법정 통화로 사용하는 국가는 17개국이다. 이러한 유로 사용 국가를 '유로시스템 가입 국가', '유로존 국가'라고 한다. 그리고 모나코, 안도라, 바티칸, 산마리노 등의 국가는 유럽연합 회원국이 아니면서도 유로를 자국 통화로 사용한다.

은행법상 회원국의 국채를 직접 인수할 수 없게 되어 있어, 시장에서 정상적인 국채 발행이 어려운 국가는 재정위기 상황에 쉽게 빠지게 된다.[3] 그리스, 아일랜드, 포르투갈 등 경제 기초여건이 나쁜 유럽연합 가입국들이 일차적으로 재정위기를 맞은 것은 이 때문이다. 그리고 스페인, 벨기에, 이탈리아 등의 유럽연합 국가들이 다음으로 재정위기가 발생할 가능성이 큰 국가로 지목되면서, 이 국가들 못지않게 재정 상황이 좋지 않은 일본과 미국, 영국 등의 재정 건전성에 대한 관심도 함께 커지고 있다.

일본은 국채의 95% 정도를 내국인이 보유하고, 미국은 기축통화국이라는 이점이 있으며, 영국은 자국 금융시장의 발달 등으로 지금까지 국채 발행에 별다른 어려움이 없었다. 그러나 일본은 GDP 대비 정부부채비율이 200%로 OECD 가입국 중 최악의 상태이며, 미국과 영국의 재정도 재정위기를 겪고 있는 남유럽 국가 못지않게 나쁜 상태인 데다 앞으로 개선될 전망도 밝지 않아 재정위기에서 자유롭지 못하다(표 4-3 참조).

이러한 재정위기 발생과 재정 건전성에 대한 시장의 관심 증대는 일

---

[3] 유럽중앙은행과 회원국 중앙은행은 회원국 국채를 유통시장에서 매입하거나 담보로 인정하는 등 간접적으로 지원할 수는 있다. 그러나 2010년 남유럽 국가의 재정위기로 유럽중앙은행이 남유럽국가의 국채를 유통시장에서 대규모로 매입하면서 이에 대한 법률적 논쟁이 발생했다. 즉, 유통시장에서 국채를 매입해 장기간 보유하는 것은 국채를 직접 인수하는 것과 경제적 효과 면에서 차이가 없어 유럽중앙은행 설립 정신과 맞지 않는다는 것이다.

표 4-3 **주요국의 재정 건전성 지표(%)**

	GDP 대비 정부 부채			GDP 대비 재정 적자		
	2009	2010	2011*	2009	2010	2011*
미국	84.4	92.8	98.5	-11.3	-10.5	-8.8
일본	192.8	198.4	204.2	-7.1	-7.7	-7.5
유럽연합 전체	74.0	79.1	81.8	-6.8	-6.8	-5.1
독일	76.5	79.9	81.3	-3.0	-4.0	-2.9
프랑스	87.1	92.4	97.1	-7.6	-7.4	-6.1
벨기에	100.4	102.5	104.3	-6.1	-4.9	-4.5
덴마크	51.8	53.7	55.2	-2.8	-4.6	-3.9
오스트리아	72.7	75.9	78.0	-3.5	-4.4	-3.4
핀란드	52.6	58.4	62.7	-2.7	-3.3	-1.7
스웨덴	51.9	51.3	48.8	-1.2	-1.2	-0.6
영국	72.4	81.3	88.6	-11.0	-9.6	-8.1
아일랜드	72.7	104.9	112.7	-14.2	-32.3	-9.5
그리스	120.2	129.2	136.8	-13.7	-8.3	-7.6
포르투갈	86.3	92.9	98.7	-9.4	-7.3	-5.0
스페인	62.4	72.2	78.2	-11.1	-9.2	-6.3
이탈리아	127.7	131.3	132.7	-5.2	-5.0	-3.9

주: *는 전망치.
자료: OECD, 유럽연합 집행위원회 자료를 바탕으로 재구성.

차적으로 국채시장 불안, 해당국의 자금 조달 비용 상승 등을 초래한다. 이보다 더 큰 문제는 또 다른 위기가 오거나 현재의 위기가 장기화되었을 때 추가적인 정책의 선택폭이 크게 제한된다는 점이다.

넷째, 2008년 세계 금융위기는 중국, 브라질, 인도 등 신흥시장국의 역할과 위상을 크게 바꾸는 계기가 되었다. 이 국가들은 세계 금융위기 와중에서도 자국의 금융시스템이 손상되지 않아 경제가 빠르게 회복했고, 이는 2009년 이후 세계경제의 회복세를 이끄는 원동력이 되었다. 2010년 중국, 브라질, 인도의 경제성장률은 8~10% 수준으로 세계 평균 경제성장률의 2배 수준이다. 이 세 나라의 GDP가 세계 GDP에서 차지하는 비중도 2005년 10.4%에서 2010년 17.2%로 증가했다. 이러한 신흥시장국은 높아진 경제력, 막대한 외환 보유액, 풍부한 자원 등을 바탕으로 세계경제의 질서를 바꾸고 있다.

세계경제에 대한 국제적인 논의 기구가 종전 미국, 유럽, 일본 등으로 구성된 G7에서 신흥시장국이 포함된 G20로 바뀌었고, 실질적으로는 G2, 즉 미국과 중국이 세계경제를 주도하는 모습도 나타난다. 특히 중국은 미국의 달러를 대신하는 새로운 기축통화를 도입해야 한다고 주장하고, 브라질은 자국 금융 안정을 위해 강력한 자본 이동 규제[4]를 실시하는 등 기존 세계 금융체계의 틀을 변화시키고 있다. 이러한 변화는 아직 시작에 지나지 않지만, 신자유주의와 미국식 금융자본주의의 퇴조와 함께 앞으로 세계경제의 조류와 주도권을 바꾸는 전환점이 될 가능성이 있다.

---

4 브라질 정부는 2009년 11월 외국인 투자자의 브라질 헤알화 표시 채권 및 주식 투자에 대해 2%의 거래세를 매겼고, 2010년 10월 5일에는 채권 투자에 대한 거래세를 4%로 인상하고, 10월 18일에 다시 6%로 인상했다.

한국의 대응 정책에 대한 평가

한국에서는 서브프라임 모기지 사태가 본격적인 금융위기로 바뀌는 2008년 초 정부가 참여정부에서 이명박 정부로 바뀌었다. 새로운 정부는 항상 그렇듯이 많은 정책을 의욕적으로 추진했다. 특히 금융위기를 맞아 청와대의 경제 관련 회의를 지하 벙커에서 진행함으로써 전쟁에 임하는 자세로 경제정책을 수립하고 집행했다. 당시 금융위기와 관련된 주요 정책은 첫째, 미국 연방준비제도와의 통화스와프 체결 등 외화 유동성 확보, 둘째, 원·달러 환율 상승 유도, 셋째, 금리 인하 및 유동성 공급 확대, 넷째, 감세 및 재정지출 확대, 다섯째, 대폭적인 부동산 경기 부양 등 다섯 가지로 정리할 수 있다.

앞에서 설명한 대로 2008년 세계 금융위기는 미국, 영국 등 선진국에서는 금융기관 부실화에 따른 은행위기로 나타났고, 한국 등 주변 국가에서는 국제적인 신용경색 확산에 따른 외화 유동성 부족, 즉 외환위기의 성격이 강했다. 특히 한국은 금융 및 실물 면에서 개방도가 매우 높은 데다 금융기관의 외화 조달 능력이 취약해 외화 유동성 부족 상황이 다른 신흥시장국보다 훨씬 심각했다. 이렇게 본다면 2008년 당시 한국에서 가장 중요하고 실질적인 의미에서의 금융위기 대응 정책은 미국 연방준비제도와의 300억 달러 규모의 통화스와프 체결 등 외화 유동성을 확보하기 위한 정책이었다.

나머지 정책은 금융위기의 이차 충격인 세계 경기의 급격한 후퇴와 이에 따른 국내 경기의 위축을 막기 위한 것이었다. 그러나 이차 충격은 금융시스템이 손상되지 않은 한국과 중국, 브라질, 인도 등에서는 처음에 생각했던 것보다 크지 않았고 기간도 짧았다. 이는 신흥시장국 경제가 어느 정도 자생력을 가질 정도로 커진 데다 선진국 중앙은행의 과감한 양적 완화 정책 등으로 외화 유동성 부족문제도 점진적으로 해결되었기 때문이다. 따라서 외화 유동성 확보 이외에 나머지 위기 극복 정책은 위기가 지난 상황에서 평가해보면 여러 가지 문제가 있었다.

첫째, 고환율 유도 정책은 이미 제1장에서 자세히 설명했듯이 매우 많은 부작용을 낳았다. 정부가 환율주권론 등을 내세워 환율 상승을 유도한 2008년 초는 이미 금융위기가 시작되어 외국인 투자 자금이 이탈하고[5] 경상수지 흑자가 큰 폭으로 줄어들어 조만간 환율이 상승할 수밖에 없던 시기였다. 당시 경제팀이 환율에 관한 한 아무 일도 하지 않고 가만히 있었다면 금융위기의 충격은 훨씬 작았을 것이다.

둘째, 금리 인하 등 유동성 공급을 확대하기 위한 정책은 다른 국가의 중앙은행과 보조를 맞춘 정책으로 다른 선택의 여지가 없었다. 다만 이차 충격의 크기가 생각보다 크지 않음을 확인할 수 있었던 2009년 말부터 한국도 경제 여건이 유사했던 다른 신흥시장국과 발을 맞춰 금리 인상 등 출구전략을 시행했더라면 부작용이 적은 훌륭한 정책이 되었을 것이다. 금리 인하 등 유동성 확대 정책은 출구전략이 늦어지면서 2010년 하반기 이후 고물가와 가계 부채 증가의 주요 원인으로 지목받게 되

5　외국인 주식 투자 자금은 서브프라임 모기지 사태가 일어난 2007년 초부터 빠르게 이탈했다. 외국인 투자자의 한국 상장주식 보유 비중은 2006년 말 37.3%에서 2007년 말 32.4%로 감소하고, 2008년 말 28.9%로 감소했다.

었다.

셋째, 감세 및 재정지출 확대 정책은 다른 나라와 보조를 같이했지만 방향과 내용 면에서 문제가 많았다. 우선 감세는 재정 건전성 측면에서 바람직하지 않았다. 한국도 정부 부채가 이미 우려할 수준에 와 있기 때문이다. 또한 감세 혜택은 대개 경제적 여유가 있는 계층에게 집중되므로, 금융위기로 가장 큰 어려움을 겪는 실업자와 저임노동자 등에게는 직접적인 도움이 되지 않았다.

한편 4대강 등 토목공사 중심의 재정지출 확대는 대상을 잘못 잡은 정책이었다. 제2장에서 설명했듯이 한국은 이미 건설투자가 과잉 상태였으며, 더욱이 토목공사 확대는 일자리 창출 효과가 별로 없고 재정 상황 악화, 경제구조 왜곡 등 부작용이 크다. 재정지출을 실업급여 증액 등 사회안전망 확충에 사용했더라면 금융위기의 충격을 훨씬 줄일 수 있었고, 고용시장 불균형 해소에도 큰 도움이 되었을 것이다.

넷째, 부동산 경기 부양책은 과거에도 경기가 나쁠 때 항상 있었지만, 2008년에는 세계 금융위기를 핑계로 거의 제한 없이 이루어졌다. 그러나 양도소득세 감면, 종부세의 사실상 폐지, 재건축·재개발 규제 완화, 분양권 전매 허용 등 광범위한 부동산 경기 부양책이 시행되었는데도 주택 건설 물량이 2007년 이후 계속 감소하는 등 주택 경기는 침체 상태를 벗어나지 못했다.[6]

---

6 주택 건설 인허가 물량은 2007년 56만 가구에서 2008년 37만 가구, 2009년 38만 가구, 2010년 39만 가구로 감소해, 2008년 이후 3년 동안 계속해서 40만 가구를 밑돌았다.

정부가 진정으로 주택 경기 활성화를 통해 지나친 내수 위축을 방지하려 했다면 토목공사 대신에 소형 임대주택 건설에 대한 공공투자를 대폭 늘렸어야 했다. 주택 건설이 토목공사보다 고용 등 국내 경제의 파급 효과가 훨씬 크고, 나아가 임대주택의 공급 확대는 전세금 안정 등의 부수 효과도 기대할 수 있었기 때문이다. 결국 부동산 경기 부양 정책은 실질적인 경제 활성화 효과는 거의 없이 부동산 투자자의 세금 부담만을 줄여주고 재정 적자를 늘린 정책으로 평가된다.

종합해보면, 한국의 2008년 금융위기 대응 정책은 환율 인상, 금리 인하, 재정 확대 등과 같은 확장적 거시경제정책과 부동산 경기 부양책이 주를 이루었다. 즉, 대부분이 단기 경기조절정책으로, 제1장에서 제시한 성장정책과는 거리가 멀었다. 결국 이러한 단기 부양책은 성장 잠재력을 확충하는 데는 도움이 되지 못한 채 오히려 양극화, 과도한 경제 개방, 물가 불안 등 한국 경제의 구조적 문제를 더 악화시켰다. 더욱이 2008년 이후 세계경제에 나타난 변화, 즉 신자유주의 폐해 해소, 부동산 거품에 대한 선제적 대응, 재정 건전성 제고 등에 부응하는 정책도 아니었다.

앞으로의 과제

1997년의 금융위기는 한국 경제에 많은 변화를 가져왔다. 그중 기업 및 금융기관의 재무 건전성 개선, 외환 보유액 확충과 같은 긍정적 변화는

2008년 세계 금융위기 극복에 많은 도움이 되었다. 금융위기는 앞으로 또 발생할 것이다. 한국에서 발생할 수도 있고 주변 국가의 금융위기가 한국에 영향을 줄 수도 있다. 그러나 다음 금융위기는 한국 경제구조가 크게 개선되지 않는 한 2008년 위기보다 훨씬 더 극복하기 어려울 것이다. 양극화, 부동산 문제, 금융시장의 과도한 개방 등의 문제점이 전혀 개선되지 못하고 있는 데다 재정과 가계의 건전성 악화가 새로운 위험 요인으로 등장하고 있기 때문이다.

이러한 상황에서 앞으로의 과제는 두 번의 금융위기에서 나타난 한국 경제의 문제를 조금이라도 개선하고 금융시스템을 위기에 강한 구조로 만드는 것이다.[7] 어렵고 광범위한 과제지만, 여기에서는 기본 방향만이라도 함께 고민해보려 한다.

1997년 위기 이후 나타난 구조적 문제로는 양극화, 부동산 문제, 금융시장의 과도한 개방, 경제 의식의 보수화를 들 수 있다. 그중에서 부동산 문제는 우리 국민의 최대 관심사일 뿐 아니라 경제의 여러 부문과 관계가 깊어 다음 장에서 별도로 살펴본다. 금융시장의 과도한 개방 문제는 금융위기에 강한 금융시스템을 구축하기 위한 과제의 하나로 볼 수 있다.

남은 과제인 양극화와 경제 의식의 보수화는 각각 중요한 정책 과제이고 성격이 달라 보이지만, 크게 보면 문제의 뿌리가 비슷하다. 여러

---

7 금융시스템을 위기에 강한 구조로 만드는 것, 즉 금융 안정을 유지하는 것은 물가 안정과 함께 나라 경제의 지속적인 성장을 위한 전제 조건이다. 금융 안정 역시 성장이나 일자리 창출 못지않게 어렵고 광범위한 정책 과제다.

분야에서 발생하고 있는 양극화 중에서 가장 심각하고 구조적인 것은 기업 부문이 빠르게 성장하는 데 비해 개인 부문이 계속 위축된다는 것이다. 또한 개인 중에서도 비정규직, 영세 자영업자, 실업자 등과 전문직, 공무원, 공기업, 대기업 등과 같이 좋은 직업을 가진 사람의 격차가 계속 커진다는 것이다. 이렇게 본다면 양극화 문제의 근본 해법의 하나는 괜찮은 일자리를 많이 만들어내는 것이다. 그러나 제2장에서 살펴보았듯이 괜찮은 일자리를 만들어내는 것은 힘들고 시간이 많이 소요되기 때문에 다른 보완 방안이 필요하다.

대표적인 보완 방안은 2010년 이후 한국 사회의 새로운 담론으로 등장하고 있는 복지 확충일 것이다. 이러한 복지 확충, 즉 사회보장시스템 구축은 사회적 연대와 분배의 형평성에 관련된 거대한 정책 과제로, 이 책에서 자세히 논하기에는 한계가 있다. 다만 이 책에서 꼭 확인하고 싶은 것은 복지 수준이 한국과 비교할 수 없을 정도로 앞선 독일, 프랑스 등 유럽의 사회보장시스템은 이미 오래전에 사회체제의 안정을 위해 구축되었다는 것이다.[8] 그리고 1970년대에 이미 '요람에서 무덤까지'라는 말이 나올 정도로 복지 수준이 지금보다 훨씬 높은 수준이었다는 것이다. 즉, 복지 확충은 경제력의 문제라기보다는 나라 경제를 어느 방향으로 끌고 갈 것이냐의 문제다. 미국식 신자유주의 경제 모델, 북유럽식 복지국가 모델, 독일식 경쟁과 복지의 절충형 모델 중에 어느 길을 갈

---

8 독일의 사회보장시스템은 1880년대 비스마르크 시대에 근로자의 생활수준 향상을 통해 공산주의의 확산을 막기 위한 정책의 하나로 도입되었다.

것인지 선택하는 것이다.

그리고 한국의 사회보장시스템이 적절한 방향을 잡아 조금씩 확충되어간다면 각 경제주체와 경제 의식도 과도한 보수화에서 조금씩 벗어나고 경제의 역동성도 회복될 수 있을 것이다. 최악의 경우 잠시 쉬어갈 수 있는 피난처가 있기 때문이다.

그다음 큰 주제인, 금융위기에 강한 시스템을 구축하는 문제는 기업, 가계 등 각 경제주체의 건전성 유지, 금융기관의 다양성 확보, 위기관리 체제의 대폭 정비, 금융시장의 과도한 개방 완화 등 네 가지가 핵심 과제다.

첫째, 국민경제를 구성하는 가계, 기업, 금융기관, 정부(재정)의 건전성 유지는 금융위기를 막거나 금융위기가 왔을 때 쉽게 극복할 수 있는 기본 전제 조건이다. 1997년 금융위기는 기업 및 금융기관의 부실과 깊은 관계가 있었고, 당시 건전했던 정부 재정은 위기를 극복하는 데 큰 힘이 되었다. 그리고 2008년 위기 시에는, 기업과 금융기관이 구조조정을 거쳐 건전성이 크게 개선된 상태였던 덕분에 위기를 빨리 극복할 수 있었다. 반면 두 번의 금융위기를 겪으면서 정부와 가계의 건전성은 빠르게 악화되었다.

2010년 말 한국의 정부 부채는 아주 적게는 400조 원(정부 발표)에서 많게는 1,700조 원 수준인 것으로 나타났다. 정부 부채의 크기도 문제지만, 정부 부채의 규모가 사람이나 기관에 따라 너무 차이가 난다는 것이 더 큰 문제다.[9] 정부 부채 1,700조 원은 정부가 발표한 수치에 공기업 부채, 정부보증 채무, 한국은행의 통화안정증권 발행 잔액, 공적 연금의 책임준비금 부족액 등이 포함된 것으로, 나름 충분한 논리가 있다. 따라서 정부 부채를 중간 규모인 1,050조 원 정도로만 잡는다 해도 GDP 대비 정부 부채비율이 거의 100%로, 재정위기를 겪고 있는 스페인과 포르투갈보다 한국의 재정 상황이 더 나쁠 수 있다. 개발도상국에서는 GDP 대비 정부 부채비율 60% 이하에서 국가 부도가 일어난 경우가 50%를 넘어, 한국도 재정위기에서 안전한 국가가 아니다(참고 4-2 참조).[10]

가계 부채는 더 고질적이고 심각하다. 2000년대 중반부터 가계의 금융 부채 규모는 빠르게 증가해 2010년 말 900조 원을 넘어 GDP 규모에 육박했다. 이에 비해 가계는 소득 둔화와 저축률 하락, 부동산 위주의 자산 보유와 부동산 시장 침체 등으로 부채 상환 능력이 크게 악화된 상태다. 이러한 상황은 금융자산 대비 금융 부채비율, 처분 가능 소득 대비 이자 지급 비율 등 가계의 채무 상환 능력 지표를 미국, 일본, 영국 등과 비교하면 바로 나타난다(한국은행, 2010a, 2010b 참조).

또한 가계의 금융 부채 이외에 대부업체로부터의 차입금, 외상 거래, 전세금 등도 가계가 갚아야 할 부채다. 특히 이자 지급 부담은 없지만

---

9 일반적으로 위기가 발생했을 때 시장은 신뢰성 없는 공식 통계보다는 시장참가자들이 생각할 수 있는 최악의 숫자를 기준으로 상황을 평가하는 경향이 있다. 따라서 보기 좋은 통계보다, 나쁘더라도 신뢰성 있는 통계가 위기 발생 시 문제 해결에 더 큰 도움이 된다.

10 라인하트와 로골프(Reinhart and Rogolf, 2009)에 따르면, 중간 소득 국가의 재정위기는 GNP(국민총생산) 대비 정부 부채비율 40% 이하에서 19.4%, 41~60%에서 32.3%, 61~80%에서 16.1%, 81~100%에서 16.1%, 100% 이상에서 16.1%의 비율로 발생하는 것으로 나타났다.

가계의 실질적인 부채인 전세금은 400~500조 원 이상일 것으로 추정된다.[11] 전세금은 가계 부문 전체로는 자산과 부채로 서로 상계될 수 있지만, 특정 개인에게는 상환해야 할 부채다. 따라서 주택 담보 대출과 전세금을 동시에 이용해 주택을 구매한 사람은 주택 가격 하락이나 금리 인상과 같은 충격에 매우 취약한 계층이 되었다.

이렇게 재정과 가계의 건전성은 크게 악화되어 언제든지 위기의 뇌관이 될 수 있다. 재정은 복지 확충, 통일 등 거대 수요가 남아 있기 때문에, 감세 철회와 새로운 세원 확보, 불요불급한 토목공사 중지 등 전면적인 세제 및 재정지출 개혁이 즉시 필요한 시점이다. 이 과제 역시 조세와 재정에 관한 전문가의 몫이며, 늦으면 늦을수록 문제의 해결이 어려워질 것으로 보인다.

다음으로, 가계의 건전성을 회복하려면 가계부채의 축소, 가계소득의 증대, 가계자산 중 부동산 비중의 축소 등이 동시에 이루어져야 한다. 어느 것 하나도 쉬운 과제가 아니다. 특히 가계소득 증대는 가계의 채무 상환 능력을 높이기 위해 필수적이나 한국의 경제구조상 매우 어렵다. 현재의 한국 경제는 가계의 몫이 줄어들고 기업의 몫은 커지는 구조이기 때문이다. 따라서 우선 가계 부채의 추가적인 확대를 엄격히 막

---

11 한국의 전체 전세금 규모에 관한 정확한 통계는 없다. 다만 2010년 국토해양부에서 시행한 주택 총조사 결과에 따르면, 한국의 주택 수는 총 1,488만 채이고 그중 655만 채가 전·월세인데, 이 자료를 토대로 전세 주택을 400~500만 채로 잡고 한 채당 평균 전세보증금을 1억 원으로만 계산해보면, 전체 전세금 규모는 400~500조 원에 달할 것으로 추정된다.

고 가계 부채의 상환을 미루지 않게 하는 정책을 시행하면서 가계소득을 늘리기 위한 경제구조 조정 정책을 지속적으로 추진해야 한다.

둘째, 업무 형태와 지배구조가 다양한 금융기관들이 존재하는 금융시스템을 구축하는 것이다. 위험관리의 핵심이 분산투자이고, 종의 다양성이 유지되는 생태계가 건강하듯이, 다양한 성격의 금융기관이 존재하는 금융시스템은 외부 충격에 더 강하다. 1997년 금융위기 이후 조흥은행, 상업은행, 제일은행, 한일은행, 서울은행 등 5대 시중은행이 모두 부실화되어 사라지고, 국민은행과 주택은행이 리딩뱅크(leading bank)가 된 것은 두 은행이 경영을 잘해서가 아니다. 두 은행의 주 고객이 가계로, 당시 금융위기의 진원지인 기업 부실과 거리가 멀었기 때문이다.

현재 한국의 은행은 대부분 주택 담보 대출과 중소기업 대출을 중심으로 자산구조가 비슷한 붕어빵식 경영을 하고 있다. 모든 은행이 비슷한 대출 포트폴리오와 영업 행태를 나타내는 것은 시스템 전체로 볼 때 분산 효과를 기대할 수 없어 위기에 취약해진다. 한국도 국제금융, 대기업금융, 투자금융, 프라이빗뱅킹, 주택 담보 대출과 부동산 금융, 중소기업 및 개인금융 등 주요 금융업무의 몇 가지 분야에서 강점을 지닌 은행이 나타나야 한다. 금융기관이 대형화되고 종합금융그룹이 된다 하더라도 각각 강점을 지닌 분야가 있고 자산 포트폴리오도 달라야 국제경쟁력을 가질 수 있을 뿐 아니라, 금융시스템 전체의 복원력(resilience)도 강해진다.

또한 금융기관의 자산구조와 영업 행태뿐 아니라 지배구조나 소유구조 면에서의 다양성도 필요하다. 민영 금융기관이 한 나라의 금융산업에서 주도적 역할을 해야 하지만, 조합 형태나 공기업 형태의 금융기관도 어느 정도 섞여 있는 금융산업이 더 안정적일 수 있다. 민영 금융기관은 창의성과 효율성 면에서는 앞설 수 있지만, 과도한 단기 수익 추구, 자산운용의 쏠림 현상 등을 나타낼 수 있기 때문이다.

셋째, 정부의 금융위기 관리 조직과 체계를 책임성, 효율성의 원칙에 따라 대폭 정비해야 한다. 금융위기와 관련된 정책 당국은 재무 당국(기획재정부), 중앙은행(한국은행), 감독 당국(금융위원회, 금융감독원)의 세 개로, 각 기관이 법과 관행에 따라 업무를 수행한다. 금융위기의 관리와 대응 등과 관련해 이러한 조직과 체계의 문제점은 다음 세 가지로 압축할 수 있다. 첫째, 세 개 당국 간 명확한 책임 분담과 진정한 소통이 이루어지지 않고, 둘째, 중앙은행의 책무가 주요 선진국에 비해 매우 작으며, 셋째, 감독 당국이 금융위원회와 금융감독원으로 이원화되어 있다는 것이다.

이 세 가지 문제는 금융위기 대응뿐 아니라 제3장에서 살펴보았듯이 금융산업 발전을 위해서도 빠른 해결이 필요한 과제다. 적절한 정책 대안도 주요 선진국의 사례를 조사하면 바로 찾을 수 있다. 그러나 답이 있다 하더라도 실제 해결은 쉽지는 않을 것이다. 관련 기관의 이해관계가 복잡하게 얽혀 있고, 정치권으로서는 시끄럽기만 할 뿐 당장 실익이 없는 과제이기 때문이다.

넷째, 국내 금융시장의 과도한 개방 문제는 다행히 2008년 세계 금융위기 이후 개선의 기회가 주어졌다. 국제사회에서 자본 이동에 대한 규제가 조금씩 용인되는 분위기가 조성되고 있기 때문이다.

한국 정부도 은행과 기업의 선물환 포지션 규제, 외국인 국채 이자소득에 대한 비과세 철회 등의 조치에 이어 2011년 8월 은행세(bank levy) 형태의 거시건전성부담금[12]을 도입했다. 그러나 이 정도의 정책은 한국 경제의 과도한 개방 문제를 해결하는 데 부족해 보인다. 한국은 금융 및 실물의 개방도가 거의 세계 최고 수준이라 이에 따른 부작용도 다양하게 나타나고 있기 때문이다. 조심스럽기는 하지만 브라질 등에서 시행하고 있는 거래세를 포함해 세계시장에서 용인될 수 있는 범위 내에서 다양한 정책 수단을 미리 조금씩이라도 확보해놓아야 한다. 세계 금융위기가 지나가고 국제금융시장이 더욱 안정되면 다시 자율화 분위기가 시장을 압도하게 될 것이고 이때 추가적인 규제 도입은 어려울 것이기 때문이다.

---

12 은행권의 비예금 외화 부채(= 전체 외화 부채 - 외화 예수금)에 대해 만기별로 0.05~0.2% 정도 부과하는 방안이다. 은행권의 전체 부담금은 연간 2~3억 달러로, 크지 않을 것으로 추정된다.

참고 4-2 재정위기와 정부 부채

정부도 하나의 경제주체로서, 가계나 기업과 마찬가지로 수입보다 지출이 많으면 부채가 늘어난다. 재정위기는 늘어난 빚 때문에 조세수입, 국채 발행 대금 등의 정상적인 재정수입으로 일반적인 재정지출과 국채의 원리금 상환이 불가능해지는 상황이다. 국채의 원리금 상환유예(모라토리엄), 국채의 만기 및 이자율 재조정 등과 같은 직접적인 국가 부도 사태 이외에도 한 국가의 국채 금리가 다른 나라에 비해 지나치게 높아지는 경우도 재정위기에 포함된다.

재정위기는 정부 부채와 재정 적자의 규모 등 재정 건전성 이외에도 경제성장률, 물가, 경상수지 등 경제 기초여건과 금융시장 상황에도 영향을 받는다. 따라서 재정위기 가능성 또는 재정 건전성을 평가하는 지표로는 GDP 대비 정부 부채 규모, 정부 세입 대비 정부 부채 규모, GDP 대비 재정 적자 비율, 정부 부채의 보유 주체(외국인 또는 내국인), 발행 국채의 만기구조, 국내 저축률과 경상수지 상황, 국가 대외 자산 보유 규모, 국민의 조세부담률 등이 다양하게 활용된다. 그중 GDP 대비 정부 부채비율과 GDP 대비 재정 적자 비율이 가장 많이 사용되는 지표다.

정부 부채비율이나 재정 적자 비율은 금융기관에 적용되는 BIS자기자본비율처럼 통일된 산정기준이나 적정성 평가기준이 없다. 다만 GDP 대비 정부 부채비율은 60%, GDP 대비 재정 적자 비율은 3% 이내면 대체로 양호한 것으로 본다. 여기에서 60%, 3%라는 수치는 유럽연합이 '안정 및 성장에 관한 협약(Stability and Growth Pact)'에 의거해 회원국의 과도한 재정 적자를 막고 정책을 조화시키기 위해 도입한 것이다.

한편 개발도상국은 경제구조가 외부 충격에 취약하고 금융시장이 미발달되어 있으므로 선진국보다 더 낮은 비율을 유지해야 한다. GDP 대비 정부 부채비율의 경우 선진국이 60% 이내라면 개발도상국은 40% 이내를 유지하는 것이 바람직하다는 의견이 많다. 실제 개발도상국의 사례를 보면 정부 부채비율이 60%가 안 되는 경우에도 재정위기가 많이 발생하기 때문이다.

재정위기는 금융위기 못지않게 경기 후퇴, 실업 증가, 물가 상승, 주가 폭락, 통화가치 하락, 소득분배구조 악화 등 국민경제에 많은 어려움을 가져온다. 재정위기까지 이르지 않더라도, 정부 부채가 증가하는 과정에서도 다음과 같은 부작용이 나타날 수 있다.

첫째, 기대 인플레이션 심리가 확산되어 이것이 물가 상승 기조를 불러오는 요인으로 작용한다. 정부 부채 증가는 그 자체가 통화 팽창의 요인일 뿐 아니라, 정부가 국채 상환 부담을 완화하기 위해 인플레이션을 용인하는 정책을 사용하려는 유혹에 빠지기 쉽기 때문이다. 제1차 세계대전 이후의 독일, 남북전쟁 이후의 미국 등 역사적으로 이러한 사례는 쉽게 찾아볼 수 있다. 한국에서도 조선 말 대원군 시절에 경복궁 중건 등으로 정부 빚이 많이 늘어나자 당오전, 당백전 등을 발행해 물가를 폭등시켰다.

둘째, 정부 부채 증가는 금리 상승을 통해 투자 위축과 성장 잠재력을 약화시킨다. IMF와 BIS 등의 실증분석 자료에는 정부 부채의 규모가 크거나 부채 증가 속도가 빠른 국가의 경제성장률이 상대적으로 낮은 것으로 나타났다. 그리고 정부 부채가 커질수록 추가적인 재정 적자 확대에 대한 부담이 커질 수밖에 없어 재정정책의 운신 폭이 좁아진다. 이는 재정정책의 경기 조절 기능을 약화시켜 경기 변동성을 확대하고 장기적으로는 성장 잠재력을 떨어뜨리는 요인으로 작용한다.

셋째, 정부 부채 증가는 국가 신용등급을 하락시키는 요인으로 작용해 국채를 포함한 민간 부문 발행 채권의 리스크 프리미엄을 상승시킨다. 이는 국가와 기업의 차입 비용 증가, 국가 신인도 저하, 투자자의 해외 자산 선호, 자본 유출 등의 부작용으로 이어질 수 있다.

이처럼 부작용이 큰 정부 부채의 증가를 억제하기란 쉬운 일이 아니다. 일반적으로 국가 부채를 증가시킨 주체와 상환해야 하는 주체가 달라 정부 부채의 자율 통제가 어렵기 때문이다. 전 정부 때 늘어난 정부 부채는 현 정부 때 상환 부담이 생기고, 현 정부 때 늘어난 부채는 다음 정부의 상환 부담이 되는 경우가 많기 때문이다.

더욱이 빚을 내 빚을 갚게 되면 지금 세대의 정부 부채는 다음 세대가 갚아야 할 빚이 된다. 따라서 재정 건전성을 유지하는 데 일차적 과제는 정부 부채가 마구 늘어나는 것을 억제할 수 있는 시스템을 구축하고 정부와 국민이 이를 준수하는 것이다. 이렇게 볼 때 정부 부채에 대한 통제가 어려운 미국, 일본, 영국보다는 초보적인 수준이나마 통제 수단을 갖춘 독일, 프랑스 등 유로시스템 가입 국가의 재정 건전성이 장기적으로는 더 안정적일 수 있다.

제5장

부동산 시장을 정상화할 방안은 없는가

부동산과 한국 경제
부동산 정책의 실패 원인
부동산 시장 정상화를 위한 정책 방향

> 한국도 이제는 경제 규모, 산업구조, 기업의 경쟁력 등을 고려할 때 부동산에 더는 목을 매지 않아도 충분히 발전할 수 있는 단계에 와 있다. 부동산 굴레에서 빨리 벗어날수록 오히려 경제구조가 건전해져 선진국으로 가는 길이 가까워질 수 있다.
> 부동산 가격이 장기적으로 소비자물가보다 오르지 않는다면 대부분의 사람들이 부동산에 큰 관심을 두지 않고 자기 사업과 자기 직장에 충실할 것이다. 이것이 정상적인 상황이다.

1
부동산과 한국 경제

부동산은 우리 국민의 최대 관심사

지금까지 한국에서는 사람들이 어떤 직장에서 일하고 얼마나 열심히 저축했는지보다는 부동산을 언제 어디에 얼마나 샀는지가 각 개인의 재산 규모에 더 큰 영향을 미쳤다. 부동산은 학군과 관계되어 교육에도 영향을 미치고, 더 나아가 2008년에 시행된 총선에서 보듯이 정치 판세를 좌우하기도 한다.[1] 이처럼 부동산은 한국 사회에서 경제뿐 아니라 정치·사회의 여러 분야에 결정적인 영향을 미치는 변수로 자리 잡으면서 국민의 최대 관심사가 되었다.

한국에서 부동산 열풍은 1970년대 강남 개발로 본격화되어, 1980년

---

[1] 2008년 국회의원 선거 당시 서울과 수도권 지역에서는 뉴타운을 지정하는 등의 방법으로 자기 지역의 주택 가격을 누가 더 많이 올려줄 것인지가 선거 결과의 많은 부분을 좌우했다.

대 말과 1990년대 초 신도시 개발을 거쳐, 2000년대 중반 재건축, 재개발, 뉴타운 등으로 이어지면서 절정을 이루었다. IMF 금융위기 직후의 짧은 기간을 제외하고 이 기간에 부동산 가격은 지속적으로 상승해, 한국 사회에는 부동산 불패 신화가 굳건히 자리를 잡았다.

2000년대에 들어 2006년까지 이른바 '버블세븐'이라고 부르는 인기 지역의 일부 아파트 가격은 4~5배까지 치솟았다. 2006년 당시 부동산 가격은 이미 크게 오른 상태였지만, 시장에서는 조만간 2~3배가 더 오를 것이라고 믿는 분위기였다.[2] 이러한 주택 가격 상승 과정에서 많은 사람이 능력을 벗어나는 대출을 받아 주택을 구매함으로써 과잉 가계 부채라는 한국 경제의 커다란 짐이 생겨났다.

2007년 미국에서 서브프라임 모기지 사태가 불거지고 2008년 들어 세계 금융위기가 확산되면서 부동산 시장의 분위기가 변했다. 아파트 미분양 물량이 늘어나고, 거래량이 줄어들었으며, 가격도 하락세를 나타내 부동산 불패 신화가 조금씩 흔들리는 모습을 보였다. 앞으로 부동산 가격이 어떻게 될지 단정하기는 어려운 상황이지만, 어떠한 방향으로 움직여도 나라 경제 전체에는 큰 부담이 될 것이다.

첫째, 부동산 가격이 다시 상승세로 돌아서면 부동산 버블이 더 커질 뿐이다. 부동산 버블은 시간의 문제이지 언젠가 붕괴하고 이에 따른 가계와 금융기관의 피해는 버블이 커진 만큼 증가하게 된다. 1990년대 일

---

2 평당 4,000만~5,000만 원까지 올랐던 인기 지역 아파트 가격이 몇 년만 지나면 평당 1억 원을 넘을 것이기 때문에 이 아파트들을 지금이 아니면 다시는 살 수 없을 것이라는 분위기가 당시 팽배했었다.

본의 부동산 버블 붕괴, 2007년 미국의 서브프라임 모기지 사태, 2008~2009년의 영국, 아일랜드, 스페인 등의 부동산 버블 붕괴에서 보듯이 부동산 가격이 장기간 오른 뒤에는 반드시 그에 상응해 가격이 내려간다. 한국도 예외일 수는 없다. 긴 오르막 뒤에는 어떤 형태든 내리막이 있을 것이기 때문이다.

둘째, 부동산 가격이 내려간다면 이는 버블 붕괴를 의미하므로, 버블의 크기만큼 과잉 대출자와 금융기관이 어려움을 겪을 것이다. 부동산 가격이 서브프라임 모기지 사태 이후의 미국과 같이 단기에 급격히 하락하든지, 1990년대의 일본과 같이 장기간에 걸쳐 지속적으로 하락하든지 전체적인 손실이나 고통은 큰 차이가 없을 것이다.

셋째, 부동산 가격이 조금씩 등락하면서 현재 수준을 유지하는 것이다. 이는 정책 당국에서 가장 바라는 방향이나, 부동산 시장의 속성상 가능성이 크지 않고, 나라 경제에 주는 부담이 없어지는 것도 아니다. 부동산 등 자산 가격은 변동률보다 가격 수준 자체가 경제에 더 많은 영향을 미치기 때문이다.[3] 그리고 구조조정이 지연되면서 생겨나는 기회비용과 비효율적인 자원 배분에 따른 손실 부담도 무시할 수 없다.

---

3 주택이나 주식과 같은 자산에는 일반 상품과는 달리 정확히 측정하기는 어렵지만 미래 수익 흐름의 현재 가치 등에 따라 결정되는 내재 가치가 존재한다. 이러한 내재 가치와 시장가격의 차이가 크다면, 시장가격이 안정되어 있다 하더라도 위험이 잠재되어 있는 것이다. 그리고 가계, 기업, 금융기관 등이 부동산을 투자나 담보 대상으로 고려할 때 가격 변동률에도 관심을 기울이지만 가격 수준 자체를 더 중요시하기 때문에, 가격 수준이 경제에 더 많은 영향을 미친다(한국은행, 2006b: 32).

그러나 각 개인의 입장에서는 앞으로 부동산 가격이 어떤 방향으로 움직이느냐에 따라 손실과 이익이 크게 달라진다. 다주택자나 1주택자 중 대출이 많은 사람은 나라 경제가 어떻게 되든 부동산 가격이 올라야 이익을 더 내거나 집을 팔아 대출금을 상환할 수 있다. 무주택자는 당연히 집값이 떨어질수록 좋을 것이다. 대출이 없는 1주택자는 상황에 따라 이해관계가 다르다. 앞으로 집을 늘려가거나 더 비싼 지역으로 옮길 사람은 집값이 떨어질수록 좋고, 집을 팔아 노후자금 등으로 쓸 사람은 집값이 올라갈수록 좋을 것이다.

이처럼 한국의 부동산 시장은 각 개인의 이해관계가 복잡하게 얽혀 국민의 최대 관심사가 되어버렸다. 국민 대부분은 부동산 전문가가 되어야 하고, 때에 따라서는 부동산 투자나 투기에 참여할 수밖에 없게 되었다. 이러한 상황은 매우 비정상적이며, 그동안 부동산 정책이 매우 잘못되었다는 것을 의미한다.

부동산 시장이 정상적이고 정책이 제대로 수행된다면 부동산 개발업자나 주택 사업자 등 부동산 관련 산업에 직접 종사하는 사람을 제외한 일반 국민은 부동산에 많은 관심을 기울일 필요가 없을 것이다. 각자의 사업이나 직장 일을 열심히 하면서 크게 변하지 않은 가격으로 필요할 때 집을 사거나 빌리면 되기 때문이다. 즉, 제1장에서 설명했듯이 거시경제정책이 제대로 수행되면 국민은 대부분 환율, 금리, 물가 등에 큰 관심을 쏟을 필요가 없고 자신의 일에만 열중해도 문제가 없다는 것과 마찬가지다.

그런데 한국 부동산 시장의 정상화는 매우 어려워 보인다. 부동산 가격이 어떤 방향으로 움직여도 나라 경제에 큰 부담이 되는 데다 각 개인의 이해관계가 복잡하게 얽혀 있어 어떤 부동산 정책을 꺼내 들어도 반발이 있을 수밖에 없기 때문이다. 그러나 부동산이 지금까지 한국 경제에 준 해악이 너무 크고, 정상화가 늦어질수록 해악은 더 커질 수밖에 없기 때문이다. 어렵더라도 정상화의 길을 가야 한다.

부동산이 한국 경제에 미친 해악

부동산 문제가 한국 경제에 미친 해악은 이미 다른 책이나 자료에서 충분히 언급되었으므로, 여기에서는 간략하게 정리해본다.

부동산 문제가 한국 경제에 미치는 첫 번째이자 가장 큰 해악은 한국 사회의 공정성, 즉 경제정의를 크게 훼손한다는 것이다. 지금까지 한국에서는 땀 흘려 일하고 꾸준히 저축한 사람보다 부동산 투자를 잘하거나 물려받은 부동산이 많은 사람이 부자가 되기가 훨씬 쉬웠다. 기업도 사업을 잘해서 얻은 수익보다 공장 터에 아파트를 지어 판 수익이 더 큰 경우도 많았다. 게다가 부동산 관련 수익은 세금마저 거의 내지 않는다. 주택의 임대 소득은 임대 사업자로 등록한 극소수를 제외하고는 세금을 내는 사람이 거의 없다. 주택보다는 덜하겠지만 사무실이나 상가 등의 임대 소득에 대해서도 세금을 내지 않거나 임대 소득을 대폭 축소해 적게 내는 사람이 많을 것으로 추정된다. 부동산 양도차익에 대한 세금도 1가구 1주택 비과세 제도, 다양한 공제 제도 등으로 실제 세율이 금융자산 소득에 비해 크게 낮다. 한편 주택 등 부동산의 보유세는 미국 등에 비해 크게 낮아 부동산 투자나 투기에 대한 부담마저 작다.[4]

이처럼 대표적인 불로소득인 부동산 투자의 수익은 높고 세금은 적게 내는 상황에서 공정성이나 경제정의를 주장하는 것은 공허할 뿐이다. 또한 이러한 상황은 근로 의욕을 떨어뜨리고 상대적 박탈감을 불러와 경제의 효율성과 사회 통합을 크게 저해한다.

부동산 문제가 한국 경제에 미치는 두 번째 해악은 한국의 산업 경쟁력을 떨어뜨리고 일자리를 줄인다는 것이다. 1990년대 이후 한국 기업의 해외 현지 공장 설립이 크게 늘어나고 있다. 한국 기업의 해외 법인장에게 공장의 해외 설립 사유를 물어보면, 해외시장 진출을 쉽게 하기 위한 것이기도 하지만, 무엇보다도 국내의 높은 부동산 가격과 노사문제 때문이라고 말한다. 부동산 가격은 공장의 임대 비용이나 건설 비용을 좌우할 뿐 아니라 근로자의 임금에도 영향을 준다. 근로자는 주택 가격이 상승하면 같은 임금을 받아도 살기 어려워지기 때문에 임금 인상을 요구할 수밖에 없다.

또한 한국은 인천 송도, 새만금, 제주, 대덕 등 여러 지역을 경제자유지역, 특별도시, 특구 등의 이름으로 개발하면서 외국 기업의 투자를 유치하고 있으나 실적은 별로 없다. 이유는 여러 가지가 있겠으나, 가장

---

[4] 주택 보유세는 미국이 평균적으로 주택 가격의 1% 이상인 것으로 알려져 있고, 정확한 통계는 없지만 한국에서 종부세 부과 대상이 되는 고가 주택의 보유세는 시가보다 크게 낮은 공시 가격의 0.5% 내외, 일반 주택의 보유세는 공시 가격의 0.1~0.2% 정도인 것으로 추정된다.

큰 이유는 땅값이 비싸서다. 예를 들어 해외에 관광단지를 조성하려는 유럽의 투자자에게 이집트 등 북아프리카, 터키 등 중동, 인도 등 남아시아 국가는 한국보다 기후나 관광자원에 대한 접근성 등 여러 가지 여건이 좋을 뿐 아니라 관광단지 조성에 필요한 부지도 무상으로 또는 싼 값에 얻을 수 있어, 한국의 송도나 새만금 등 상대적으로 땅값이 비싼 곳은 별로 매력적이지 못하다. 결국 높은 부동산 가격은 국내 공장의 해외 이전, 외국 기업의 국내 유치 곤란, 높은 임금 상승 압력 등을 불러와 국가경쟁력을 떨어뜨리고 산업을 공동화하는 주요 요인이다.

부동산 문제가 한국 경제에 미치는 세 번째 해악은 그것이 한국 경제를 매우 위험하고 불안하게 만들었다는 것이다. 제3장에서 설명했듯이 금융도 매우 위험한 산업이지만 부동산은 금융보다 더 위험한 측면이 있다. 부동산은 가격 및 거래 정보가 불완전한 데다 공급 시차가 매우 크고 옵션, 선물 등 다양한 시장이 존재하지 않아 금융자산보다 훨씬 불안정하며 거품 발생 및 붕괴 가능성이 크다(참고 5-1 참조).

또한 역사적으로 볼 때 주식시장의 거품은 주식시장의 문제로 끝나는 경우가 많았지만, 부동산 거품은 많은 경우 금융위기 등으로 이어져 나라 경제에 막대한 피해를 주었다.[5] 한국도 과도한 가계 부채를 통해 부동산과 금융이 위험하게 연결되어 있어, 앞에서 설명한 대로 부동산

---

5 주요 선진국의 사례만 보더라도, 1980년대 미국의 저축대부조합 등의 부실 사례, 1990년대 초 스웨덴, 핀란드 등 북유럽의 금융위기, 1990년대 일본의 금융 불안과 이른바 '잃어버린 10년', 2007년 미국의 서브프라임 모기지 사태, 2008년 영국과 아일랜드의 금융위기, 2009년 스페인의 금융 불안 등이 대표적이다.

가격이 어떠한 방향으로 움직여도 한국 경제에 미치는 충격은 클 것이다. 다만 충격이 미국의 서브프라임 모기지 사태와는 달리 금융 부문보다는 가계 부문에서 소비 위축, 중산층 몰락 등의 형태로 장기간에 걸쳐 나타날 가능성이 크다.

미국의 주택 담보 대출은 담보로 잡은 집 외에 차입자에게 소구권이 없어(non-recourse), 가계는 집값이 대출 금액 이하로 내려가면 큰 부담 없이 집을 포기할 수 있다. 금융기관은 경매를 통해 대출금을 회수하고 부족한 부분은 손실로 처리한다. 즉, 미국은 부동산 거품이 붕괴했을 때 집값 하락 속도가 빠르고 거품 붕괴에 따른 피해를 차입자인 가계와 대출 금융기관이 분담하는 구조로 되어 있다.[6] 그러나 한국의 주택 담보 대출에는 소구권이 있어서, 차입자가 원리금을 상환하지 못하면 금융기관은 담보로 잡은 집 외에 차입자의 다른 재산이나 급여까지 압류할 수 있다. 이 때문에 차입자는 상황이 나빠져도 마지막 순간까지 계속 원리금을 상환할 수밖에 없고, 집을 포기할 때는 재기하기 어려운 상태가 된다. 따라서 한국은 금융기관의 손실이 상대적으로 적고 거품 붕괴의 속도도 미국보다 늦겠지만, 차입자인 가계 부문이 더 큰 손실을 장기간 부담하게 된다.

이 세 가지 이외에도 주택, 토지 등 부동산 문제가 한국 사회와 경제에 미친 해악은 매우 많다. 젊은 세대가 결혼이나 출산을 기피하는 중요

6　이때 차입자는 집 구매 시 들어간 자기자금 부담분(down payment)과 그동안 낸 원금 상환분을 손해보고, 대출 금융기관은 미회수 대출 원금과 기회비용, 부대비용 등의 손실을 부담한다.

한 원인의 하나도 부동산 문제에 있으며(이상호·이상헌, 2010), 경제의 양극화와 빈곤의 대물림, 세대 간 부당한 소득 이전, 건설투자의 과잉에 따른 경제구조 왜곡 등 고질적인 병폐의 많은 부분이 부동산에 뿌리를 두고 있다. 이렇게 보면 부동산이 한국에서 만악(萬惡)의 근원이라는 것도 이해가 된다.

참고 5-1 부동산 시장의 불안정성

부동산은 실물 자산에 속하고, 부동산 시장도 금융시장의 범주에 포함되지 않지만, 금융시장과 유사한 거품 현상이 발생하기 쉬울 뿐 아니라 다음과 같은 점에서 금융시장보다 더 불안정하고 더 위험하다.

첫째, 시장을 불안정하게 하는 기본 요인인 정보의 불완전성이 부동산 시장에서 상대적으로 크게 나타난다. 부동산 시장은 유동성이 작고 거래가 빈번하지 않을 뿐 아니라 거래 비용이 크고 거래 단위를 표준화하기 어렵기 때문이다. 또한 증권거래소와 같은 중앙 집중적 거래소가 없어 정보의 접근성과 신뢰성이 떨어지고 시장이 비효율적일 수밖에 없다. 이에 따라 외부 충격이 있을 때 주식시장 등 금융시장은 비교적 단기간에 정보를 반영하여 조정되는 반면, 부동산 시장은 조정이 장기간에 걸쳐 지속적으로 나타나게 된다.

둘째, 부동산 시장은 단기적으로 공급이 제한되어 있을 뿐 아니라 옵션, 선물, 공매도(short selling) 등의 거래가 불가능해 소수의 낙관적 투자자의 수요만으로도 가격 상승이 지속될 수 있다. 반면에 주식이나 외환 등 금융시장에서는 일부 낙관적 투자자에 의해 가격이 상승할 경우 반대의 기대를 하는 투자자들이 풋옵션이나 공매도를 통해 가격 상승 압력을 완화할 수 있다.

셋째, 부동산 공급의 시차 문제다. 주택 등 부동산 가격이 상승하면 주택 공급이 늘어나겠지만, 토지 조성이나 건물 완공 등에 시간이 걸려 실제 공급과의 시차가 발생한다. 가격 상승기에 건축이 시작되었다 해도 실제 공급은 가격 하락기에 이루어질 수 있고, 중간에 가격이 하락하더라도 건축을 중단하기 어려운 탓에 가격이 하락하는데도 공급이 더 늘어날 수 있다.

이처럼 부동산 시장은 금융시장에 비해 불안정할 뿐 아니라 거품이 붕괴할 때 부작용도 크다. 주식보다 주택 등 부동산을 소유하고 있는 사람이 훨씬 많아 더 큰 '부의 효과(wealth effect)'가 있다. 또한 주식 매입 시보다는 주택 구매 시 차입에 의존하는 경우가 훨씬 많기 때문에 대출금의 상환 부담에 따른 소비 제약이 크고, 원리금 상환이 안 되면 대출 금융기관의 부실로 이어진다.

자료: 정대영(2005: 323~324).

2
부동산 정책의 실패 원인

부동산을 통한 경기 부양에 집착

정도의 차이는 있지만, 한국의 역대 정부는 모두 부동산 경기 활성화를 경기 부양의 주요 수단으로 삼아왔다.

경제개발시대가 끝난 국민의 정부 이후만 살펴봐도 이는 명확하다. 국민의 정부는 1998년 IMF 금융위기 시 내수 위축을 막기 위한 명분으로 과감한 부동산 경기 활성화 조치를 취했다. 이를 위해 분양가 자율화, 토지 허가 구역 해제, 신축 주택 취득 시 양도소득세 면제, 분양권 전매 허용 등 부동산 관련 규제를 전면적으로 완화했다.

부동산 가격 안정에 대한 의지가 강했던 참여정부도 일시적이기는 하지만 비슷한 길을 걸었다. 2003년 참여정부는 분양권 전매 금지, 보유세 강화, 양도소득세 비과세 요건 강화, LTV(loan to value) 규제 도입, 재건축 규제 강화 등을 통해 주택 가격 안정을 도모했다. 그러나 2004년 들어 주택 가격이 다소 안정될 기미를 보이자 참여정부도 건설 경기 연착륙이라는 이름으로 부동산 규제 강화 조치를 상당 부분 뒤로 돌렸다. 이는 당시 신용카드 사태에 따른 후유증으로 위축된 경기를 살리기 위한 수단이었다. 하지만 그러한 조치는 부동산 시장의 내성을 키워 2005년 이후 부동산 가격이 또다시 폭등하는 요인의 하나가 되었다.

이명박 정부는 2008년 세계 금융위기 극복이라는 명분하에 양도소득세 과세 기준 완화 및 세율 인하, 종부세 대폭 완화, 투기과열지구 해제, 분양권 전매 허용, 재건축 규제 완화 등 부동산 관련 규제를 대부분 폐지했다. 그리고 2009~2010년에는 LTV, DTI(debt to income) 규제 등 주택 담보 대출 관련 규제마저 완화했다.

결국 한국의 주택정책은 안정적인 주택 공급보다는 경기가 나쁠 때 경기 부양을 목적으로 재정 확대, 환율 인상 등과 함께 손쉽게 선택할 수 있는 정책 수단의 하나로 활용되어온 것이다. 그리고 부동산 경기 활성화도 정부나 공공기관에서 주택 공급을 늘리는 방식보다는 개인의 주택 구매 심리를 부추겨 민간 부문에서 주택 공급이 늘어나게 하는 방식을 주로 택했다.

역대 정권에서 추진한 이러한 부동산 정책으로 부동산 불패 신화는 더욱 확고하게 자리를 잡았다. 즉, 부동산 투자자들은 부동산에 대해 어떤 강력한 규제가 시행되더라도 경기가 나빠지면 폐지될 것이므로 버티기만 하면 규제를 피할 수 있고, 부동산 경기도 곧 다시 살아날 것이라고 믿게 되었다. 또한 부동산을 이용해 경기 부양을 자주 하다 보니 건설 부문이 과도하게 비대해져 제2장에서 살펴보았듯이 GDP에서 건설

투자가 차지하는 비중이 18.4%(2009년)로 미국, 독일, 일본 등 선진국의 거의 두 배 수준에 이르렀다. 이는 건설 부문 위축 시 경제 전체에 큰 영향이 미치는 구조로서, 이러한 상황에서 경제성장세를 유지하려면 계속 부동산 경기를 부양할 수밖에 없다. 따라서 지금까지 정책 당국은 부동산 투기 열풍이 불지 않는 범위 내에서 부동산 가격이 적절히 올라 경제가 일단은 잘 돌아가게 하는 것을 목표로 삼아왔다고 볼 수 있다.

그러나 앞에서 설명한 대로 부동산은 금융보다 더 불안정하고 위험한 산업이기 때문에, 부동산 투기를 막으면서 부동산 경기가 적절히 활성화되도록 관리하는 것은 장기적으로는 불가능하다. 너무 뜨겁지도 너무 차지도 않아 먹기 좋은 수프와 같은 골디락스(Goldilocks)[1] 상태의 경제는 현실 세계에서 장기적으로 유지되기 어렵다. 위험하고 불안정한 부동산을 이러한 상태로 관리해 경기를 부양하는 것은 더욱더 어려운 일이기 때문이다. 결국 정책 당국이 눈앞의 이익을 위해 무모하게 부동산을 통한 경기 부양 정책에 집착해온 것이 한국의 부동산 문제를 어렵게 만든 근본 원인이라 할 수 있다.

---

1 골디락스 경제는 영국의 전래동화인 「골디락스와 곰 세 마리」에 등장하는 소녀의 이름에서 유래한 것으로, 높은 성장과 물가 안정을 동시에 달성한 이상적인 상태의 경제를 의미한다. 또한 그것은 그러한 상태의 경제가 동화 속에나 나오는 이야기일 뿐 현실 세계에서는 찾기 어렵다는 것을 의미하기도 한다.

부동산의 수요·공급 조절 메커니즘에 대한 오해

부동산 정책의 또 하나의 큰 실패 원인은 부동산도 의류나 가전제품 등 일반 상품과 같은 가격 메커니즘에 따라 쉽게 수요와 공급을 조절할 수 있다고 보고 정책을 추진한 데 있다.

일반 상품은 수요와 공급의 불균형으로 가격이 상승하면 수요는 줄고 공급은 늘어 오래 지나지 않아 새로운 균형을 이룬다. 그리고 반대로 가격이 하락하면 수요가 늘고 공급이 줄어 또다시 균형이 잡힌다. 이것이 가격에 따른 수요와 공급 조절 메커니즘이다. 그러나 주택은 일반 상품과는 달리 중고 물량인 기존 주택의 거래량이 전체 거래의 70~80%를 차지한다(한국은행, 2007: 23). 또한 기존 주택의 가격도 신규 주택과 큰 차이가 없기 때문에 가격에 따른 수요·공급 조절 메커니즘이 다르게 작동한다.

옷이나 TV 등은 가격이 오른다 해도 미리 사놓기는 쉽지 않다. 유행 변화나 기술 발전에 따라 상품의 가치가 급격히 내려갈 뿐 아니라, 미리 사놓은 옷이나 TV에서 수익도 생기지 않고 오히려 보관 비용만 들기 때문이다. 반면에 주택 등 부동산은 가격 상승 시 미리 사놓으면 구매한 부동산의 가격도 오르고 임대 수입도 생긴다. 따라서 가격 상승 시 일반 상품은 수요가 줄어드는 것이 일반적이지만, 주택 등 부동산은 오히려 수요가 늘어난다. 특히 부동산 가격의 지속적 상승이 기대되면 실수요자의 선구매 수요, 추가적인 가격 상승을 기대한 투기적 수요 등으로 단기간에 수요가 크게 늘어난다. 즉, 가격 상승 시 부동산에 대한 수요는 실수요와 함께 투기적 수요마저 소진되어야 줄어드는 것이다.

그렇다면 가격이 오를 때 주택 등 부동산의 공급은 어떻게 될까? 집값이 오르고, 언론 등에서도 계속 집값이 오를 것이라고 하면 주택 소유자는 지금 집을 팔기보다는 집값이 충분히 올랐다고 생각될 때 팔려고 할 것이다. 집을 새로 분양받았거나 다른 집으로 이사를 하려는 사람도 기존에 보유한 주택을 되도록 늦게 팔려고 할 것이다. 따라서 기존 주택은 집값이 오르면 일반 상품과는 반대로 매물, 즉 공급이 감소하는 것이 일반적이다. 그리고 신규 주택은 집값이 오르면 주택 건축의 수익성이 높아져 공급이 늘어날 수 있지만, 부지 확보나 인허가, 건설 등으로 공급이 늘어나는 데는 많은 시간이 소요된다.

실제로는 가격 상승 시 신규 주택의 공급마저도 토지 공급의 제약, 주택 관련 규제 등으로 늘어나지 않을 수 있다. 2000~2006년 서울 및 수도권 지역 아파트의 신규 공급 물량은 1990년대 후반과 비슷했다는 것이 좋은 사례다(한국은행, 2007: 24).[2] 2000~2006년에 서울과 수도권 지역 아파트 가격은 부동산 경기 활황, 분양가 자율화 등으로 기존 아파트 가격과 분양 가격 모두가 적게는 2~3배에서 많게는 4~5배까지 올랐다. 그런데도 아파트 신규 공급 물량이 늘어나지 않았다는 것은 부동산 시장의 수요·공급 조절 메커니즘이 일반 상품과는 크게 다르다는 것을 단적으로 보여준다(그림 5-1 참조).

---

2 비교 시점을 2006년까지로 한 것은 2007년에 분양가 상한제가 다시 도입되었기 때문이다. 그리고 공급 물량이 거의 비슷했다는 것은 늘어난 경제 규모를 고려할 때 사실상 감소한 것으로 볼 수 있다.

그림 5-1 **아파트 분양 가격과 신규 공급 물량 추이**

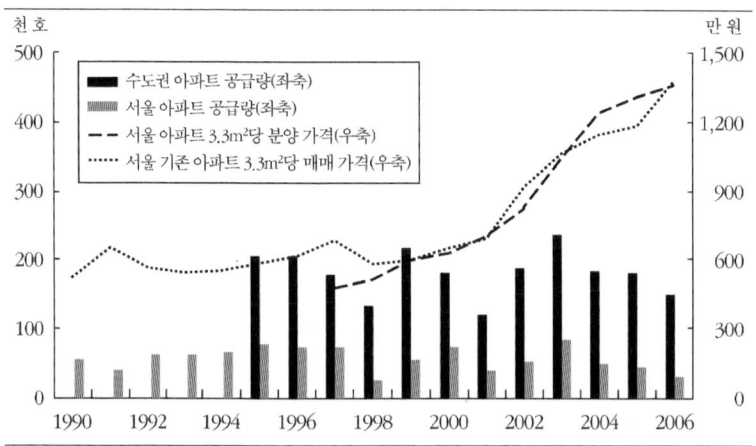

자료: 한국은행(2007: 24).

이렇게 본다면 가격 메커니즘을 통한 수급 조절을 위해 도입한 분양가 자율화는 얼마나 현실성이 없는 정책인지를 바로 알 수 있다. 분양가 자율화는 신규 아파트의 공급을 늘리지는 못하고 기존 아파트 가격과 분양 가격을 동반 상승시켜 수요자의 불안 심리만 더 키웠다. 아파트 분양가가 계속 규제되어 신규 주택의 공급 가격이 땅값과 건축비, 건설업체의 적정 이윤[3]만을 기준으로 책정되었다면, 수요자의 선 구매 현상 등

---

3 아파트 분양 가격의 대폭 상승에 따른 건설업자의 초과이윤은 어디로 갔을까? 정상적이라면 건설업체 등의 수익성이 크게 늘어나 재무 상태가 튼튼해지고 더 많은 세금을 냈어야 한다. 그러나 2008년 이후 주택 경기 침체 시 여러 건설업체가 부실화되어 도산하거나 금융기관과 정부의 지원을 받아 겨우 연명할 수 있었다는 것을 보면 그렇지 못한 것이 확실하다. 아파트 분양가 자율화에 따른 그 많은 초과이윤의 행방을 찾는 것은 세무 당국이 포기해서는 안 될 과제일 것이다.

제5장 부동산 시장을 정상화할 방안은 없는가 231

이 발생하지 않아 2000년대 중반의 부동산 가격 폭등은 일어나지 않았을지도 모른다.

물론 부동산 시장도 10년, 20년과 같이 장기로 보면 일반 상품처럼 가격이 오르면 수요는 줄고 공급이 늘어나는 가격 메커니즘이 작동할 수 있다. 그러나 가격 메커니즘에 따른 수급 조절을 기다리는 동안 부동산 거품이 발생하고 붕괴하면서 나라 경제 전체와 일반 국민은 큰 피해를 당할 수밖에 없다.

1주택자에 대한 우대와 세입자 보호 장치 미흡

1가구 1주택자에 대한 세제·금융상 우대[4]를 통해 이를 권장하는 정책도 부동산 시장을 왜곡하고 위험성을 키웠다. 또한 1주택자 우대 정책은 많은 사람에게 필요하다고 받아들여지지만, 경제논리나 사회정의의 측면에서 볼 때 다음과 같은 문제가 있다.

첫째, 1주택자 우대 제도는 부동산 거래 정보와 시장구조를 왜곡한다. 1주택자 우대 정책의 핵심인 양도소득세 비과세 제도는 실거래 가격 신고 제도를 상당 부분 무력화하여 부동산 가격 정보의 신뢰성을 떨어뜨린다. 부동산 매도자가 1주택자(실거래 가격 9억 원 이하)인 경우 신

4　1가구 1주택자에 대한 우대 제도는 9억 원 이하 주택에 대한 양도소득세 비과세, 임대소득세 비과세, 취득세·등록세 감면, 장기주택마련저축에 대한 소득공제, 주택 담보 대출 지급 이자에 대한 소득공제, 주택 담보 대출 우대 등 매우 많다.

고 금액을 실제 거래 금액보다 올리거나 내려 신고해도 양도소득세 비과세 제도로 인해 불이익이 없기 때문이다. 그리고 소형 주택을 두세 채 이상 보유하는 것보다 고가 대형 주택 한 채를 보유하는 것이 양도소득세 등 여러 면에서 유리하기 때문에 대형 주택이 소형 주택에 비해 비정상적으로 비쌀 뿐 아니라,[5] 소형 주택의 임대 물량도 부족해진다. 공공 임대주택이 부족하고 기업형 주택임대사업이 활성화되지 않는 상황에서는 소형 주택을 여러 채 소유할 수 있어야 전·월세 임대 물량이 충분히 공급될 수 있다.

둘째, 1주택자 우대 정책은 경제력이 충분하지 못한 사람까지 주택을 구매하게 하여 주택 구매자뿐 아니라 나라 경제 전체를 어렵게 할 수 있다. 특히 세입자 보호 장치가 미흡한 경우 집 없는 서러움이 더 커질 수밖에 없어, 경제력이 부족한 사람은 집을 사려는 욕구가 더욱 강해진다. 소득과 재산이 부족한 사람이 무리하게 대출을 받아 주택을 구매했다가 집값이 내려가면서 대출금을 상환하지 못하게 된 것이 미국 서브프라임 모기지 사태의 핵심이다. 한국에서 조금씩 문제시되고 있는 이른바 '하우스 푸어(house poor)'도 비슷한 사례라고 할 수 있다.

주택 등 부동산은 기본적으로 유동성이 작고 가격도 항상 오르기만

---

[5] 한국은 비슷한 지역에서 대형 아파트 평당 가격이 소형 아파트 평당 가격보다 비싼 것이 일반적이다. 순수 경제논리로만 보면 이는 비정상적이다. 아파트는 화장실, 방 1칸 등으로 쪼개서 팔 수 없기 때문에 대형 아파트는 유동성이 낮을 수밖에 없다. 또한 시간이 지나면 가치가 급격히 내려가는 내장재를 제외하면 소형 아파트는 구조가 복잡하여 건축비가 대형 아파트보다 더 드는 것이 정상이다.

하는 것이 아니라 주식처럼 언젠가는 크게 내려갈 수 있는 위험성이 큰 투자 자산이다. 그러므로 경제력이 충분하지 못한 사람에 대해서는 위험 자산인 주택을 구매하게 하기보다는 주택을 임차하는 것이 더 유리하도록 제도를 정비하는 것이 바람직한 정책 방향이다.

이와 관련해, 자가 소유 비율을 높이려는 정책에 대한 반성이 2008년 세계 금융위기 이후, 미국뿐 아니라 자가 소유 비율이 높고 부동산 거품이 컸던 아일랜드, 스페인, 영국 등에서 나타나고 있다(Financial Times, 2010. 8. 16.). 여기에 자가 소유 비율이 낮고 주택 가격이 안정되어 있는 독일[6]은 모범 사례가 되고 있다. 독일도 2008년 세계 금융위기 당시 투자은행 업무 비중이 큰 금융기관의 경우 서브프라임 모기지 관련 투자로 큰 손실을 입었지만, 국내 부동산 거품이 없었던 덕에 가계와 중소형 금융기관의 피해는 거의 없었다. 또한 제조업 기반이 강한 덕에 독일은 선진국 중 가장 빠르게 세계 금융위기에서 벗어날 수 있었다.

셋째, 1주택자 우대 제도는 경제논리 측면에서 도저히 받아들이기 어려운 사례를 만들어낸다. 예를 들어 2억 원짜리 주택 두 채를 소유한 사람이 한 채를 팔아 5,000만 원의 양도차익이 생겼다면 양도소득세를 내야 하고, 9억 원짜리 주택 1채를 소유한 사람은 주택을 팔아 5억 원의 양도차익이 생겨도 세금을 전혀 내지 않는다. 5,000만 원의 양도차익에는 세금을 내고 5억 원의 양도차익에는 세금을 내지 않는다는 것은 경

---

6 2007년 기준 독일의 자가 소유 비율은 43%인 데 비해 미국이 67%, 영국은 74%, 아일랜드가 75%, 스페인은 86%로 나타났다.

제논리로 설명하기 어렵다. 경제논리로 보면 양도차익이 크고 보유 기간이 짧을수록 세금을 더 내는 것이 맞는 것이다.

넷째, 사회정의의 측면에서 보면 1주택자보다 무주택자, 즉 세입자가 보호나 우대를 더 받아야 한다. 무주택자는 부동산 시장에서 투기적 거래에 전혀 참여하지 않을 뿐 아니라 사회적 약자인 경우가 대부분이기 때문이다. 한국에서 세입자는 재계약을 하지 못하면 2년마다 이사를 해야 하며, 2년 후에는 전세보증금이나 월세를 얼마나 올려줘야 할지 모르고, 때에 따라서는 전세보증금을 떼이는 경우도 있다. 이것은 너무나 비정상적인 상황이다.

한국은 1주택자에 대한 우대 제도는 과도할 정도로 갖추었지만, 세입자 보호 제도는 유럽이나 미국 등 선진국에 비해 터무니없을 정도로 미비한 상태다. 한국은 부동산 시장의 안정과 사회정의라는 측면에서, 1주택자 우대 정책보다는 세입자 보호 정책을 강화하는 것이 더욱 절실하다.

부동산 통계의 미비와 신뢰성 부족

앞의 세 가지 이외에 잘못된 부동산 정책이나 정책 실패의 원인은 더 많이 있다. 하지만 마지막으로 중요한 것은 부동산 통계의 미비와 신뢰성 부족이다. 한국 부동산 통계의 문제점은 부동산 분야를 연구해본 사람이라면 그 심각성을 잘 안다.

부동산에 대한 과세나 통계 집계에 사용하는 가격은 공시 가격, 기준 시가, 실거래 가격, 감정평가 가격, 부동산중개업소 호가 등 종류가 너무 많아 전문가마저 헷갈릴 정도다. 또한 이러한 가격 정보마저 시계열을 유지하면서 체계적으로 공급되지 않고 서로 상충되는 등 신뢰성도 떨어진다. 한국의 부동산 가격 정보의 많은 부분이 부동산중개업소의 호가와 거래 예상 금액을 기초로 작성되는데, 이러한 중개업소의 가격은 시장 상황과 중개업소의 이해관계에 따라 왜곡될 수 있기 때문이다. 여기에다 신뢰성이 확보되어야 할 실거래 가격마저도 앞에서 설명한 대로 1주택자 양도소득세 비과세 제도 등으로 실제 거래 가격과 괴리가 발생하고 있다.

한편 한국의 대표적인 주택가격지수인 주택매매가격지수와 전세가격지수는 주택은행과 합병한 국민은행그룹에서 작성해 발표한다.[7] 그런데 국민은행도 일반 상업은행의 하나라는 점을 생각해보면, 통계의 지속적인 개발이나 신뢰성 제고를 강하게 요구하기가 어려워 보인다.

다음으로, 주택 가격 정보 이외에 주택 현황이나 임대 현황 등의 통계도 부족하고 신뢰하기 어렵기는 마찬가지다. 주택 규모별 또는 지역별 주택 현황은 정책 당국이나 부동산에 관심이 있는 모든 사람에게 필수적인 자료지만, 이에 관해 공신력 있는 자료를 구할 수가 없다. 다가

7　국민은행에서 발표하는 주택가격지수는 1986년부터 전국 124개 시·군·구에 위치한 3,343개 중개업소를 대상으로 2만 개 표준 주택의 시세(중개업소 평가 가격)를 조사해 일반 물가 산정 방식인 라스파이레스식(Laspeyres formula)으로 작성한다.

구주택이나 원룸과 같은 실제 주택 역할을 하는 주택의 가구 수와 규모, 주택 소유 현황, 주택 임대 현황 및 임대료 현황, 주택 건축 연도별 주택 현황 등도 중요한 통계지만, 있는지 없는지도 모를 정도다. 나아가 토지나 상가, 사무실에 관한 통계는 더욱더 부족한 상황이다.

이러한 부동산 통계의 미비와 신뢰성 부족은 부동산 투자자, 건설회사, 금융기관, 정책 당국 모두에게 의사 결정을 제대로 내리기 어렵게 한다. 투자자와 건설회사의 쏠림 현상, 금융기관의 과다 대출, 현실 적합성이 떨어지는 부동산 정책 등의 상당 부분이 잘못된 부동산 통계와 관련이 있다.

3
부동산 시장 정상화를 위한 정책 방향

지금처럼 대다수 국민이 집값, 전셋값 등 부동산에 관심을 집중하는 비정상적인 상황은 한국 경제의 지속적인 성장을 위해 반드시 시정되어야 한다. 이를 위한 부동산 정책은 보유세, 양도소득세 등 부동산 세제, 재건축·재개발 제도, 아파트 분양 및 청약 제도, 부동산 임대차 제도, 주택담보 대출 규제 등 매우 복잡다기하다. 당연히 금리 등 통화정책도 부동산에 큰 영향을 미친다. 그리고 한국처럼 수도권 집중 현상이 심한 나라에서는 지역균형발전 정책도 중요한 부동산 정책의 하나다.

따라서 부동산 정책은 성장이나 일자리 정책과 같이 여러 전문가의 참여가 필요한 부분이다. 더욱이 부동산은 한국에서 교육 문제와 함께 국민의 최대 관심사인 데다가 부동산 가격의 향방에 따라 이해관계가 크게 달라져 어떤 정책을 추진해도 극심한 반대 논리가 있게 마련이다. 이 책에서는 경제논리와 공정성, 외국의 사례를 고려해 부동산 시장을 정상화하기 위한 몇 가지 기본적인 정책 방향을 제시해보고자 한다.

부동산 정책의 틀을 근본적으로 전환

부동산 시장을 정상화하려면 우선 부동산을 통한 경기 부양을 포기하고, 부동산에 대한 기대 수익률을 낮추며, 주택 건설 촉진 방식을 전면 수정하는 등 부동산 정책의 틀을 근본적으로 전환해야 한다.

첫째는 정부가 부동산 경기를 부추겨 경기를 활성화하겠다는 생각을 버리는 것이다. 부동산 경기 부양은 그동안 재정 확대, 금리 인하, 환율 인상과 같이 경기를 활성화하려는 정책 수단으로 꾸준히 사용되었다. 제1장에서 살펴보았듯이 부동산 경기 부양 등의 정책은 지속적인 성장을 위한 정책이 될 수 없다. 집만 많이 짓고 집값만 올려서 경제가 발전하고 선진국이 될 수 있다면 선진국이 되지 못할 나라는 없기 때문이다.

부동산을 통한 경기 부양은 단기적으로 성과가 있겠지만, 앞에서 설명한 여러 가지 해악이 나타날 수밖에 없다. 그리고 잘못하면 그것은 미국의 서브프라임 모기지 사태에서 보듯이 거품이 터지면서 금융위기로 이어질 수도 있다. 한국도 이제는 경제 규모, 산업구조, 기업의 경쟁력 등을 고려할 때 부동산에 더는 목을 매지 않아도 충분히 발전할 수 있는 단계에 와 있다. 부동산 굴레에서 빨리 벗어날수록 오히려 경제구조가 건전해져 선진국으로 가는 길이 가까워질 수 있다.

둘째는 부동산에 대한 투자의 기대 수익률을 낮추는 것이다. 아파트 등 부동산은 임대 수입과 자산 가치 상승이라는 두 가지 수익을 기대할 수 있는 투자 자산이다.[1] 금융자산에 대한 투자와 부동산에 대한 투자가 균형을 이루려면 부동산 투자의 두 가지 수익의 합이 예금과 채권, 주식 등 금융자산에 대한 평균 투자 수익과 장기적으로 비슷해야 한다. 부동산은 유동성이 작지만 투자 원금의 전부를 회수하지 못할 가능성은 거의 없다. 금융자산은 유동성이 크지만 자산에 따라 투자 원금의 전부를 회수하지 못할 수도 있다. 부동산과 금융자산은 전체적인 위험도 면에서는 큰 차이가 없고, 투자자의 위험 선호 성향(risk appetite)에 따라 선택이 달라지는 투자 대상일 뿐이다. 이렇게 보면 부동산 가격의 상승률은 금융자산의 평균 수익률보다 임대 수입 해당분만큼 낮아야 한다. 즉, 예금과 채권, 주식 등의 평균 수익률이 5~6%이고, 부동산의 임대 수익률이 3%라면, 부동산 가격 상승률은 2~3% 정도 되는 것이 경제논리에 맞다.

부동산 가격이 장기적으로 소비자물가보다 오르지 않는다면 대부분의 사람들이 부동산에 큰 관심을 두지 않고 자기 사업과 자기 직장에 충실할 것이다. 이것이 정상적인 상황이고 독일이 대표적인 사례다. 독일은 통일 이후 20년간 전국 주택 가격 연평균 상승률이 1% 내외로 소비자물가 상승률보다 낮은 수준을 보였다. 독일에서 집을 사는 것은 주거 목적이거나 임대 수입을 위한 것이 대부분이고 산 집의 가격 상승을 기대하는 경우는 드물다.

한국에서도 정책 당국이 직접 나서서, 부동산 가격 상승률을 장기적으로 소비자물가 상승률 이내로 안정시키는 것이 부동산 정책의 핵심이

---

1 1주택자가 자기 집에서 사는 경우에도, 집을 구매함으로써 전·월세를 내지 않아도 되는 만큼, 수익이 발생한 것으로 봐야 한다.

라는 것을 천명해야 한다. 그리고 이러한 방향으로 부동산과 금융자산에 대한 세제의 균형, 생산적인 투자에 대한 우대 정책 등을 추진해야 한다.

셋째는 내수 침체 등으로 주택 건설 확대[2] 등 부동산 경기 활성화가 꼭 필요한 경우에도 지금처럼 부동산 투기 심리를 부추기는 방식은 절대 피해야 한다는 것이다. 지금까지는 양도소득세 감면, 분양권 전매 허용, 아파트 청약 제한 폐지 등 개인의 부동산 투기 수요를 늘려 주택 건설을 확대하는 방식을 주로 택했다. 하지만 앞으로는 주택도 도로나 교량, 철도 등과 같은 사회간접자본의 하나로 보고, 주택 수급 상황과 경기를 고려해 정부와 공기업 등 공공 부문의 주택 공급을 조절하는 방식을 사용해야 한다. 즉, 장기적인 주택 공급 계획을 세우고, 경기가 아주 나쁠 때에는, 사회간접자본 투자를 늘리듯이 공공 부문의 주택 공급을 계획보다 확대하고, 경기가 좋을 때에는 주택 공급을 계획보다 줄이는 방식을 쓰는 것이다.

이러한 방식도 공급 시차 때문에 부동산 시장을 조금은 불안하게 하겠지만, 개인의 투기 심리를 부추기는 현재 방식보다는 부동산 시장의 불안정성을 크게 줄일 수 있을 것이다. 부동산 투기 심리를 적절한 수준에서 통제한다는 것은 현실적으로 매우 어려운 데다, 부동산 시장의 가

---

[2] 주택 건설은 건축업과 건축자재업뿐 아니라 부동산중개업, 이삿짐센터, 도배 등 생활경제활동에 대한 파급 효과가 커 내수가 침체되었을 때 일시적인 활성화가 필요할 수 있다. 또한 집값 안정과 주거 안정을 위해서도 주택 공급은 지속적으로 이루어져야 한다.

격 메커니즘 특성상 투기 심리는 수요와 공급의 불균형을 오히려 확대하기 때문이다.

보유세 및 양도소득세의 합리화

보유세 및 양도소득세 등 부동산 세제는 부동산 소유 상황에 따라 각 개인의 이해와 입장이 첨예하게 맞서는 정책으로, 모든 사람을 만족시키는 정책 대안을 찾는 것은 불가능하다. 한편으로는 2008년 종부세에 대한 위헌 제청 및 심의 과정에서 보듯이 정책 당국의 태도도 정치 상황에 따라 완전히 바뀌기도 한다.[3] 어려운 일이지만, 여기서는 재산세, 종부세 등 보유세와 양도소득세에 대해 되도록 많은 사람이 공감할 수 있는 방향을 제시해보고자 한다.

첫째, 경제논리나 공정성 측면에서 볼 때 비싼 집이 싼 집보다 재산세와 종부세 등 보유세를 더 많이 내야 한다는 것에 대해서는 대부분 동의할 것이라고 본다.[4] 다만 비싼 집이 세금을 얼마나 더 내야 하는지에

---

3 같은 정책 당국에서 참여정부 시절에는 종부세의 필요성을 역설하다가 이명박 정부가 들어서자마자 종부세의 부당성을 설명하는 자료를 헌법재판소에 제출하기도 했다.
4 일부는 집을 샀을 시점에는 집값이 쌌는데 그동안 집값이 오른 것은 자신의 의사와 무관하기 때문에 오른 집값으로 세금을 내는 것은 부당하다고 주장할 수 있다. 하지만 이는 집값이 내려가면 세금이 적어지는 것이나 오래되어 가격이 떨어진 중고차의 자동차세가 적다는 것 등을 고려할 때 설득력이 약하다.

대해서는 다양한 의견이 있을 수 있다.

예컨대 비싼 만큼 단순하게 비례적으로 세금을 더 내야 한다(예를 들어 2억 원짜리 집이면 20만 원, 5억 원짜리 집이면 50만 원을 납부), 소득세처럼 누진적으로 세금이 늘어나야 한다(예를 들어 2억 원짜리 집이면 20만 원, 5억 원짜리 집이면 80만 원을 납부)는 등의 의견이 있을 수 있다. 그리고 누진세율을 적용한다면 그것을 어느 정도로 해야 할 것인지에 대해서도 의견이 나뉠 수 있다. 직접 여론조사를 해보지는 않았지만, 아마 여러 의견 중 과도하지 않은 범위 내에서 누진세를 적용하는 방안에 대해 반대가 가장 적을 것으로 예상된다. 그러나 보유세의 중심인 재산세의 경우 과거에는 세금이 집값에 비례해 증가하기는커녕 비싼 집이 싼 집보다 세금이 적은 경우도 많았다.[5] 이러한 재산세 역전 현상은 2000년대 중반부터 많이 정상화되었다.

그런데 지방자치단체가 부과하는 재산세의 특성상 여러 지역, 다양한 계층이 수긍할 수 있는 공정한 세금 부과 방식을 찾기란 어렵고, 경제 상황의 변화에 따라 적절히 조정하기도 쉽지 않다. 따라서 국세인 종부세를 활용해 전국적 시각에서 경제논리와 공정성에 맞게 보유세(재산세 + 종부세)를 부과해야 한다. 즉, 종부세는 참여정부 시기처럼 부동산 과다 보유자에 대한 징벌적인 세금이 되어서는 안 된다. 종부세는 보유세가 부동산 가액에 따라 완만히 누진되는 합리적인 세제가 되도록 보

---

5 2000년대 중반까지는 강남의 오래된 고가 아파트의 재산세가 수도권 변두리의 신축 아파트의 재산세보다 훨씬 적었다.

완하는 역할을 해야 한다.

재산세와 종부세를 합한 보유세의 전체 부담 규모에 관해서는 더 많은 논의가 필요한 부분이다. 다만 2007년 참여정부 시절보다는 적어야 하겠지만, 2010년 이명박 정부 때보다는 많아야 하는 것이 합리적일 것이다. 그리고 일정 범위 내에서 누진세율에 탄력성을 부여해 부동산 경기가 과열일 때는 높은 세율을, 침체일 때는 낮은 세율을 적용하면 종부세는 부동산 시장의 안정 기능도 수행할 수 있다.

둘째, 앞에서 설명한 대로 경제논리와 공정성, 부동산 시장의 안정성 측면에서 모두 문제가 있는 1주택자의 양도소득세 비과세 제도를 단계적으로 폐지해야 한다. 양도소득세는 장기적으로 1주택자와 다주택자의 구분 없이 양도차익이 크고 보유 기간이 짧을수록 세금 부담이 커지도록 개편해야 한다.

이때 다주택자에 대한 양도소득세 중과 제도(2주택자 50%, 3주택 이상 60%)를 폐지하고, 양도소득세의 누진 폭을 확대하는 것이 바람직하다. 즉, 현행 6~35%로 되어 있는 양도소득세율에 추가적으로 45%, 55% 등의 구간을 신설하는 것이다. 그리고 주택의 보유 기간이 길수록 양도차익보다는 거주나 임대 목적이 크다고 볼 수 있으므로 양도소득세 부담을 줄여주어야 한다.

이와 더불어 1주택자에 대해서는 과도기적으로 보유 기간에 따른 양도소득세 감면 비율을 대폭 높게 적용해 1주택자의 양도소득세 부담이 늘어나는 것을 최소화할 필요도 있다. 예를 들어 주택을 10년 보유했을 때 다주택자의 감면 비율이 50%라면 1주택자는 70%로 하고, 20년을 보유했을 때 다주택자는 70%, 1주택자는 90% 정도의 감면 비율을 적용하면 장기 보유 1주택자의 실질적인 세금 부담은 거의 없을 것이다. 여기에다 주택을 여러 채 보유한 사람이 일정 기간(예를 들어 10년) 이내에 또다시 주택을 매도하는 경우, 이때 발생하는 양도차익을 과거 매각 주택의 양도차익과 합산해 더 높은 누진세율이 적용되게 하면 경제논리에 맞는 불이익이 될 것이다.

그리고 1주택자가 주택을 팔고 새로운 주택을 사는 경우에는 미국 등과 같이 종전 주택의 양도차익을 신규 주택의 미래 양도차익과 합산해 세금을 다음에 납부할 수 있게 하면 집을 늘려가는 사람의 양도소득세 문제도 해결할 수 있다.

이러한 방식으로 양도소득세제가 개편되면 모든 양도차익에 대해 조금씩은 과세할 수 있어 '소득이 있는 곳에 세금이 있다'는 과세 원칙에도 맞고, 부동산 시장과 거래 정보의 왜곡도 크게 줄일 수 있다. 다만 그럴 경우 1주택자로서 단기 매매로 많은 양도차익을 얻은 사람은 세금 부담이 크게 늘어날 수 있으나, 이는 과거 투기 소득을 비정상적으로 보호하던 것을 정상화하는 것으로 보아야 한다.

세입자 보호와 임대 소득에 대한 과세 강화

앞서 설명했듯이 부동산 시장의 안정과 사회정의를 확립하려면 1주택자 우대보다 세입자 보호 대책이 우선되어야 한다. 이와 더불어 성장 잠재력을 확충하기 위해서는 제1장에서 제시한 대로 사무실이나 상가 등 상업용 건물의 세입자를 보호하기 위한 방안도 강구해야 한다.

첫째, 임대료 인상률 제한이나 임대 기간의 장기화 등 주택과 상가의 세입자를 보호하기 위한 조치는 미국, 독일, 프랑스 등 선진국 수준까지는 아니더라도 최소한 OECD 내의 한국의 위상에 걸맞은 수준으로는 강화해야 한다. 또한 미국이나 유럽 등 선진국의 세입자 보호 제도[6]는 최근에 도입된 것이 아니라 현재 한국의 경제력보다 못할 수 있는 1980년대 이전부터 갖춰져 있었다. 이렇게 볼 때, 세입자 보호 제도의 도입은 경제력의 문제가 아니라 사회보장제도와 마찬가지로 정책 선택의 문제다.

세입자 보호 제도의 구체적 시행 방안은 선진국 사례를 조사해보면 어렵지 않게 찾을 수 있다. 다만 제1장에서 언급했듯이, 한국에서 실제 시행하는 데는 많은 반대가 있을 것으로 예상된다. 그러나 거의 모든 선진국에서 세입자 보호 제도를 마련해놓고 있다는 점을 고려할 때, 세입자 보호 제도는 한국이 진정한 선진국으로 도약하는 데 꼭 필요한 사회적·경제적 인프라의 하나로 보아야 한다. 경제적 약자 보호뿐 아니라 부동산 시장의 안정과 성장 잠재력 확충을 위해서도 어렵더라도 꼭 추진해야 할 과제다.

---

6 유학생이나 주재원 신분으로 유럽 또는 미국 등 선진국에서 머물기 위해 주택을 임차해본 사람은 대부분 경험했겠지만, 선진국 대부분은 임대료 인상 제한, 임대 기간 장기 보장 등의 세입자 보호 장치를 충분히 갖추고 있다. 이와 함께 세입자에게는 집을 깨끗이 사용해 원상태를 유지해야 할 의무가 있다.

둘째, 임대 소득에 대한 과세 강화는 소득이 있는 곳에 세금이 있어야 한다는 조세정의와 공정성 확립, 그리고 세수 확충 등 여러 가지 측면에서 꼭 필요한 조치다. 그런데 문제는 현재 주택이나 사무실, 상가 등의 임대 소득에 대한 과세가 제대로 되지 않고 있을 뿐 아니라, 더욱이 관련 통계가 거의 없어 실상마저 알 수 없다는 것이다. 현재 한국에는 주택이나 사무실, 상가의 임대 현황,[7] 전세보증금 등 임대보증금과 월세 등 임대료에 관한 통계가 없을 뿐 아니라, 임대소득세 납부 규모도 국세청 내부에는 있을지 모르나 국세청 홈페이지 등에서 관련 자료를 찾을 수 없다. 따라서 한국의 임대 소득 규모가 어느 정도이고, 세법상 과세 대상이 되는 소득은 얼마이며, 실제 납부되는 임대소득세는 얼마인지를 전혀 알 수 없다. 이러한 기본적 정보의 부족은 정책에 대한 평가를 불가능하게 할 뿐 아니라 정책을 제대로 수행할 수 없게 한다.

임대 소득에 대한 과세를 강화하려면 먼저 정책 당국은 주택과 상가의 임대 현황, 보증금 및 임대료 현황, 임대소득세 과세 실적 등의 통계를 최대한 일반에 공개해야 한다. 이를 통해 정책 당국은 불로소득인 임대 소득에 대해 과세가 거의 이루어지지 않고 있다는 세간의 추측이 맞는지 틀린지를 실증해 보여야 한다. 이는 현재 한국에 부동산 소유에 관한 전산망이 구비되어 있어 정책 당국의 의지만 있으면 어느 정도 가능

---

[7] 주택의 경우 국토해양부 주택총조사에 따르면, 한국의 주택 수는 총 1,488만 채이고, 자가 점유 비율이 56%이므로, 655만 채 정도가 전·월세로 추정된다. 다가구주택이나 원룸은 한 건물을 1채로 계산한 것이다. 이 외에 사무실, 상가의 임대 현황 등의 통계는 추정하기도 어렵다.

한 일이다. 이러한 정보와 통계가 정확히 공개되면 임대 소득에 대한 공정한 과세는 한결 쉬워질 수 있다.

한편 주택 임대 소득의 비과세 대상을 대폭 축소하고, 전세보증금과 월세에 대한 소득공제 혜택을 늘리는 것도 필요하다.[8] 이를 위해 1주택자의 임대 소득도 과세 대상에 포함하는 한편, 1주택자가 다른 집에 세를 사는 경우에는 소득공제 혜택을 주는 것이 경제논리에 맞는다. 특히 월세와 반전세는 1주택자의 경우도 과세 대상에 포함해야 한다. 다만 기존에 1주택자로서 자기 집을 임대하고 있는 사람들의 반발과 업무상 혼란이 예상되므로 일부 예외는 인정할 필요가 있다. 예를 들어 일시적인 타 지역 근무, 임대 주택과 임차 주택의 임대료 차이가 일정 비율(80%) 이내인 경우, 60세 이상의 고령자인 경우 등이다.

그리고 2주택자 전세를 비롯해 전세 소득도 과세 대상에 포함하는 것이 조세 원칙에도 맞고 전·월세 이중 계약서 작성을 통한 탈세나 임대 정보 누락 등의 부작용도 막을 수 있다. 다만 2010년 이후 전세 물량의 감소와 가격 상승, 향후 전세 제도의 점진적인 소멸 가능성[9] 등을 고려

---

8 주택 임대 소득은 1주택자인 경우 비과세(9억 원 이상 주택의 월세 제외)이고, 주택을 2채 보유한 경우 전세는 비과세, 월세는 과세 대상이 된다. 주택을 3채 이상 보유한 경우에는 전세도 과세 대상에 포함된다. 단, 주택을 3채 이상 보유하고 전세 금액이 3억 원 이상인 경우가 과세 대상이다. 전세로 받은 돈을 금융기관에 예치해 발생하는 이자는 과세 소득에서 제외된다. 한편 소득공제 대상은 일정 소득 이하의 무주택자에 한한다.
9 전세 제도는 집값이 지속적으로 상승하거나 상승에 대한 기대가 있는 경우에만 존재할 수 있다. 집값이 상승하지 않거나 하락하는 경우 전세가가 집값과 같아져

할 때 전세에 대한 과세는 시간을 두고 시행하는 것이 나을 수 있다.

임대 소득에 대한 과세 강화는 세입자 보호 강화와 마찬가지로 시행이 쉽지 않을 것이다. 이에 반대하는 가장 큰 이유는 세금 부담이 전세 보증금이나 월세에 전가되어 서민 생활이 어려워진다는 주장일 것이다. 이것이 맞는다면 서민이 많이 이용하는 음식점이나 슈퍼마켓에 대해서도 세금을 부과하면 안 된다. 언젠가 해야 할 일이라면 지금부터라도 조금씩 해야 한다.

부동산 관련 통계 확충과 신뢰성 제고

한국의 부동산 시장을 정상화하기 위한 또 하나의 중요한 과제는 부동산 관련 정보를 확충하고 신뢰성과 투명성을 높이는 일이다. 부동산 시장은 매우 불안정하고 가격 메커니즘에 따른 수급 조절이 잘 이루어지지 않는다. 그렇다고 시장을 완전히 포기하는 것은 더 위험하다.

충분하고 신뢰성 있는 정보의 공급은 어느 시장에서나 마찬가지로 가격 기능을 좀 더 원활히 하여 시장실패를 줄이는 데 큰 도움이 된다. 여기서는 부동산 관련 통계를 확충하고 신뢰성을 높이기 위한 주요 방안으로 부동산 가격지수의 전면 개편, 부동산 관련 통계의 대대적 확충, 부동산등기부 등본에 거래 가격 기재 대상 확대 등 세 가지를 제시해보

도 집주인은 세금, 수선 등 유지 비용의 손해를 보게 되기 때문이다.

고자 한다.

첫째, 주택가격지수를 전면 개편하고 통계작성기관의 신뢰성을 높여야 한다. 주택은 아파트, 연립주택, 단독주택 등 거래 대상이 다양하고, 같은 종류의 주택도 가격에 차이가 날 수 있는 요인이 많아, 대표성 있고 신뢰성 있는 가격지수를 산정하기가 어렵다. 더욱이 한국의 대표적인 주택가격지수라고 볼 수 있는 국민은행 주택가격지수는 조사 대상 가격, 표본 추출 방법 등에서 많은 문제점이 있는 데다 그동안 통계의 작성 기법 등에서도 발전이 없었다.

2009년 12월부터는 국토해양부가 신고된 실거래 가격을 기초로 실거래 가격지수를 발표하고 있으나, 실거래 가격지수에도 신고 가격의 신뢰성 문제와 거래 실적이 충분하지 못하다는 한계가 있다. 특히 두 가격지수가 때에 따라서는 서로 반대 방향으로 움직이는 등 괴리가 커 이용자에게 혼란을 줄 경우도 있다. 따라서 현재의 주택가격지수는 조사 대상과 기준 가격 조정, 표본 설계 개선, 지수 작성 방법[10] 변경 등을 비롯해 대대적인 개편이 이루어져야 한다.

이와 더불어 주택가격지수 담당 기관의 변경도 검토할 필요가 있다. 우선 바람직한 방법은 현재의 대표적인 주택가격지수 담당 기관인 국민은행이 부동산 관련 연구소나 대학 연구소 등과 공동으로 전문 기관을 설립해 주택가격지수와 부동산 관련 통계를 지속적으로 발전시키고 확

---

10 주택가격지수 작성 방법에는 특성가격지수, 반복매매모형지수, 혼합가격지수모형, SPAR 방식 등이 있다.

충해가는 것이다. 그러나 이것이 쉽지 않을 경우에는 한국에서 부동산이 차지하는 중요성을 고려할 때 한국은행이나 통계청과 같은 공적 통계 기관에서 주택가격지수를 산정·발표하는 것도 고려해야 한다.

둘째, 토지와 상업용 건물에 대한 체계화된 가격지수를 개발하는 동시에 더욱 자세하고 신뢰성 있는 주택 현황 통계 등을 대폭 확충해야 한다. 토지와 상업용 건물에 대한 가격지수는 경제활동을 평가하는 데 주택가격지수보다 더 중요한 경제지표가 될 수 있다. 토지와 상업용 건물 가격이 기업의 투자와 영업 상황에 큰 영향을 주고, 주택가격도 토지가격의 영향을 크게 받기 때문이다. 한국에서 토지와 상업용 건물의 가격지수나 거래 정보는 주택의 그것보다 더 미흡한 상태다. 또한 관련 연구 기관과 전문 인력도 부족하다. 늦었지만 정책 당국이 관심을 쏟아야 할 때다.

주택 현황 통계로는 실제 주거용으로 사용되는 오피스텔이나 다가구 주택을 포함한 형태별, 지역별, 규모별, 건축 연도별 주택 현황 등이 우선 필요하다. 그리고 개인별 또는 세대별 주택 소유 현황과 주택 임대 현황, 외국인의 주택 소유 현황도 꼭 필요한 자료다. 이와 더불어 주택 거래 실적과 거래된 주택의 실거래 가격 정보, 주택 착공 현황, 앞으로 1년 이내 완공 예정인 주택 현황 통계도 의미 있는 자료다.

셋째는 부동산등기부 등본에 거래 가격을 기재하는 대상을 매매 이외의 거래까지 확대하는 방안이다. 2006년 6월부터 한국에서는 매매가 부동산등기의 원인인 경우 신고된 실거래 가격을 부동산등기부 등본에 기재하게 하고 있다. 이 제도는 부동산 거래를 희망하는 사람이 중개업소를 통하지 않고도 과거 또는 유사 가격 정보를 쉽게 접할 수 있게 하며, 가격 정보의 신뢰성과 투명성을 높이기 위해서 도입되었다.

도입 당시에는 반대 의견도 많았지만, 지금껏 별다른 문제 없이 제도가 시행되고 있다. 다만 시행된 지 오래 되지 않아 적용 건수가 많지 않은 데다, 부동산등기의 원인이 매매인 경우로 기재 대상이 한정되어 있어 활용도가 충분하지 않은 상태다.

그러므로 이제는 이 제도의 빠른 정착과 확산, 활용도 제고 등을 위해, 기재 대상의 등기 원인을 현재의 매매 이외에 신축, 상속, 증여, 경매 등까지 확대하는 방안을 검토할 필요가 있다.

참고문헌

금융감독원 비은행감독국. 2007. 「사금융 이용자 설문조사 결과」. 금융감독원.
라이시, 로버트(Robert B. Reich). 2011. 『위기는 왜 반복되는가』. 안진환 옮김. 김영사.
번스타인, 윌리엄(William Bernstein). 2005. 『부의 탄생』. 김현구 옮김. 시아.
소킨, 앤드루 로스(Andrew Ross Sorkin). 2010. 『대마불사: 금융위기의 순간 그들은 무엇을 선택했나』. 노 다니엘 옮김. 도서출판 한울.
이규성. 2006. 「한국의 외환위기: 발생, 극복, 그 이후」. 박영사.
이상호·이상헌. 2010. 「저출산·인구고령화 원인에 관한 연구: 결혼결정의 경제적 요인을 중심으로」. 한국은행 금융경제연구원.
이한득. 2010. 10. 6. 「한국 기업의 현금 보유수준 평가: 규모가 작은 기업이 현금보유 성향 높다」. LG경제연구원. ≪LG Business Insight≫, 1113호.
장하준. 2010. 『그들이 말하지 않는 23가지』. 부키.
정대영. 2005. 『신위험관리론』. 한국금융연수원.
최영순 외. 2008. 「해외직업 사례를 통한 사회서비스 일자리 창출방안」. 한국고용정보원.
통계청 국가통계포털. "경제활동인구조사: 근로형태별 부가조사".
한국은행. 1997, 1998, 1999, 2003, 2004, 2005a, 2006a. 「연차보고서」. 한국은행.
_____. 2005b. 「우리나라의 통화정책」. 한국은행.
_____. 2006b. ≪금융안정보고서≫, 제7호(2006. 5.).

_____. 2007. ≪금융안정보고서≫, 제9호(2007. 4.).

_____. 2009. 「우리나라의 고용구조 및 노동연관효과: 2007년 산업연관표 기준」. 한국은행.

_____. 2009. 『알기 쉬운 경제지표해설』. 한국은행.

_____. 2010a. ≪금융안정보고서≫, 제15호(2010. 5.).

_____. 2010b. ≪금융안정보고서≫, 제16호(2010. 11.).

한국은행 금융경제연구원. 2004. 「경제 양극화의 원인과 정책과제」. ≪금융경제연구≫, 184호.

한국은행 프랑크푸르트 사무소. 2009. 4. 「독일의 은행제도」.

현대경제연구원. 2007. 6. 1. 「IMF 외환위기 이후 고용 형태의 변화와 대응 방안」. ≪한국경제주평≫, 통권 251호.

Banco Santander. 2009, 2010. "Annual Report."

Basel Committee on Banking Supervision. 2010. 12. "Basel III: A Global Regulatory Framework for More Resilient Banks and Banking Systems." Basel: Bank for International Settlements.

Borio, Claudio, Bent Vale and Goetz von Peter. 2010. 6. "Resolving the financial Crisis: Are We Heeding the Lessons from the Nordics?" BIS Working Papers, No. 311.

Cecchetti, Stephen G., M. S. Mohanty and Fabrizio Zampolli. 2010. 3. "The Future of Public Debt: Prospects and Implications." BIS Working Papers, No. 300.

Financial Times. 2010. 8. 16. "US Housing: Sunset Boulevard."

Goldman Sachs. 2010. "KRW and Exporters: Weakening Links."(2010. 3. 23.).

IMF. 2010. "World Economic Outlook Databases." October 2010. Retrieved from http://www.imf.org/external/ns/cs.aspx?id=28

Mankiw, N. Gregory. 2006. *Macroeconomics*, 6th ed. NY.: Worth Publishers.

Nicolo, Giani De and Marcella Lucchetta. 2010. "Systemic Real and Financial

Risks: Measurement, Forecasting and Stress Tests." Retrieved from http://www.bundesbank.de/download/vfz/konferenzen/20101028_dresden/02b_nicolo_lucchetta.pdf

Reinhart, Carmen M. and Rogoff, Kenneth. 2009. *This Time Is Different: Eight Centuries of Financial Folly*. Princeton, NJ.: Princeton University Press.

The Banker. 1990, 2010. "Top 1000 World Banks."

UBS. 2008, 2009. "Annual Report."

찾아보기

ㄱ

가격 변수	32
가계 부문 소득	182
가계 부채	199
가계 저축률	84
가계의 채무 상환 능력	205
가용 외환 보유액	159
감세	200
감정평가 가격	236
거래세	209
거시건전성부담금	209
거시경제정책	30~31
건설투자	75
건전성 감독	133
건전성 규제	113
건전성 중시 검사	144
검사	132
경기 진폭	30
경제 개방도	32
경제활동인구	67
고령화	66
고용 없는 성장	85
고용 지원 인프라	71
고용법	95
고용보험	102
고정환율제	161
고차입 금융기관	109
골드만삭스	127
골디락스(Goldilocks)	228
공공근로	71
공공보육시설	96
공급 시차	241
공기업 부채	204
공매도	224
공시 가격	236
공적 자금	83
구직단념자	69
국가 신용등급	212
국민소득	34, 90
국민소득의 수요	90

국민연금	59
국부 유출	83
국제노동기구(ILO)	67
국제모범기준	113
국제화	120
군집 행동	167
규제	132
금 모으기 운동	175
금산분리	123
금융 부문의 취약성	166
금융 소외계층	135
금융 안정	165
금융 접근성	122, 134
금융감독권	144
금융감독원	144, 208
금융시스템	131, 163
금융시장 개방	183
금융위기	83, 161, 164
금융위원회	144, 208
금융자본주의	191
금융전문대학원	126
금융허브전략	119
기대 수익률	239
기대값	41
기술	18
기업 구조조정	53
기업가 정신	131, 186
기업개선작업(워크아웃)	173
기업어음 수익률	173
기업집단의 결합재무제표	178
기준 시가	236
기초자산	166
기축통화	197

ㄴ

네거티브 규제	142
노동	18
노동가능인구	69
노동력 조사방식	67
노동생산성	87
노동소득 분배율	183
노동시장 유연성	52
노동유연성	99
노무라증권	152
녹아웃(knock-out)	26
녹인(knock-in)	26

ㄷ

다이아몬드펀드 사건	26
다주택자	244
단기 부양책	201
단위조합	149
당오전과 당백전	211
대마불사(too big to fail)	122
대부업체	118
대학 진학률	47

대형화	120
도덕적 해이	44
독일 신용협동조합은행	148
독일식 자본주의	191
디레버리징(deleveraging)	163

ㄹ

레버리지(leverage)	110
리먼브러더스	24, 111
리스크 프리미엄	31

ㅁ

메가뱅크	120
메릴린치	127
면책 자산	44
무급 가족종사자	68
미소금융	136
민간 소비	84
민영화	94

ㅂ

바젤 I, II, III	188
배임	46
베어스턴스	24
변동성	32
보유세	55, 220
보육시설	68
복원력	207

복지 확충	203
부가가치	88
부가가치 유발 비율	57
부가가치 유발계수	88
부동산 PF(project financing)	118
부동산 거품	194
부동산등기부 등본	251
부동산 불패 신화	181
부동산중개업소 호가	236
부의 효과	225
부채비율	83, 109
부품소재기업	57
분배	90
분배론자	15
분산투자	207
분양가 자율화	231
분양권 전매 허용	200
불확실성	31
브릭스(BRICs)	19
비경제활동인구	69
비은행금융기관	179
비정규직	66

ㅅ

사금융	118
사전 규제	132
사회간접자본	241
사회서비스	97

사회안전망	68, 100		세입자 보호 제도	235
사회적 기업	146		소구권	222
산업은행	127		소득공제	248
산업자본	123		소매금융	151
산탄데르 은행	123		소비	83
상업은행	127		소비의 수입유발계수	84
상호 거래	111		소비자 후생	122
상호저축은행	118		소비자물가지수	36
새마을금고	116		소유구조	207
생산	90		수요·공급 조절 메커니즘	229
생산성 향상	87		수출입 의존도	184
생산요소	18		순수출	91
생산·투자 유발 효과	57		순자산	110
생활체육시설	96		스탠더드차터드 은행	123
서민금융기관	116		스포츠재활치료사	98
서브프라임 모기지	24, 157, 159		시스템 리스크	163
선도투자자	167		시장 규율	131
선물	224		시장실패	193
선물환 포지션 규제	209		신용경색	111
선물환매도	22		신용불량자	118
선제적 대응	168		신용카드 사태	133
설립 요건	139		신용평가	108
설립 자본금	139		신용평가기관	108
설비투자	75		신용회복	135
성과보수체계	193		신용회복위원회	135
성장 잠재력	47, 53		신자유주의	191
성장론자	15		신협	116
성장이론	18		신흥시장국	185

실거래 가격 신고	232
실거래 가격지수	250
실수요	230
실업급여	51
실업률	64
쏠림 현상	167

ㅇ

안정 및 성장에 관한 협약	210
안정론자	15
양극화	39
양도소득세	55
양도차익	219
양적 완화	173
엔캐리투자	28
여신	55
역선택	44
연대보증제도	43
연방준비제도	165
영란은행	165
예금자 보호 제도	139
예대율	117
예상 손실	41
예상외 손실	41
옵션	224
완전고용	65
외채	33
외화 유동성	115, 143

외화 자산 부채	116
외환	33
외환 보유액	178
외환위기	113, 161, 164
요람에서 무덤까지	203
원리금 상환유예(모라토리엄)	210
월세	248
월스트리트	190
위험	40
위험 선호 성향	240
위험 자산	234
위험 중시 검사	144
위험가중자산	188
위험관리기관	112
위험기준 성과평가	179
유동 자산	110
유동성	111
유럽연합	139
유로(EURO)	35, 194
유로시스템(Euro system)	36, 194
유한책임회사	44
은행 설립	130
은행세	209
은행위기	113, 161, 164
이행각서	171
인수합병(M&A)	45
일자리 나누기	191
일자리 창출	72

임금소득자	182
임대 소득	219
임대료	247
임대소득세	247
임대차 제도	54

ㅈ

자가 소유 비율	234
자금 중개 기능	162
자기자본	110, 188
자본	18
자본 이동 규제	197
자본집약적 산업	87
자산 건전성	111
자산부채이전(P&A)	174
자산운용업	126
자회사	150
재산세	242
재정위기	161
저축대부조합	162
저축률	205
적정 수익률	55
전세가격지수	236
전세보증금(전세금)	206, 248
전후방 연관 효과	87
정년 연장	66
정리해고	175
정보의 불완전성	224

정부 부채	83, 204
정부 소비	90
제도권 금융 이용 배제	134
제로금리	173
조기경보시스템	165
조세정의	247
종합부동산세	54, 242
주택 공급	241
주택가격지수	236
주택매매가격지수	236
중간지주회사	150
중소기업 지원	43
중앙회	149
지급결제시스템	107
지대	51
지배구조	113, 207
지역균형발전	238
지출	90
직업 안정성	51
직업안정기관 조사방식	67
직업훈련시설	96
진입 장벽	141

ㅊ

채권 시가 평가	178
책임준비금 부족액	204
척추치료사	98
체감 경기	88

초고금리 정책	172
총부채	110
총자산	110
총자산수익률(ROA)	177
총저축률	84
최저임금	100
출자금	148
출자전환	174
취업계수	86
취업유발계수	85
취업유발인원	85
친기업적 정책	54

ㅋ

키코(KIKO)	23, 26

ㅌ

통계작성기관	250
통화스와프	115
통화안정증권	204
통화정책의 시차	21
퇴직 연령	65
투기 소득	245
투기적 수요	229
투자	52
투자은행	23
투자의 수입유발계수	84

ㅍ

포지티브(positive) 규제	142
포퓰리즘	17
프라이빗뱅킹(private banking)	114

ㅎ

하우스 푸어(house poor)	233
한국물	151
한국은행	208
해외 영업 비중	115
해외 투자	81
헤지펀드	109
현금성 자산	53
현지 법인	94
회계 규정	113
회사채 유통 수익률	173
횡령	46
휴면 예금	146
희망근로	71

기타

1주택 비과세 제도	219
3D 업종	47
AIG	111
BCBS(바젤은행감독위원회)	187
BIS(국제결제은행)	187
BIS자기자본비율	113, 187
CDO	166

CDS	112	GNI	34
DTI	227	HSBC	94, 121
G2	197	IMF 구제금융	172
G20	197	IMF 긴급 자금	159
G7	197	LTV	226
GDP	34	MBS	166
GDP 대비 재정 적자	210	UBS	121
GDP 대비 정부 부채	210	VaR	179

지은이 | **정대영**

서울대학교를 졸업하고 1978년부터 한국은행에서 근무했다. 한국금융연수원 교수, 한국은행 금융안정분석국장, 한국은행 프랑크푸르트 사무소장 등을 지냈고, 현재는 송현경제연구소를 운영하고 있다. 저서로는 『시장환경분석: 경기분석』(공저, 2002), 『신위험관리론』(2005)이 있다.

한국 경제의 미필적 고의
잘사는 나라에서 당신은 왜 가난한가

ⓒ 정대영, 2011

지은이 | 정대영
펴낸이 | 김종수
펴낸곳 | 한울엠플러스(주)
편집 | 최규선

초판 1쇄 발행 | 2011년 6월 20일
초판 4쇄 발행 | 2018년 10월 15일

주소 | 10881 경기도 파주시 광인사길 153 한울시소빌딩 3층
전화 | 031-955-0655
팩스 | 031-955-0656
홈페이지 | www.hanulmplus.kr
등록번호 | 제406-2015-000143호

Printed in Korea.
ISBN 978-89-460-4672-6 93320

* 책값은 겉표지에 표시되어 있습니다.